中国经济文库·应用经济学精品系列（二）

·北京市优秀人才培养资助项目（2011E005003000003）

葛红玲◎著

房地产市场金融体系创新与重构

Innovation and Reconstruction of Financial System in Real Estate Market

中国经济出版社
CHINA ECONOMIC PUBLISHING HOUSE
北 京

图书在版编目（CIP）数据

房地产市场金融体系创新与重构 / 葛红玲著. --北京：中国经济出版社，2021.9（2025.6 重印）
ISBN 978-7-5136-6630-5

Ⅰ.①房… Ⅱ.①葛… Ⅲ. ①房地产金融-金融体系-研究-中国 Ⅳ.①F832.45

中国版本图书馆 CIP 数据核字（2021）第 186894 号

责任编辑 王西琨
责任印制 马小宾
封面设计 华子设计

出版发行 中国经济出版社
印 刷 者 三河市同力彩印有限公司
经 销 者 各地新华书店
开　　本 710mm×1000mm 1/16
印　　张 21.5
字　　数 308 千字
版　　次 2021 年 9 月第 1 版
印　　次 2025 年 6 月第 2 次
定　　价 79.00 元
广告经营许可证 京西工商广字第 8179 号

中国经济出版社 网址 www.economyph.com 社址 北京市东城区安定门外大街 58 号 邮编 100011
本版图书如存在印装质量问题，请与本社销售中心联系调换（联系电话：010-57512564）

前　言

房地产市场能否稳定健康发展不仅影响房地产业本身，而且事关一国经济整体的健康发展及社会的稳定与和谐。房地产业是资本密集型产业，房地产市场的繁荣和衰退与金融直接相关。房地产金融体系是房地产和金融的连接带，在不同金融体系下，金融参与房地产的方式不同，就会形成金融和房地产不同的利益分享和风险分担机制；在房地产市场繁荣和衰退的波动中，利益分享和风险传递的方式和效果就会不同，房地产市场波动对金融产生的影响也不同。金融部门基于自身利益和风险考量做出的行为选择也会反作用于房地产市场。也就是说，不同的金融体系对房地产市场的发展、波动产生不同的作用。

然而，国内外房地产市场波动及金融危机的实践表明，无论是国内的房地产金融体系还是国外的房地产金融体系，都存在制度缺陷。我国以银行间接信用为主的房地产金融体系，其结构明显不合理，尽管还没有引发大规模危机，但已经累积了很高的系统性风险。美国以市场为主导的房地产金融体系下也危机频发，特别是2008年次贷危机导致了全球性的金融危机和经济衰退，也深深暴露了美国房地产金融体系的缺陷。无论国内还是国外，迫切需要对现有房地产金融体系进行深层次研究。诺贝尔经济学奖得主、耶鲁大学金融学教授罗伯特·席勒于2012年指出，次贷危机的根源在于美国金融体制的弊端，“真正的诱因埋藏在我们现有的金融制度的本源性缺陷中。对危机的反思，不是继续改善调控，打压房地产投资和消费，而是要修正我们的制度”，明确提出需要重新构筑房地产市场和金融市场经济体系的制度基础。长期以来，我国房地产和金融处于割裂状态，为了维护金融稳定，实施了各种金融抑制措施，控制甚至阻断金融资金流向房地产市场，然而，多年调控的效果既没能抑制房地产的高速发展，也没能控制住金融资本流向房地产，并使两个领域的风险叠加更加严重。这迫切需要我们转换思路，深入探讨房地产金融体系深层次的制度问题。

本书旨在为房地产与金融日益凸显的波动依存现象寻找理论解释，以房地产市场稳定并使其与金融协调发展为目标，研究房地产金融体系重构问题。为此，本书重点进行了六个方面的研究工作：一是梳理房地产市场稳定发展的文献和理论研究脉络，清晰界定了房地产市场稳定发展的含义，概括房地产市场稳定发展的内外因素，提出房地产市场稳定发展的指标体系，为房地产市场稳定发展研究提供理论支持。二是通过现实考察，分析房地产金融体系重构的必要性。对房地产市场波动状况进行描述性统计，并实证分析金融对房地产市场波动的影响；分析现行房地产金融体系特征及对房地产的支持机制，用理论解析房地产金融体系设计上的缺陷及理论根源上的偏颇之处；研究美国、日本等国外房地产金融体系的特点、问题，对其进行总结、借鉴。三是探讨房地产金融体系重构的理论基础。用共生理论和产业融合理论重新解析金融与房地产的关系，为突破现有政策、制度框架来研究房地产金融提供理论支持。首先，运用共生理论揭示房地产和金融的共生关系，并实证分析和检验了我国房地产与金融的共生特点、共生模式和共生效果，揭示二者合作中存在的问题；其次，用产业融合理论阐述房地产和金融的高度融合关系，把表象上的依赖关系解析为产业融合层面的一体关系。四是用自组织、耗散结构理论分析金融与房地产协调发展的内在逻辑、理论基础及演化机制，为房地产与金融的合作机制创新提供理论依据和操作逻辑。用协同理论构建房地产和金融协同发展模型，描述金融与房地产市场稳定发展的系统演化过程，实证检验主导房地产与金融自组织演化的主要变量，揭示我国房地产与金融在自组织演化中的特点及存在的问题。五是用利益集团理论、博弈论分析了房地产金融体系重构中利益主体的选择倾向，奠定房地产金融制度、体系创新和重构的现实基础，使房地产金融体系重构更具有操作性，也为新形势下房地产金融政策的制定提供理论支持。六是提出金融要与房地产协调发展，修正了房地产市场稳定、健康发展的单一研究目标，改变了以往“金融支持房地产”的思维逻辑，为我国房地产金融转型提供理论参考。

本书研究认为，房地产与金融是一个共生体，按照产业属性和发展趋势要求，二者具有自发融合的内在需要和动力机制；按照系统论协同原理，房地产和金融具有自组织机制和特点，二者的合作可以由市场机制自发解决。房地产金融制度设计应将二者整体考虑，避免二者在协同发展过程中出现资源、利益及风险的分配偏颇甚至冲突。因此，本书提出房地产市场与金融稳定协调发展为重构房地产金融体系的目标，以一体化的融合共生为前提，构筑符合房地产和金融属性的、符合房地产企业与金融机构主体利益动机的金融模式和收益—风险分担机制；提出以多元化主体为特征的创新的房地产金融机构体系，以股权关系为主导的房地产金融产品体系，和以设立独立监管机构为方向的房地产金融监管体系。

我国在房地产与金融的关系上存在一定的认识误区，对房地产的调控依赖短期的金融抑制手段，把发展房地产作为短期刺激经济的手段，把金融作为短期抑制和调控房地产的手段。在房地产和金融之间没有建立起长效机制，这是我国房地产多年调控效果不佳的重要原因。在我国的相关理论、政策、制度框架中，金融和房地产是分割的两个市场、两个领域、两个行业，二者虽然关系紧密，却是一种外在的制度安排，分别是建立在独立利益体系下的利益主体。基于这样的框架，金融和房地产之间形成一种“支持—被支持”的关系，长期以来，我国房地产领域一直处于需要金融支持的被动地位，而银行等金融机构处于实施金融“支持”的主动地位；这种关系导致的直接结果是，当房地产市场呈现上升趋势时，银行积极参与，扩大信贷规模，参与收益分享，甚至在国家实施房地产调控政策和信贷控制的情况下，也不惜进行所谓的“金融创新”，转换渠道向房地产领域投放资金；而当房地产市场出现萧条迹象时，银行类金融机构就立即进行风险切割，迅速从房地产领域撤退，收缩信贷规模，停止资金贷放，而不顾及资金链断裂给房地产企业带来的破产风险。也就是说，作为“支持—被支持”的两个主体，在银行固定收益信贷方式的支持模式下，二者只能收益共享，不能风险共担。这种金融支持方式不但不能抑制房地产市场的波动，还在很大程度上对房地产市场波动起到加速作用，这也正是我国房地产市场调控长期达不到预期效果的重要原因。房地产调控思路是通过抑制金融来控制房地产市场，其逻辑是房地产市场膨胀是外部资本推动的，抑制金融资金流向房地产，就能控制房地产业的盲目发展和膨胀。这种调控制度安排是纯外部性的，忽略了利益主体的属性和行为选择的内在动因。银行首先是利益主体，一切行为选择的内在动因服从于利益诉求，法律、政策、制度只能约束其表象行为，不能解决根本问题。

如何推动“房地产市场—金融—宏观经济”实现良性循环？金融的有效配给是房地产市场稳定发展的关键。要促进房地产市场稳定健康发展，就要尊重市场原则下房地产企业和金融机构等主体的动因和利益诉求，一切外在的制度安排和管理政策都需要建立在遵从市场内在逻辑和市场主体合理诉求的基础上。推动房地产市场稳定发展需要转变思路，突破原有的理论框架和思维逻辑，重新认识房地产与金融的关系，重新构建“房地产—金融”的关系体系和理论基础，重新进行房地产金融的制度安排，重新确立推动房地产市场稳定发展的政策思路。

本书的研究不止于理论学术上的探讨，更希望为建立我国房地产市场调控的长效机制、优化我国房地产金融体系、完善房地产调控的政策措施提供参考。本书将生物学、产业经济学、系统论、政治经济学等多学科的理论思想综合融入对房地产金融体系的分析中，并使这种跨学科的应用得到了可行性的论证，为房地产与金融的关系形成和房地产金融体系的重构找到了理论支持并构建了完整的理论基础。本书提出的我国房地产金融体系重构的思路、方法以及具体路径方案，能帮助有效规避目前房地产与金融合作中出现的资源、利益与风险分配偏颇及冲突现象，为我国房地产金融体系体制改革提供参考。

本书基于国内房地产金融体系的缺陷及房地产调控失败的现实，以房地产市场稳定健康发展为出发点，研究我国金融体系在支持房地产发展中存在的问题，以改革和重构房地产金融体系为实现房地产市场稳定发展的落脚点。席勒教授对美国次贷危机的分析表明，国外房地产金融体系也存在制度性缺陷，重构房地产金融体系是一个世界性命题，不仅要重构房地产金融的理论基础，也要重构房地产金融的实践政策框架。这扩展了本书研究的视角，也更加坚定了本书研究的价值和意义，为后续研究指出了方向。

目　录

第1章 绪论

1.1 研究背景及问题的提出

1.1.1 研究背景

1.1.1.1 现实背景：房地产市场稳定发展是金融和经济稳定发展的关键

房地产业在国民经济中具有举足轻重的地位，作为人类居住的必需品和各行业发展的基础性要素，房地产具有高度的产业关联性，房地产市场能否稳定发展不仅影响到房地产业本身，而且事关一国经济的整体运行，乃至整个社会的和谐与稳定。从国内外经济发展的轨迹看，经济波动甚至经济危机的发生总是伴随着房地产市场价格的大幅起落，房地产市场在很大程度上成为一国宏观经济发展的“晴雨表”。

房地产业属于资本密集型行业，离不开金融行业的支持，与金融行业形成高度渗透的紧密关系，从供给到需求，从土地出让、房屋开发、建造的生产资金到购房者的消费资金，金融机构几乎介入了房地产业运行的全过程。金融对房地产市场的繁荣发展起到至关重要的作用，因此，房地产市场稳定与否和金融密切相关。而金融行业和房地产业都是宏观经济敏感性行业，其中任何一个领域出现波动和风险，都会产生联动的扩大效应，危及全局。多次世界经济危机的爆发显示，经济危机多发端于金融危机，而引爆金融危机的又常常是房地产市场价格的大幅跌落，由此形成“房地产市场波动—金融危机—经济衰退”的联动关系和相互作用机制。20 世纪 90 年代以来，经济波动、金融危机与房地产市场的关系更为密切，危机发生更为频繁，影响更为深远。1994 年的墨西哥金融危机、1997 年源于泰国的亚洲金融危机、20 世纪 90 年代初日本的房地产泡沫，以及 2008 年引发全球经济衰退的美国次贷危机，或起因于房地产市场波动，或由金融危机引发经济波动和房地产市场萧条，给当时的社会和经济发展带来沉重灾难，令人至今记忆犹新。

从国内情况看，我国房地产市场仅有不到 30 年的发展历程，尚未出现由房地产市场大幅波动而引发的金融危机和经济危机，但是，近年来房地产市场发展过快，对房地产市场的担忧一直存在。自 1998 年房地产市场化改革以来，我国宏观经济的发展、波动就与房地产市场紧密联系在一起，房地产市场波动主导了我国宏观经济走势，宏观经济调控演变成房地产金融调控。特别是 2003 年以来，我国房地产市场出现投资过热、房价上涨过快、供需矛盾突出等问题，房地产价格总体呈现单边上扬趋势，房地产“拐点论”“崩盘论”不绝于耳，为避免房地产价格下跌引发金融风险和大的经济波动，房地产调控成为宏观经济调控的主旋律。

从 2003 年发布《中国人民银行关于进一步加强房地产信贷业务管理的通知》（银发〔2003〕121 号）开始，我国先后出台了 40 多项房地产调控政策，包括限制房地产开发贷款的规模、审贷条件、贷款利率以及住房消费信贷的首付款比例、利率优惠限制等。但调控效果不尽如人意，10 年间我国房地产年投资额增长了 874.08%，各地房价平均上涨了 16%以上，一线城市房价甚至涨了 10 倍；房地产信贷规模连续 10 年保持了 20%以上的增长率，房地产价格依然高位运行，市场陷入“膨胀—调控—再膨胀—再调控”的循环中。2009 年，尽管受到美国次贷危机的影响，但是全国 70 个大中城市的房屋价格指数上涨仍然高达 7.9%。2012 年，全国房地产市场开始出现分化，一些区域出现房价回落现象，房地产投资额增速放缓，但市场依然在高位运行，房地产信贷规模依然很大。2014 年年末，全国房地产开发投资增速为 14.7%，房地产开发贷款余额为 5.63 万亿元，同比增长 22.6%，是同期金融机构贷款增速的两倍。房地产市场牵连着国民经济的中枢神经和几十个行业的生存与发展，也关系到千家万户的利益，房地产价格及走势成为关系国计民生、影响经济整体发展的最敏感的问题。我国房地产业主要是依赖于银行信贷资金的支持发展起来的，经历多年的上涨后，在我国经济进入新常态的背景下，房地产市场能否在高位实现“软着陆”？会不会像日本、美国一样出现房地产泡沫破裂、引发金融危机、损害国民经济？房地产市场稳定健康发展受到各界的高度重视，成为每年“两会”上党中央和各级政府迫切需要解决的问题，也是学界研究和讨论的热点问题。

从国内外房地产市场发展和金融危机的发生情况看，房地产市场稳定发展是金融稳定和经济稳定发展的关键。

1.1.1.2　理论研究背景：将金融影响房地产市场稳定发展作为直接研究对象的文献较少

对于房地产市场发展以及金融和房地产市场的相互影响问题，国内外的研究文献颇丰。总体来看，对于房地产市场稳定发展问题的研究，大多运用经济波动、市场波动的研究框架，从周期论、泡沫论角度分析房地产市场波动问题。周期论多将市场不稳定归结于供给和需求的变化，并认为供给和需求的变化具有一定的内生性和周期性变化的特点，从而导致经济呈现周期性波动；泡沫论将市场波动归因于价格过度上涨和泡沫破裂，泡沫产生和破灭的原因是多种因素综合作用的结果。周期论和泡沫论在分析周期波动和泡沫原因时，都提到金融对于市场波动的影响，但主要从货币供应、利率变化等宏观金融因素的角度考虑，并没有把金融体系直接作为影响房地产市场稳定发展的对象来进行研究。

对于房地产市场与金融的相互关系，大量文献从微观视角进行研究。普遍的结论是，房地产市场和金融系统之间有着紧密的关联性，房地产市场影响着金融系统的稳定，而银行信贷的变化也对房地产市场的膨胀与收缩产生影响。这些研究往往从某一局部研究房地产市场和金融彼此影响的因素或传递机制，在既有的制度和理论前提下采用实证方法分析两个市场波动的因素、影响途径等，并且，涉及房地产与金融关系的文献多以金融稳定发展为落脚点，侧重于研究房地产市场对金融稳定的影响，认为房地产市场风险高，对金融具有传递性，从金融部门出发研究如何防范房地产风险，相应的政策主张主要就是通过抑制金融资本流向房地产领域来确保金融系统的安全和自保。而将金融影响房地产市场稳定发展作为直接研究对象的文献较少，也就是说，目前文献研究建立在现有的金融体系框架下，并未触及房地产金融制度本身，房地产与金融深层次的关系基础以及房地产金融体系安排的合理性问题鲜有文献涉及。在各国经济发展的实践中，既有的房地产金融制度和体系对金融和房地产市场的稳定带来巨大影响，而理论研究主要从微观、局部、某个指标、因素来探讨问题，鲜有研究把金融影响房地产市场稳定发展作为一个专门的主题，从更宏观的视角来探讨问题，尚未建立起深度揭示金融和房地产市场波动及稳定发展的理论基础和研究框架，更没有从整体金融体系创新的角度关注房地产与金融协调发展的问题。

1.1.2 提出问题

1.1.2.1 对在国内外两类金融体系下，房地产市场多次引发金融风险的困惑

房地产金融体系是房地产和金融的连接带，决定着房地产金融供给和需求的实现方式，也决定了金融与房地产的结合方式和融合程度，在不同金融体系下，金融参与房地产的方式不同，就会形成金融和房地产不同的利益分享和风险分担机制，在房地产市场繁荣和衰退的波动中，利益分享和风险传递的方式和效果不同，房地产市场波动对金融的影响也不同。反过来，当房地产市场出现风险和波动时，金融部门基于自身利益和风险考量的行为选择，也会对房地产市场的稳定发展产生影响。也就是说，不同的金融体系对房地产市场的发展、波动产生不同的作用。

目前各国的房地产金融体系大体分为两类：一类是以银行中介为主导的金融体系，房地产资金主要依赖银行信用实现，代表国家主要有日本、

德国和中国；另一类以市场为主导，以不动产证券化为主要方式完成房地产资金的供给和融通，最为典型的是美国。各国的房地产金融体系不同，金融参与房地产的方式不同，但各国的金融和房地产都具有最紧密的联系，金融体系都直接关系着房地产市场的发展。然而，从国内外房地产市场发展以及金融危机的实践来看，两类房地产金融体系都未能避免引发金融危机的命运，在各国实践中暴露出制度性缺陷。更让人疑惑的是，在经历了日本的房地产泡沫、亚洲金融危机之后，各国政府都努力采取各种措施抑制房地产市场的波动，但是房地产市场仍然多次引发金融危机和经济衰退，特别是 2008 年美国次贷危机的爆发，引发了更为严重的全球性金融危机和经济危机。在以市场为主导的金融体系下，美国管理当局也没能有效抑制房地产市场风险的扩散和金融危机的发生，问题到底出在哪里？我国虽然没有爆发全局性的房地产金融风险，但是房地产市场出现分化，局部地区房地产市场波动较大，银行等金融机构的房地产贷款比例过高，系统性风险不断累积，让人最为困惑的是，面对如此高的房地产银行信贷和系统性风险，严格的调控政策却不能阻止银行资金流向房地产市场。

凡此种种，围绕房地产市场稳定发展的一系列问题至今仍困扰着各国政府、管理当局和学界，也促使我们重新思考我国房地产市场发展与金融制度的安排问题。十多年的房地产调控政策效果不佳，问题到底出在哪里？在原有的制度体系框架下，维系原有的调控和政策思路，仅在具体措施上进行变换，还能有效果吗？对房地产市场健康稳定发展有多大帮助？现有的房地产金融体系存在哪些问题？如何通过房地产金融的制度创新、机构创新、产品创新、服务创新、监管创新，在推动房地产市场稳定健康发展的同时保障其资金需要，在保障银行金融机构稳健经营的前提下更多地参与、更好地服务房地产业？如何才能实现房地产市场与金融体系的稳定、健康的协同发展？我国对房地产和金融的产业属性的理解不同于国外，我国将房地产业和金融业分别归类为第三产业的不同行业，而美国和一些国际组织基于房地产的金融属性，将房地产业归类为金融行业。那么，金融与房地产的关系理论上到底该如何解释（这涉及实践中如何进行金融体系的制度安排）才能有效保障房地产市场稳定健康发展。

1.1.2.2 我国对房地产与金融关系的认识误区及房地产调控的逻辑

在现有的理论、政策、制度框架下，金融和房地产是独立的两个市场、两个领域、两个行业，二者虽然关系紧密，却是一种外在的制度安排，各自是建立在独自利益体系下的利益主体。基于这样的框架，金融和房地产之间形成一种“支持—被支持”的关系，长期以来，我国房地产领域一直处于需要金融支持的被动地位，而银行等金融机构处于实施金融“支持”的主动地位。而这种关系导致的直接结果就是，当房地产市场呈现上升趋势、走向繁荣时，银行积极参与，扩大信贷规模，参与收益分享，甚至在国家实施房地产调控政策和信贷控制的情况下，也不惜进行所谓的“金融创新”，转换渠道向房地产领域投放资金，不放弃房地产增长带来的利润分享机会；而当房地产市场出现风吹草动、萧条迹象时，银行类金融机构就会立即进行风险切割，维护自身和金融系统的稳定，在保证实现固定收益的前提下，迅速从房地产领域撤退，收缩信贷规模，停止资金贷放，而不会顾及资金链断裂给房地产企业带来的破产风险。也就是说，作为“支持—被支持”的两个主体，在以银行固定收益作为信贷方式的支持模式下，银行收取固定收益，承担有限风险，这虽然有利于银行控制风险，但加大了房地产市场因企业资金断裂而引发波动的风险。2016 年“房住不炒”定位提出以前，我国对房地产市场的调控思路是，通过抑制金融来控制房地产市场，其逻辑基于“房地产影响金融稳定、金融影响宏观经济”这样的传递关系，这种调控观点认为，房地产市场的膨胀是由外部资本推动的，抑制金融资金流向房地产，减少房地产的资金供给，就能控制房地产业的盲目发展和膨胀。这种调控的制度安排是纯外部性的，忽略了利益主体的属性和行为选择的内在动因，银行首先是利益主体，一切行为选择的内在动因服从利益诉求，法律、政策、制度只能约束利益主体的行为表现，利益主体会沿着利益动因发挥主观能动性而进行各种渠道、工具、模式上的创新，来绕开各种政策限制，这也是金融领域的金融创新越来越盛行的原因。据此，就不难理解在我国以银行为主导的房地产金融体系下，以金融调控为主线的房地产市场的宏观调控效果不佳的原因了。

该如何推动"房地产市场—金融—宏观经济"的良性互动呢？在这个链条上，房地产市场的稳定发展是关键，而金融的有效配给又是房地产市场稳定发展的关键。所以，促进房地产市场稳定健康发展，需要重新思考房地产与金融的关系，需要深入研究房地产和金融的内在属性，在尊重市场原则下房地产企业和金融机构等参与主体的动因和利益诉求，一切外在的制度安排和管理政策都需要建立在遵从市场内在逻辑和市场主体合理诉求的基础上。十几年房地产金融调控的实践告诉我们，要解决房地产市场稳定发展问题，必须转变思路，突破原有的理论框架和思维逻辑，重新认识房地产与金融的关系，重新构建"房地产—金融"的关系体系和理论基础，重新进行房地产金融的制度安排，重新确立推动房地产市场稳定发展的政策思路。

2008 年美国发端于住房抵押贷款市场的次贷危机引发金融危机和全球经济危机后，学界和更多的人开始对传统金融基础理论和既有的金融秩序产生怀疑（朱民，2012）。最有冲击力的观点是由 2012 年诺贝尔经济学奖得主、耶鲁大学金融学教授罗伯特·席勒提出的，他专门撰文分析房地产市场引发的次贷危机，他指出，次贷危机的根源在于美国金融体制的弊端，不能简单地将次贷危机归咎于金融从业者的贪婪或诡诈，或者是格林斯潘所犯下的错误，"真正的诱因埋藏在我们现有的金融制度的本源性缺陷中。无法管控房地产投资风险，或者无法合理利用杠杆。对危机的反思，不是继续改善调控，打压房地产投资和消费，而是要修正我们的制度"，需要重新构筑住房市场和金融市场经济体系的制度基础（席勒，2012）。看到席勒教授在 2012 年《金融与好社会》中提出的观点，我无比欣慰，因为，这恰是本书所依托的课题在 2010 年申报时的初衷。该课题申报时仅仅基于国内房地产金融体系的缺陷以及国内房地产调控失败的现实，而席勒教授对美国次贷危机的分析揭示了美国市场主导下房地产金融体系的制度弊端，扩展了该课题研究的视角，也更加坚定了课题研究的价值和意义，使课题的研究目标和方向更加清晰。国内外房地产金融体系都存在制度性缺陷，重构房地产金融体系是一个世界性命题，不仅要重构房地产金融的理论基础，也要重构房地产金融的实践性政策框架。

为此，在实践层面上，本书基于我国房地产市场发展的实践以及我国房地产金融体系存在的弊端，阐释金融与房地产市场稳定发展的关系和重构的必要性；在理论层面上，本书运用共生理论、产业融合理论，分析、揭示房地产与金融的本质内在关系，重构了房地产与金融的关系，为房地产金融体系重构提供理论支持；在操作层面上，本书运用开放系统的自组织理论构筑了房地产金融体系重构的理论基础，运用集团利益理论构筑了房地产金融体系重构的实践基础。最后，根据我国的实际情况提出了我国房地产金融体系重构的方向和体系框架。

1.1.3 研究意义

1.1.3.1 现实意义

首先，为推动房地产市场稳定健康发展提供新的管理视角和政策思路。突破原有的房地产市场调控和管理的框架，从重新认识房地产和金融的关系入手，重构房地产金融的结构和体系，通过金融制度、体系、模式、渠道、手段、产品等一系列金融创新，构建更加协同有效的收益风险分散机制，推动房地产与金融的协同、稳定、健康发展。

其次，探讨我国房地产金融发展与创新的方向、路径和策略，推动我国房地产金融体系逐步走向完善，功能得到更有效的发挥。

再次，为金融机构参与房地产领域的投融资活动提供参考和帮助，帮助金融机构了解房地产与金融的本质关系以及内在驱动的合作机理，转变观念，创新投融资方式，构建房地产与金融收益和风险的更加协调、更加稳定的合作机制。

最后，为房地产领域的经营者、消费者等资金需求者提供金融服务参考，帮助他们了解金融理论、金融知识、金融体系等，在融资、筹资活动中选择适合的融资方式，从而更有效地开展与金融机构的合作。

1.1.3.2 理论意义

首先，梳理房地产市场稳定发展的文献和理论研究脉络，清晰界定房地产市场稳定发展的含义，概括房地产市场稳定发展的内外因素，提出房地产市场稳定发展的指标体系，为房地产市场稳定发展提供理论支持。

其次，探讨了房地产金融体系重构的理论基础。用共生理论和产业融合理论重新解析了金融与房地产的关系，拓展了房地产与金融关系的研究视角，为突破现有政策、制度框架来研究房地产金融提供理论支持。

再次，用自组织、耗散结构理论分析金融与房地产协调发展的内在逻辑、理论基础及演化机制，为进行房地产与金融的合作机制创新提供了理论依据和操作逻辑；用利益集团理论、博弈论分析了房地产金融体系重构中利益主体的选择倾向，奠定了房地产金融制度、体系创新和重构的现实基础，使房地产金融体系重构更具有操作性，也为新形势下房地产金融政策的制定提供了理论支持。

最后，本书提出金融要与房地产协调发展，拓宽了房地产金融的研究思路，改变了以往“金融支持房地产”的思维逻辑，为我国房地产金融转型提供了理论参考。

1.2 文献综述

本书从金融角度研究房地产市场的稳定发展问题，涉及房地产市场稳定发展、房地产和金融的关系以及房地产金融体系三个方面的研究综述。

1.2.1 关于房地产市场稳定发展的研究综述

市场稳定问题一直是经济学研究的重要主题，从古典经济学亚当·斯密“看不见的手”的自由市场经济学说开始，不同阶段、不同学派对市场稳定问题都有不同角度的论述，特别是 20 世纪 40 年代以来宏观经济学产生后，经济增长、经济周期、通货膨胀、失业、货币政策成为研究主题，市场稳定性问题转化为视角更为宏观的经济波动问题，成为各学派争议的焦点。凯恩斯主义认为经济天生具有不稳定性，并用不断变化的投资者“动物精神”构成的对市场的冲击来解释不稳定性的根源。新古典主义学派的弗里德曼和施瓦茨（1963）却认为，经济不稳定性不应该归因于私人部门的行为，而是由货币政策的无能所导致，美国货币与经济周期有更直接的联系。理性预期学派创始人卢卡斯（1973）提出一种基于不完全信息、理性预期和市场出清假设的经济周期理论，强调市场主体预期对市场价格形成的作用。而真实经济周期理论在解释经济波动时，将其归因于技术随机冲击导致的消费和闲暇的跨期替代，强调真实因素对经济波动的影响，回避了货币因素的影响。凯恩斯主义认为，斯密、马歇尔的古典理论在长期来看是正确的，但是对短期波动“看不见的手”解释不了。

综上，市场稳定发展既是长期、宏观视角下的经济波动问题，也是短期、微观视角下市场价格涨落变化问题。国内外对房地产市场稳定问题的研究就集中在两个对应的角度上：房地产周期论和房地产泡沫论。前者从长期角度研究房地产市场从繁荣到萧条的周期运行，从动态、连续的角度揭示房地产市场周期波动的逻辑，探讨房地产市场稳定发展的动因；后者侧重短期，通过研究房地产市场价格剧烈波动现象即泡沫问题，来追溯市场剧烈不稳定的原因。两种理论试图揭示同样的问题，即房地产市场为什么波动，房地产市场如何才能稳定发展。

1.2.1.1 周期论视角下房地产市场稳定发展研究综述

“二战”后，伴随着经济周期，房地产市场跌宕起伏，学者们开始用周期理论研究房地产市场的变化，从不同角度研究了房地产周期问题。Burns（1935）描述了美国房地产建筑周期，开辟了房地产周期研究之源，Prichett（1984）分析了经济周期对房地产投资的影响，Hendershott（1994）和MacFarlane（1998）根据“拇指原则”探讨房地产市场周期的原因，Wheaton（1999）从信息不对称和道德风险角度研究市场周期波动，Hibers（2001）揭示房地产特点对房地产周期的影响，Kiyotaki、Moore（1997），Aoki、Proudman、Vlieghe（2002）从信用市场不完备角度研究房地产周期的形成，Pyhrr和Born（1999）研究了房地产周期的分类。国内学者何国钊、曹振良、李晟（1996）认为，与宏观经济的周期波动相似，房地产业发展也存在周期波动现象，可分为复苏与增长、繁荣、危机与衰退和萧条四个阶段。与一般市场经济相同，房地产总供给和总需求各自波动及其相互作用产生的波动呈现出周期性波动的特点，从而形成从景气到不景气不断循环变化的房地产周期（梁桂，1996）。

按照周期理论，房地产市场稳定发展并不是一个离散的、时刻保持最优的静态概念，而是包括收缩（不景气）和扩展（景气）两个阶段、复苏—繁荣—衰退—萧条四个过程的全部或部分的动态概念。房地产市场周期运动的波幅剧烈程度、波峰波谷间隔出现的时期长短、波段是否均衡等运行特征揭示了房地产市场稳定发展的内涵：房地产市场周期运动的波幅平缓、波峰波谷间隔出现的时期平稳、波段均衡等运行特征，意味着房地产市场稳定发展；相反，房地产市场周期运动的波幅剧烈、波峰波谷间隔出现的时期短暂、波段不均衡等运行特征，意味着房地产市场不稳定。

对于房地产周期波动的原因，形成了多种理论解释。投资理论、消费理论和建设滞后理论从房地产市场供求关系的角度解释房地产周期波动的原因，认为供给和需求是房地产市场稳定发展的关键。投资论认为，房地产业周期波动主要由供给方投资扩张过快推动，是在开发商的土地投资及房屋供给、购房者的住房及投资需求的相互作用下形成的。消费论提出，消费因素影响需求，消费波动对房地产周期的影响同投资一样，也是同向的。建设滞后论认为，当房地产需求上升、价格上扬时，开发商纷纷进入市场、增加投资，房地产进入扩张阶段。但房地产建设周期长，后期投资的房屋上市时，房地产供给早已超过需求，供给过剩，价格下跌，房地产进入收缩阶段。Grenadier（1995）基于期权定价理论分析了房地产周期在供需相互作用下的形成过程，研究表明需求的不确定性、物业改善成本和建筑时滞造成房地产周期波动。Clinloy（1996）提出当经济中出现房地产超额需求时，空置率减小，租金上升超过开发商预期，于是新的开发项目全面启动，导致房地产市场过热以及其后的过冷，形成房地产市场从繁荣增长到萧条衰退的周期波动。

也有学者提出房地产市场周期波动的政策论，研究利率、土地等政策因素对房地产市场波动的影响。还有学者将焦点放在金融因素上，提出货币供给论，认为信贷机构的“纵容”和“恐惧”造成了房地产市场的周期波动，即市场景气时，银行向开发商发放大量贷款；但市场开始衰退，有的开发商无法按时清偿贷款时，信贷机构又出于“恐惧”心理而全面收缩房地产信贷，造成大量开发项目运转停滞，导致房地产市场的大幅波动。

一些学者研究基本经济变量对房地产市场稳定发展的影响。Poterba（1991）利用美国39个城市1980—1990年的年度数据，通过时间序列横截面回归分析得出，真实收入和建筑成本可以解释各城市住宅价格的上涨，造成房价周期波动，影响房地产市场稳定发展。Clapp和Giaccotto（1994）利用美国3个市镇1981—1988年的月度数据进行简单回归，结果表明人口和就业导致房价波动。梁云芳、高铁梅、贺书平（2006）分析了房地产市场与宏观经济的相关性，得出房地产投资与经济增长表现出高度相关性，认为随着房地产业在国民经济中地位的不断提高，经济周期对房地产市场稳定发展的影响将越来越明显。行为经济学的快速发展引起了国内外学者对预期、情绪、市场有效性等因素的广泛关注，从心理、行为的角度对房地产周期进行了解释。Case和Shiller（1988）认为住房价格突然增长带来的房地产市场繁荣主要由投资者对过去价格上涨的心理反应及其相互传导解释，不能简单理解为基本经济变量波动的结果，心理因素及跟风行为会导致房地产市场波动。John M. Quigley（1999）利用美国住宅业的样本数据进行回归分析，得出基本经济条件和预期对房地产周期的影响具有统计意义，预期的解释力（拟合优度）高于基本经济条件，预期造成房地产周期波动，影响房地产市场稳定发展。我国学者贺京同、徐璐（2011）基于行为经济理论，分析了我国房地产市场的主体行为、预期形成对房地产市场稳定的影响，认为主体行为受到货币幻觉、过度信心等因素的影响，推高房地产升值的预期，是导致房地产市场不稳定发展的重要因素。

1.2.1.2 泡沫论视角下房地产市场稳定发展研究综述

周期论从运动发展的角度，将房地产市场稳定发展阐释为从萧条衰退到繁荣增长的周期运行；泡沫论则刻画了泡沫产生时房地产市场剧烈波动的不稳定状态，从市场价格大幅涨跌的角度阐释了房地产市场稳定问题。按照泡沫论，房地产市场稳定发展应该是房价未出现急剧波动、没有房地产泡沫的运行状态。20世纪90年代日本房地产泡沫和东南亚危机的出现，使泡沫理论成为研究房地产市场波动的主要视角，泡沫论分为理性泡沫论和非理性泡沫论。理性泡沫论认为价格由理性预期决定，当市场价格偏离了理性预期价格时，就产生了价格泡沫；非理性泡沫论认为理性预期形成的市场基础仅能部分地决定价格，非理性因素如群体心理、时尚、狂热而引起的投机行为也是决定价格的重要因素，当市场价格偏离理性及非理性因素共同决定的价格时，泡沫就会产生。房地产泡沫本质上是在理性和非理性因素共同作用下形成的一种价格剧烈波动、严重偏离理论价格的经济现象，泡沫状态下市场出现严重波动，不能稳定发展。

对于房地产泡沫产生的原因，在理性泡沫论框架内，Muellbauer和Murphy（1997）研究了1957—1994年英国住房价格波动，认为金融自由化、实际利率和收入预期是房地产价格泡沫产生的主要原因；Krugman（1998）认为信用工具的多样性导致的代理问题是房地产泡沫形成的主要影响因素，房地产泡沫的产生、膨胀及破灭会造成房地产市场的剧烈波动。M. J. Roche等（2000）、K. Hiro（2003）、K. Nakamura等（2007）和T. Nakajima（2008）等则认为，经济基本面是房地产泡沫形成的长期影响因素。在非理性泡沫论的框架内，Hirshleifer（1975）和Kindleberger（1989）认为，预期、群体投机使房地产市场价格严重偏离、剧烈波动，产生房地产泡沫。Wong（1998）以泰国房地产泡沫为背景建立了动态模型，研究了在经济过热、国际资本大量流入的情况下，房地产交易者过度乐观的预期及其相互传导产生的“羊群效应”在房地产泡沫产生和膨胀过程中的作用，通过对产生房地产泡沫时房地产市场不稳定状态的量化描述，解释了房地产市场的非稳定发展。Milton Friedman（1953）、Hirshleifer

（1975）、Feiger（1976）、Harrison 和 Kreps（1978）、Kindleberger（1978）等分析了房地产泡沫的形成和演化，认为群体心理及时尚、狂热引起的投机行为导致房地产市场价格持续上升、严重偏离理论价格，导致房价剧烈波动，当盲目的乐观预期蔓延到整个市场时，系统性风险不断累积，房地产市场处于非稳定发展状态。

国内也有大量文献研究我国房地产市场泡沫问题，其中的代表性观点有：刘金娥（2010）通过实证得出，导致理性泡沫和投机泡沫形成的因素都会导致我国房价波动，但前者是主要因素；况伟大（2010）建立了一个同时考虑预期和投机的住房市场均衡模型，利用中国 35 个大中城市 1996—2007 年住房市场数据进行实证分析，结果表明，预期及投机对我国房价具有较强解释力，是造成房价波动的主要原因；贺京同、徐璐（2011）从我国房地产市场主体行为特征角度研究房地产市场是否存在泡沫以及泡沫形成的原因，其文章构造了一个跨期最优模型，考察住房消费和投资的决策过程，确立了量化行为因素的统计指标，利用 1998—2008 年我国 31 个省份的面板数据，对我国住房消费和投资决策中的主体行为特征和预期形成过程进行实证，结果表明，我国房地产市场主体行为受到过度信心、货币幻觉、片面信息等行为因素的显著影响，从而不断推高房地产升值预期，并且在预期实现后又被进一步强化。房地产升值预期表现为正反馈作用，并不断累积升高，传统经济因素已不能很好地解释我国房地产市场的波动，而行为因素是造成房价波动的主要因素，对我国房地产市场稳定发展具有重要影响。

1.2.1.3 房地产周期论和泡沫论共同关注的因素——金融

周期论和泡沫论都关注到金融对房地产市场稳定发展的影响。房地产周期论中的货币供给论就是从金融视角解释房地产周期的形成，将房地产市场的周期波动归因于信贷机构的“纵容”和“恐惧”，在市场景气时，银行向开发商发放大量贷款，在市场衰退时，信贷机构又出于“恐惧”心理而全面收缩房地产信贷，影响开发项目运转，从而导致房地产市场波动。Renaud（2000）研究指出房地产周期和金融系统有稳定的相互依赖关系；Fred（1974）和 Alan（1980）研究了 1795—1973 年近 180 年间美国房地产周期运行的实际情况，认为 20 世纪 80 年代美国房地产市场的萧条是在信贷支持过度情况下，由房地产泡沫引发了银行危机，适度信贷是房地产市场稳定运行的关键。Bertrand（1996）认为房地产泡沫就是金融自由化和放松金融管制导致的房地产价格持续上涨、房地产市场剧烈波动的经济现象。国内学者谢经荣等（2002）构建了包括地产商和银行两方的资本市场局部均衡模型，说明房地产价格与信贷数量相关，房地产收益的不确定性导致了资产泡沫的产生，而人们对未来信贷扩张的预期以及信贷扩张程度的不确定性又增加了泡沫的严重程度。周京奎（2004）认为房地产泡沫是一种价格现象，是在金融支持过度背景下由于人们的群体投机行为导致的房地产价格偏离基础价格而持续上涨的剧烈波动。赵文（2003）认为金融资产和金融负债的交叉化是房地产泡沫形成的深层次原因，金融是房价波动的主要原因。袁志刚（2004）构造了房地产市场局部均衡模型，通过分析购房者和地产商在引入银行信贷前后的不同最优选择，讨论了房地产市场是否存在理性泡沫、泡沫的规模及存在泡沫的概率，得到的结论是，高的银行抵押贷款比率、低利率以及高的居民可支配收入会使泡沫规模增大，而紧缩的信贷政策、高利率以及居民可支配收入降低会导致泡沫破灭。地产市场泡沫不仅仅是房地产市场本身的问题，与信用过度膨胀、政府货币政策和财政政策失误都有很大关联，政策、金融因素造成了房价剧烈波动，影响了房地产市场的稳定发展。鞠方等（2008）从货币虚拟化的角度，对我国房地产泡沫的成因提出了一种新的解释——房地产市场货币积聚假说，展示了在货币供给过度情况下房地产价格的急剧波动。

1.2.2 关于房地产和金融的关系的研究综述

对于房地产和金融的关系，国内外学者从更广泛的角度进行了研究，根据研究成果的侧重点不同，大体分为三个方面：一是侧重研究金融对房地产市场的影响；二是关注金融稳定问题，研究房地产对银行、金融的影响；三是研究房地产和金融的关系。

关于金融对房地产市场的影响，除了周期论和泡沫论涉及的文献外，其他视角也多有涉及。Mark Carey（1990）通过构建土地价格模型，研究房地产的繁荣与金融的参与，结果表明，信贷支持会鼓吹土地投资者的乐观预期，造成房地产市场虚假繁荣及房地产泡沫，在金融促进房地产市场发展的同时会集聚风险。Robert Heath（2003）研究了房贷以及房地产价格在金融机构的重要性；李宏瑾（2005）的实证研究表明，银行信贷资金对房地产市场的供给与需求具有重要影响；李阳（2006）通过脉冲分析发现，房地产市场对金融资产、货币性金融资产及非货币性金融资产的冲击均产生正向反应，并且金融资产的扩张构成了房地产增长的格兰杰原因，表明了金融对房地产市场有重要影响。Collyns 和 Senhadji（2002）研究认为，亚洲国家信贷增长对住宅价格有显著影响。Nada More（2005）分析了日本 47 个道县的数据，认为某个道县的贷款额占总贷款额的比例只要上升 1%，它的土地价格就会比其他道县上升 14%~20%。Eichengreen 和 Arteta（2000）对 75 个国家 22 年样本数据的分析认为，信贷的快速增长是引发银行危机最主要的原因。Hahm 和 Mishkin（2000）对韩国金融危机的研究发现，危机发生前信贷的快速扩张是引发危机的重要原因。Gertler、Mark 和 Kiyotaki（2009）以次贷危机为例，分析了个别金融机构破产引发危机及危机蔓延的过程。

金融推动了房地产市场的快速发展，但同时也带来了房地产的虚假繁荣，积累了大量风险，而房地产市场的风险又会反过来促成金融危机的形成。Fisher（1993）最早提出“债务—通货紧缩”理论，分析资产价格膨胀引致信贷过度以及金融体系的不稳定；Mishkin（1982）提出了“金融脆弱性”假说，认为信息不对称及信息渠道不畅通加剧资产价格膨胀与金融系统危机的相互作用。Diamond（2001）的银行挤兑模型，Kiyotaki（2009）、Hart 和 Moore 的债务合约框架都从货币信贷渠道分析了资产价格对金融稳定的影响。Goetz（2009）从银行资本金变动角度分析了资产价格波动对金融稳定的影响。大量文献以金融稳定为落脚点，研究了房地产市场资产价格波动对银行、金融体系的影响。Wachter（1998）构建了信贷市场模型，研究了房地产繁荣与银行危机的关系，认为银行愿意低估房地产信贷风险、助推房地产繁荣，最终导致了金融危机。Robert Heath（2003）研究表明，房地产相关贷款和房地产价格对金融机构有重要影响；Haibin Zhu（2004）揭示了房地产市场对货币政策和金融稳定的重要意义。Bradford Case 和 Susan Wachter、Kelvin Fan 和 Wensheng Peng（2003）都主张利用房地产价格作为监测机制来降低金融的不稳定性。2008 年次贷危机以来，许多学者利用 Bernanke 等提出的“金融加速器”理论解释现代经济周期，在随机动态一般均衡的框架下解释资产价格波动影响金融稳定和经济波动。Chen（2001）在动态随机一般均衡框架下分析资产价格在内部冲击下产生波动，从而引起银行投资萎缩以及实体经济的衰退。Goodhart 等（2009）考虑住房、个体异质性、违约等因素，模拟分析了 2008 年美国房价急速下跌给金融机构带来的影响。2008 年次贷危机等大多数危机表明，房地产市场波动对金融危机的诱发和传导起着更为重要的作用。

对房地产与金融二者关系的研究，Herring 和 Wachter（1999）从国际视角研究了房地产繁荣与银行危机的关系；Carey（1990）、Wachter（1998）等的研究表明，房地产市场与金融市场在融合发展的同时，也很容易积累市场风险；Okunev、Wilson 和 Zurbruegg（2000）利用美国 1972—1998 年房地产市场与 S&P 股票市场的月度数据实证研究两者的关系，得出美国房地产市场与 S&P 股票市场之间存在动态的相关关系。皮舜、鲁桂华和武康平（2004）通过模型分析认为，房地产市场与金融市场是风险积聚的两个重要载体，而两个市场在经济运行中表现出的相互共生关系，容易促使风险积累。谭政勋、王聪（2011）利用多元 GARCH 模型，在动态随机一般均衡框架下，分析了我国信贷扩张、房价波动影响金融稳定机制以及银行的反馈机制，得出房价波动、信贷波动及其联合波动都具有很强的 GARCH 效应的结论。王国军和刘水杏（2004）基于投入产出模型的研究表明，各行业中，房地产业对金融保险业的带动效应最大，我国房地产业与金融业联系紧密。盛松成、李安定、刘惠娜（2005）的实证结果表明，房地产贷款会直接影响商业银行信贷结构，房地产业与银行业高度相关。皮舜、武康平（2006）在实证分析中国1997—2003年房地产市场与金融市场的月度数据基础上，建立了两者之间的误差修正模型（ECM模型），对ECM模型进行线性Granger因果检验，并对模型的残差项进行非线性Granger因果检验，发现房地产市场与金融市场存在长期与短期的双向线性因果关系，并得出两个市场具有共生性的结论。张凌云（2008）对北京市房地产业和金融业的产业关联关系进行了量化研究，结论是，北京房地产业与金融业两个产业相互之间过分依赖，无论后向关联还是前向关联，其产业关联度均偏高。但二者的关联度从1997—2005年呈递减趋势，北京市房地产业与金融业之间的比例关系和结构正在向合理化方向发展。李阳（2007）从宏观视角对房地产市场和金融市场的关系进行了实证分析，认为房地产再生产的特性决定了其对金融市场的依赖性和吸引力，房地产市场的繁荣离不开金融市场的参与和支持，房地产市场的繁荣也促进金融市场的发展。

关于如何改进房地产市场与金融市场的关系、促使两者健康发展的研究相对较少，现有成果主要提出从房地产资产证券化角度优化房地产与金融的关系。Oliver Jones（1962）分析了建立有效的房地产抵押贷款二级市场的障碍及其在清除房地产一级市场非理性方面的重要性和必要性，并构建了有效的二级市场结构。Boot 和 Thakor（1993）分析了在信息不对称的情形下，发行者通过分割资产的现金流来销售多个而非单个金融或有权，其期望的收入会因信息交易便利而提高，房地产抵押贷款证券有助于房地产市场的发展。皮舜、鲁桂华和武康平（2004）的研究认为，房地产抵押贷款证券化是零信息传递成本下的多委托代理机制，而这种机制相对于仅有行政干预或者单委托代理机制，对房地产市场与金融市场关系的改善更富有效率。

1.2.3 关于房地产金融体系问题的研究综述

综观理论和实践，金融与房地产关系紧密，金融对房地产市场的稳定发展具有十分重要的作用，那么，怎样的金融体系才有利于房地产市场稳定发展呢？我国的房地产金融体系及其运行机制存在哪些问题？对于房地产金融体系的研究成为近年来国内学者关注的重要问题。首先，对于国内外房地产金融体系的研究，汪利娜（1999）对美国住房金融体系的发展历史及现状进行了回顾，总结了美国住房金融体系中的机构、技术、工具、市场、监管框架和政府参与方式，并从社会、经济和金融环境变化的角度分析了体系形成的原因，认为市场化的住房金融模式和政府杠杆作用的有机结合是美国住房金融制度成功的原因，这对我国房地产金融体系的完善具有很好的借鉴意义。常永胜（2001）分析了中国香港、新加坡、德国、美国等地的房地产金融体系的运行和发展，在此基础上，研究了我国房地产金融组织体系、市场体系和宏观调控体系的构建和深化问题。吴世君、龚马玲（2004）分析了我国房地产金融体系的现状及风险，进而分析比较了美国、日本、新加坡、中国台湾的房地产金融体系，认为各地应该根据自身经济发展阶段和社会条件来促进房地产金融的发展，对银行贷款的过度依赖会引发金融危机，房地产贷款资产证券化有助于分散一级市场的风险，是房地产金融体系完善的方向。

其次，对于我国房地产金融体系存在的问题，卞志村（1999）从房地产市场主体和市场完善程度两方面分析了我国房地产金融体系的非均衡状况，认为目前我国房地产金融体系中开发商、购房者、金融机构及监管者等主体的政策依赖性较强、缺乏活力，房地产金融体系缺乏统一性、运行机制不灵活、制度不规范，针对这些问题对房地产金融体系进行改革极有必要。郑晓东、魏斌（2004）在回顾我国房地产金融体系建立、发展并不断完善的历史过程和对我国房地产金融现状、问题进行分析的基础上，指出房地产开发企业过度依赖银行贷款，融资链断裂是金融风险的主要隐患，应促进房地产金融工具多元化发展，以完善我国的房地产金融体系。王明国、王春梅（2009）利用以金融抑制、金融深化和金融约束理论为代表的金融发展理论分析了我国房地产金融体系的现状，发现我国现有的房地产金融体系存在着由金融抑制造成的体系不完备问题，单一银行体系支撑着中国整个房地产金融，于是提出了深化金融产权制度改革、完善金融监管以及培育和完善房地产金融品种及体系等举措，以促进我国房地产金融体系的完善。田金信、胡乃鹏、杨英杰（2007）运用灰色系统优势分析原理对我国历年房地产金融深化优势进行了比较研究，结果表明，我国房地产金融深化存在明显的量性扩张和金融深化优势下降趋势，说明我国房地产金融深化过程缺乏金融创新和主体塑造的质性成长，不利于房地产金融成长的长期性和持续性。

在房地产金融体系的改革和完善方面，张莉、方伟（2009）研究了我国房地产金融体系的发展现状，指出单一化是制约我国房地产金融发展的重要因素，提出通过创新逐渐丰富和完善我国房地产金融体系，措施主要包括商业银行的业务创新、发行按揭证券、组建产业发展基金、住房抵押保险等。中国人民银行房地产金融分析小组（2005）就我国房地产金融现状、政策、风险防范及发展趋势几方面提出改革建议。金加林（2004）试图从房地产业投资基金的角度完善我国房地产金融体系，在对房地产产业投资基金组织、管理模式、运作方法、治理结构体系进行研究分析的基础上，对我国房地产产业投资基金的筹资和退出机制模式进行研究探讨，提出了我国房地产金融体系的产业投资基金模式。吴志坚（2005）认为我国整体金融体系存在严重的金融压抑，抑制了金融创新，提出以金融深化为目标、以金融约束为手段，改革我国金融体系。

1.2.4 文献评述

第一，对于房地产市场稳定发展的研究，虽然周期论和泡沫论从不同角度解释了房地产市场波动的原因，但对房地产市场的稳定发展缺乏系统研究。一是现有研究并没有把房地产市场稳定发展直接作为研究对象，而多是站在房地产市场稳定的反面，将市场波动作为研究对象，且主要将市场价格变动作为波动的指标。以市场稳定为研究目标不仅是价格单一指标的稳定，而且要实现多元化指标的稳定，如供给和需求、投资与消费等；不仅是多元指标结果的稳定，而且要过程的稳定、机制的稳定。由于研究目标不同，建立的研究思路、指标体系也不能完全契合市场稳定研究的需要。二是现有文献从各个角度对房地产市场稳定的影响因素、机理的分析虽然都很深入、全面，但研究多采用局部均衡模型，且将房地产和金融置于两个分割的部门进行研究，少有将房地产市场和金融纳入统一框架下进行分析的，研究缺乏系统性。三是两种理论都注意到金融对房地产稳定发展的作用，但并没有将其作为单独的主题予以深入研究，仅将其作为影响房地产市场价格波动的因素之一来提及。四是既然众多研究成果不能解决实践中的危机频发，那就需要转换研究思路，从更全面、更系统的角度探讨问题。

第二，对于房地产与金融的关系，国外学者多从微观角度加以分析，国内学者多是对房地产金融业务和具体问题的一般描述和分析，局限于二者相互影响的表象关系，将关注点放在二者的市场表现上，从表象上揭示房地产与金融的依存关系，而对二者关系形成的深层原因以及影响机理缺少深入研究和理论支持，更缺乏对二者关系本质的深刻认识。而且国内现有成果多侧重于研究房地产市场对金融稳定的影响，多以金融稳定发展为落脚点，认为房地产市场风险高，对金融具有传递性，相应的政策主张主要针对防范房地产风险、抑制房地产金融支持，而关于金融对房地产市场稳定的影响的研究成果较少。

第三，对于房地产金融体系的研究，目前，国内外研究多从实务角度出发，针对房地产金融工具、机构、制度等方面进行的独立的、分块式的研究，关注点集中于某个局部问题，缺乏对金融体系完整性的解析；定性描述过多，而对于构建和完善房地产金融体系的理论依据鲜有涉及，研究停留在表面的局部问题上。许多理论和实践问题无法得到有效解决，同时，研究的方法和手段也需要进一步丰富和完善。

总之，对房地产金融体系的研究主要停留在浅层次的描述上，尚未触及构建房地产金融体系深层次的理论构建，本书拟弥补以上不足。

1.3 研究思路及主要内容

1.3.1 基本思路

从实践层面看，国内外的房地产市场波动都与金融密切相关，国内外的金融危机也多由房地产市场引发。房地产与金融具有如此紧密的关系，而多数国家的房地产调控和金融管理隐含了一个前提，就是将二者割裂开来，将房地产和金融分置于不同领域、不同部门，实施分割其利益和风险的调控措施。一旦认为房地产市场有过热倾向，调控政策就随即指向房地产市场，明则调控房地产市场，实则更多是维护金融稳定。出台的调控政策和措施更多倾向于维护金融稳定，保护金融部门的利益，以防止房地产市场的风险向金融部门传递。基于这种分割的认识，房地产市场的调控政策首先是阻断金融资金流向房地产领域，减少或停止向房地产企业提供资金帮助，同时，提高利率，增加企业融资成本和难度。房地产与金融自身的属性决定了二者难以分离，在房地产市场向好、繁荣时，二者的利益已经通过抵押贷款、按揭贷款等多种形式连接在一起了；但在房地产市场出现衰落、走低时，却要用外生的力量切断它们的风险。用这样的逻辑管理房地产与金融市场，效果难以如愿，这或许是房地产金融危机多次重复爆发的重要原因。

从理论研究来看，大量文献要么关注金融稳定，研究房地产市场风险如何影响金融、向金融部门传递；要么研究房地产市场稳定，研究金融膨胀如何推动了房地产危机的发生；要么研究二者相互的风险传递机制和反馈机制。在房地产金融危机爆发时，无论哪类研究成果及其提出的政策主张都显得脆弱无力。

既然现有的调控政策、措施不能有效防止房地产金融危机的重复发生，就需要转换调控思路，需要重新从理论上论证房地产与金融的关系，需要找到构建新的房地产金融制度安排的理论基础。既然大量的研究成果并不能给控制和管理房地产金融风险以更好的启迪，那么，说明我们需要转变研究方向，调整研究框架，需要调整研究假设，假设房地产与金融是协同发展的共生体，把二者作为不同的共生单元放在同一个共生框架中来研究二者利益风险的分担机制和制度安排；我们需要调整研究目标，不再以单一的某一个市场稳定为目标，将两个领域、两个市场割裂开来，而是以二者稳定、协同发展为研究目标。

基于上面的逻辑和思考，本书以房地产市场稳定并与金融协调发展为目标，研究房地产金融体系重构问题。在分析当前房地产金融体系问题的基础上，阐释金融与房地产市场稳定发展的关系和重构的必要性；运用共生理论、产业融合理论、耗散结构理论和协同学来重新解析金融和房地产的关系，从产业属性和自组织机制角度阐释重构房地产金融体系的理论基础。在此基础上，运用利益集团理论搭建我国房地产金融体系重构的政策框架。

1.3.2 主要内容

本书共分为 11 章，第 1 章是绪论，主要介绍研究背景、文献综述并提出问题，阐述本书研究的现实意义和理论价值，确立本书的研究视角，并对研究思路、方法、路径等进行介绍。

第 2 章是对房地产市场稳定发展问题的定性研究。本章梳理了房地产市场稳定发展的相关理论，界定了房地产市场稳定发展的含义，提出房地产市场稳定发展的衡量指标；定性阐述了金融与房地产的关系，以及金融对房地产市场稳定发展的意义。

第 3 章至第 5 章是对房地产与金融关系的现实考察，以分析房地产金融体系重构的现实必要性。通过对中国和美国金融与房地产发展历程的考察，揭示房地产与金融真实存在的关系；通过对中外房地产金融体系的对比考察，揭示金融体系的特点及存在的问题。第 3 章对美国和中国房地产与金融市场的发展历程进行回顾和描述性观察，从现实角度揭示房地产市场与金融市场在发展中相互影响、互有交集的关系；通过对我国金融与房地产市场关系进行实证研究，分析金融对房地产市场波动的影响。第 4 章重点考察我国房地产金融体系的现状、特点及这种金融体系对房地产市场发展造成的影响。第 5 章是对美国、德国、日本、新加坡房地产金融体系的考察，揭示各国房地产金融体系的特点，分析各国房地产金融体系特征及对房地产的支持机制，从理论上解析房地产金融体系设计上的缺陷及理论根源上的偏颇。

第 6 章和第 7 章是本书的重点，运用共生理论和产业融合理论重新解析、论证了房地产和金融的本质关系，是房地产与金融的关系重构，为房地产金融体系重构提供理论支持。首先，运用共生理论论证房地产企业和银行之间是一种共生关系，把房地产企业和金融部门作为相互影响的共生单元纳入共生体的框架中，对我国银行和房地产企业的共生关系进行实证分析，检验我国房地产企业和银行共生中存在的问题。其次，从房地产和金融的产业属性角度，用产业融合理论阐述房地产和金融的高度融合关系，把表象上的依赖关系解析为产业融合层面的一体关系，并实证分析我国房地产与金融产业融合的特点及方向。

第 8 章和第 9 章分别阐述了房地产金融体系重构的理论基础和现实基础，从实施、操作层面为房地产金融体系重构提供理论依据。探讨了以下问题：在房地产与金融新的关系架构下，如何构建房地产金融体系；新的房地产金融体系如何能实现二者稳定协调发展的目标；构建新的房地产金融体系需要考虑哪些因素、受哪些条件制约。

第 8 章阐述了房地产金融体系重构的理论模型及演化机制。基于房地产与金融共生关系的前提，从系统论的角度，把房地产和金融纳入一个开放的、远离平衡态的复杂系统，用耗散结构理论分析房地产金融系统在非平衡状态下形成稳定有序结构的条件和机制，阐述了房地产与金融在相互交换和相互作用下形成动态稳定有序结构的自组织过程，在定性分析的基础上，用协同理论构建房地产和金融协同发展模型，描述了金融与房地产市场稳定发展的系统演化过程，阐述了房地产和金融两个子系统功能之间的耦合和协同特性，实证分析了房地产市场与金融之间的协同关系，从理论上论证了房地产与金融实现协同稳定发展的可能性。

第 9 章运用利益集团理论和博弈论的方法，分析了我国房地产金融体系重构中应该考虑的多个主体利益关系及彼此的协调状态，为房地产金融体系重构提供现实的支持基础，也是房地产金融体系重构应该遵循的现实原则。本章详细分析了我国“房地产—金融”体系中，开发商与地方政府的合作关系、开发商之间的价格联盟关系、开发商与金融机构之间的合作关系，解析开发商、地方政府、金融机构、房地产市场投机者组成的利益集团，以及各个利益集团所处的优劣势地位。

第 10 章阐述了我国房地产金融体系重构的思路和框架。基于房地产与金融的共生关系、产融关系、协同发展的自组织关系，本书确立了房地产金融体系重构的原则和思路；以利益集团理论分析的结果为指导，提出我国房地产金融体系重构的整体方案和具体实施的主导模式及路径突破。提出以房地产市场与金融稳定协调发展为重构房地产金融体系的目标，以一体化的融合共生为前提，构筑符合房地产和金融属性的、符合房地产企业与金融机构主体利益动机的金融模式和收益—风险分担机制；提出以多元化主体为特征的创新的房地产金融机构体系，以股权关系为主导的房地产金融产品体系，以设立独立监管机构为方向的房地产金融监管体系。

第 11 章阐述了房地产金融体系重构的环境保障，涉及产业政策调整、税收政策及会计制度调整、房地产运营模式转变及相关法律的健全等。

1.4 研究方法与创新

1.4.1 研究方法

本书采用规范研究与实证分析相结合、定性研究与定量分析相结合的方法，运用共生理论、产融结合理论、耗散结构理论、产业经济学等多学科知识研究房地产与金融的内在融合关系及协同演进机制和动态稳定有序结构；用利益集团理论和博弈论方法研究房地产金融体系构建的政策框架。本书综合运用了多种具体的研究方法和模型，主要有：文献梳理法，横向、纵向比较法，计量模型实证回归，脉冲响应函数，VAR 模型，协同演化模型，博弈分析，等等。本书的研究技术路线图如图 1-1 所示。

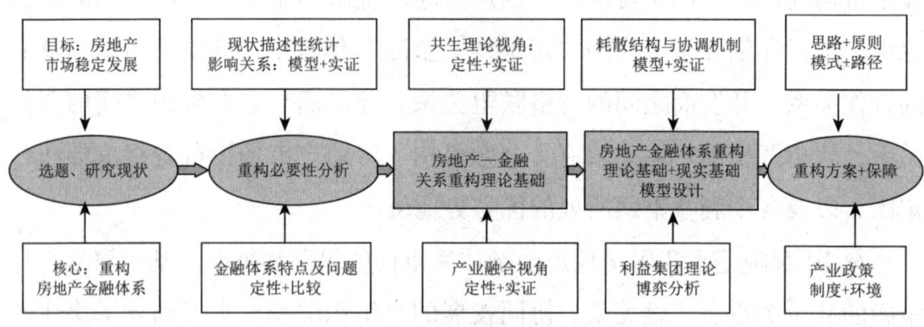

图 1-1　本书的研究技术路线图

1.4.2　创新之处

本书的创新之处体现在以下方面：

（1）突破均衡研究框架，用耗散结构理论和协同学研究房地产金融系统在动态非平衡状态下如何实现系统的稳定有序结构，对广受关注的房地产金融问题提出了新的研究视角和研究思路。

（2）用利益集团理论分析了房地产金融体系重构的政策框架，用博弈论的方法将多方利益主体纳入房地产市场稳定发展的统一框架下寻求最优的行动结果，为解决我国房地产实践中利益集团问题提供了理论参考。

（3）界定了房地产市场稳定发展的含义及特征，并建立了衡量指标体系。

（4）综合运用共生理论、产业融合理论、自组织理论、利益集团等多种理论，系统梳理、深层次分析了房地产和金融的内生关系，为新型房地产金融体系的建立提供了理论支持。

参考文献

[1] 朱民．世界经济结构的深刻变化和新兴经济的新挑战［J］．金融发展评论，2012（1）：1-13.

[2] 席勒．金融与好社会［M］．北京：中信出版社，2012.

[3] Friedman M. Monetary History of the United States［M］. Princeton：Princeton University Press，1963.

[4] Lucas R E，Jr. Some International Evidence on Output-Inflation Tradeoffs［J］. American Economic Review，1973，63（3）：326-334.

[5] Burns A F. Long Cycles in Residential Construction［A］// Economic Essays in Honor of Wesley Clair Mitchell［C］. New York：Columbia University Press，1935：63-104.

[6] Prichett C P. Forecasting the Impact of Real Estate Cycles on Investment［J］. Real Estate Review，1984（13）：85-89.

[7] Abraham J M，Hendershott P H. Bubbles in Metropolitan Housing Markets［R］. Cambridge：Nber Working Papers，1994.

[8] MacFarlane. Real Estate Booms and Banking Busts：An International Perspective［R］. Philadelphia：the Wharton School of Pennsylvania University，1998.

[9] Wheaton W. Real Estate Cycles：Some Fundamentals［J］. Real Estate Economics，1999（27）：209-230.

[10] Hilbers P，Lei Q，Zacho L. Real Estate Market Developments and Financial Sector Soundness［R］. Washington D. C.：IMF Working Papers，WP/01/129，2001.

[11] Kiyotaki N，Moore J. Credit Cycles［J］. Journal of Political Economy，1997，105（2）：211-248.

[12] Aoki K, Proudman J, Vlieghe G. House Prices, Consumption and Monetary Policy: A Financial Accelerator Approach [R]. London: Bank of England Working Paper, 2002.

[13] Pyhrr S A, Roulac S E, Born W L. Real Estate and Their Strategic Implications for Investors and Portfolio Managers in the Global Economy [J]. Journal of Real Estate Research, 1999, 18 (1): 7-68.

[14] 何国钊，曹振良，李晟. 中国房地产周期研究 [J]. 经济研究，1996 (12): 51-56.

[15] 梁桂. 产业结构对地区经济发展影响的分析 [J]. 经济研究，1996 (7): 31-37.

[16] Grenadier S R. The Persistence of Real Estate Cycles [J]. Journal of Real Estate Finance and Economics, 1995, 10 (1): 95-119.

[17] Chinloy P. The Real Estate Cycle [J]. Journal of Housing Research, 1996 (2).

[18] Poterba J M. Housing Price Dynamics: The Role of Tax Policy and Demography [J]. Brookings Papers on Economic Activity, 1991 (2): 143-148.

[19] Clapp J M, Giaccotto C. The Influence of Economic Variables on Local House Price Dynamic [J]. Journal of Urban Economics, 1994, 36 (2): 161-183.

[20] 梁云芳，高铁梅，贺书平. 房地产市场与国民经济协调发展的实证分析 [J]. 中国社会科学，2006 (3): 74-84, 205-206.

[21] Case K E, Shiller R J. The Behavior of Home Buyers in Boom and Post-boom Markets [J]. New England Economic Review, 1988 (11): 29-46.

[22] Quigley J M. Real Estate Prices and Economic Cycles [J]. International Real Estate Review, 1999, 2 (1): 1-20.

[23] 贺京同，徐璐. 主体行为、预期形成与房地产市场稳定 [J]. 浙江

大学学报（人文社会科学版），2011，41（5）：175-187.

[24] Muellbauer J，Murphy A. Booms and Busts in the UK Housing Market [R]. London：Centre for Economic Policy Research Discussion Papers，1997.

[25] Krugman P. Bubble，Boom，Crash：Theoretical Notes on Asia's Crises [Z]. Working Paper，MIT，Cambridge，Massachussetts，1998.

[26] MaCarthy J. Pass - Through of Exchange Rates and Import Prices to Domestic Inflation in Some Industrialized Economies [R]. New York：Federal Reserve Bank of New York，2000（11）：22-26.

[27] Nakamura K. Land Prices and Fundamentals [R]. Tokyo：Bank of Japan Working Paper Series，2007.

[28] Nakajima，Tomoyuki. Asset Price Fluctuations in Japan：1980 - 2000 [J]. Japan and The World Economy，2008，20（1）：129-153.

[29] Hirshleifer. Speculation and Equilibrium：Information Risks and Markets [J]. Quarterly Journal of Economics，1975（89）：519-542.

[30] Kindleberger C P. Manias，Panics and Crashes：A Hisory of Financial Crises [M]. New York：Basic Books，1989.

[31] Wong Kar-jiu. Housing Market Bubbles and Currency Crisis：The Case of Thailand [C] //International Conference on the Asian Crisis：The Economics Front. Seattle，December 29-30，1998.

[32] Friedman M. The case for Flexible Exchange Rate [C] //Essays in Positive Economics. Chicago：University of Chicago Press，1953.

[33] Feiger G. What is Speculation [J]. Quarterly Journal of Economics，1976，90（4）：677-687.

[34] Kreps H. Bank Lending and Property Prices in Hong Kong [J]. Journal of Banking and Finance，2003，29（2）：461-481.

[35] 刘金娥．我国房地产市场泡沫的成因分析 [J]. 山西财经大学学报，2010（2）.

[36] 况伟大．预期、投机与中国城市房价波动 [J]．经济研究，2010 (9).
[37] Renaud B. Real Estate and The Asian Crisis：Lessons of The Thailand Experience [C] //Conference on The Dynamics of Real Estate Cycles. New York：New York University，1999.
[38] Case F E. Real Estate Economics：A Systematic Introduction [Z]. Los Angeles：California Association of Realtors，1974.
[39] Rabinowitz A. The Real Estate Gamble [Z]. New York：AMACOM，A Division of America Management Association，1980.
[40] Renaud B. The 1985–1994 Global Real Estate Cycle：Its Causes and Consequences [Z]. Policy Research Working Paper of The World Bank，1995.
[41] 丰雷，朱勇，谢经荣．中国地产泡沫实证研究 [J]．管理世界，2002 (10).
[42] 周京奎．信息不对称、信念与金融支持过度——房地产泡沫形成的一个博弈论分析 [J]．财贸经济，2004 (8).
[43] 赵文．我国房地产市场泡沫现象分析 [J]．南开经济研究，2003 (2).
[44] 袁志刚，冯俊，罗长远．居民储蓄与投资选择：金融资产发展的含义 [J]．当代经济科学，2004 (6)：1–10.
[45] 鞠方，周建军．房地产泡沫成因新解：房地产市场货币积聚假说 [J]．求索，2008 (4).
[46] Carey M S. Feeding the Fad：the Federal Land Banks，Land Market Efficiency，and the Farm Credit Crisis [D]. Berkeley：University of California，1990.
[47] Heath R，Kay J，Jasani B，et al. Immunogold Electron–microscopic Localisation of Calpain I in Skeletal Muscle of Rats [J]. Cell and Tissue Research，2003 (224)：265–270.
[48] 李宏瑾．房地产市场、银行信贷与经济增长 [J]．国际金融研究，2005 (7)：30–36.
[49] 李阳．中国房地产市场与金融市场关系的实证分析 [D]．厦门：厦

门大学，2006.

[50] Collyns, Senhadji C, Abdehak. Lending Boom, Real Estate Bubbles, and The Asian Crisis [R]. Washington: IMF Working Paper, 2002.

[51] More N. The Development of an Effective Secondary Mortgage Market [J]. The Journal of Finance, 2005, 17 (2): 358–370.

[52] Eichengreen B, Arteta C. Banking Crises in Emerging Markets: Presumption and Evidence [R]. Berkeley: CIDER Working Papers, 2000.

[53] Hahm, Miskin. The Korean Financial Crisis: An Asymmetric Information Perspective [J]. Emerging Markets Review, 2000 (1): 21–52.

[54] Gertler M, Kiyotaki N. Financial Intermediation and Credit Policy in Business Cycle Analysis [R]. Princeton: NYU and Princeton University Working Paper, 2009.

[55] Fisher I. The–Debt–Deflation Theory of Great Depressions [J]. Econometrica, 1933 (1).

[56] Minsky H. The Financial Instability Hypothesis: Capitalist Process and the Behavior of the Economy, in Financial Crisis: Theory, History and Policy [M]. Cambridge: Cambridge University Press, 1982: 13–38.

[57] Diamond D W, Rajan R G. Banks, Short–term Debt and Finance Crises: Theory, Policy Implications and Applications. Carnegie – Rochester Conf-erence Series on Public Policy [C]. Amsterdam: North–Holland, 2001: 37–71.

[58] Gertler M, Kiyotaki N. Financial Intermediation and Credit Policy in Business Cycle Analysis [M]. Amsterdam: Elsevier, 2010.

[59] Peter G. Asset Prices and Banking Distress: A Macroeconomic Approach [J]. Journal of Financial Stability, 2009 (75): 298–319.

[60] Herring R J, Wachter S. Real Estate Booms and Banking Busts: An International Perspective [R]. Philadelphia: the Wharton School of Pennsylvania University, 1998.

[61] Davis, Zhu Haibin. Bank Lending and Commercial Property Cycles: Some Cross-Country Evidence [R]. Basel: BIS Working Papers, 2004.

[62] Peng Wensheng. Bank Lending and Property Prices in Hong Kong [J]. Journal of Banking and Finance, 2005 (29): 461-481.

[63] Chen. Manias, Panics and Crashes: A Hisory of Financial Crises [M]. New York: Basic Books, 2001.

[64] Goodhart, et al. A Model to Analyze Financial Fragility [J]. Economic Theory, 2006 (27): 107-142.

[65] Wachter. Real Estate Booms and Banking Bust: An International Perspective [R]. Pennsylvania: University of Pennsylvania, 1998.

[66] Herring R J, Wachter. Real Estate Booms and Banking Bust: An International Perspective [R]. Pennsylvania: University of Pennsylvania, 1999.

[67] Okunev J, Wilson P, Zurbruegg R. The Causal Relationship Between Real Estate and Stock Markets [J]. Journal of Real Estate Finance and Economics, 2000, 3 (21): 251-261.

[68] 武康平，皮舜，鲁桂华．中国房地产市场与金融市场共生性的一般均衡分析 [J]. 数量经济技术经济研究，2004 (10): 24-32.

[69] 谭政勋，王聪．中国信贷扩张、房价波动的金融稳定效应研究——动态随机一般均衡模型视角 [J]. 金融研究，2011 (8): 57-71.

[70] 王国军，刘水杏．房地产业对相关产业的带动效应研究 [J]. 经济研究，2004 (8): 38-47.

[71] 盛松成，李安定，刘惠娜．上海房地产市场发展周期与金融运行关系研究 [J]. 上海金融，2005 (6): 4-7.

[72] 皮舜，武康平．中国房地产市场与金融市场发展关系的研究 [J]. 管理工程学报，2006 (2): 1-6.

[73] 张凌云．北京市房地产业与金融业的产业关联研究 [D]. 北京：首都经济贸易大学，2008.

[74] 李阳．中国房地产市场与金融市场关系的实证分析 [D]. 厦门：厦门大学，2007.

[75] Jones O. The Development of an Effective Secondary Mortgage Market [J]. The Journal of Finance, 1962, 17 (2): 358-370.

[76] Boot A W A, Thakor A V. Security Design [J]. The Journal of Finance, 1993, 48 (4): 1349-1378.

[77] 汪利娜．美国住房金融体制研究 [M]. 北京：中国金融出版社，1999.

[78] 常永胜．中国房地产金融体系研究 [M]. 北京：经济科学出版社，2001.

[79] 吴世君，龚马玲．房地产金融体系：比较与借鉴 [J]. 上海经济研究，2004 (2): 70-75.

[80] 卞志村．我国房地产金融体系的非均衡及其完善 [J]. 中国房地产金融，1999 (3): 34-36.

[81] 郑晓东，魏斌．分散银行系统风险　完善房地产金融体系 [J]. 探索与争鸣，2007 (12): 39-41.

[82] 王明国，王春梅．基于金融发展理论的我国房地产金融体系的改革与完善 [J]. 北京工商大学学报，2009 (24): 33-36.

[83] 田金信，胡乃鹏，杨英杰．基于优势分析原理的房地产金融深化研究 [J]. 中国管理科学，2007 (1): 258-262.

[84] 张莉，方伟．房地产金融体系的创新 [J]. 决策管理，2009 (11): 22-23.

[85] 中国人民银行房地产金融分析小组．2004 年中国房地产金融研究报告 [R]. 北京：中国人民银行，2005.

[86] 金加林．我国房地产产业投资基金研究 [D]. 天津：天津大学，2004.

[87] 吴志坚．刍议金融发展理论与我国金融体系改革 [J]. 经济与社会发展，2005 (10): 71-74.

第 2 章 房地产市场稳定发展问题的定性研究

房地产在国民经济中占有重要地位，房地产市场能否健康稳定发展对国民经济发展十分重要，不仅影响房地产业本身，而且事关国民经济整体健康发展及社会的稳定与和谐。许多国家和地区都经历过因房地产市场剧烈波动而引发的市场崩溃，许多房地产危机，如在 20 世纪 20 年代中期美国的迈阿密，80 年代中期的东南亚、中国香港，80 年代后期的日本东京，90 年代初期中国的海南发生的危机，以及 2008 年美国的次贷危机，这些事件给当时的社会和经济发展带来沉重灾难，至今仍使人们记忆犹新。近年来，中国房地产市场价格总体上呈现单边上扬趋势，房地产市场的“拐点论”“崩盘论”不绝于耳，房地产调控一直是宏观经济调控的主旋律，房地产市场的稳定健康发展问题一直是业界、政界、学界关心的重点问题，房地产市场牵连着国民经济的中枢神经和几十个产业的生死发展，也关系到千家万户的百姓利益。对房地产市场的稳定发展问题进行系统研究愈加紧迫和重要。

本章研究界定房地产市场稳定发展的含义，分析房地产市场稳定发展的影响因素，从金融角度出发，阐述金融对房地产市场稳定发展的意义。

2.1　房地产市场稳定发展的含义

2.1.1　对房地产市场稳定发展的界定

2.1.1.1　房地产市场及其特征

从一般意义上讲，房地产市场是指房地产商品买卖、交换的场所及交易关系的总和。房地产作为不动产来说价值额巨大，交易形式呈现多样化，出租、出售、买卖、抵押等交易活动及交易关系也都被纳入房地产市场范畴。房地产既是人类居住的生活资料，也是各种产业发展所依托的生产资料，既是消费品，也是投资品。所以，房地产市场既是消费品市场，也是生产要素市场，还是重要的投资市场，市场涵盖面广，产业关联度高。因此，从广义上讲，房地产市场是房地产商品生产、交换、流通、消费所涉及的各种关系的总和。

房地产市场是市场体系的重要组成部分，具有一般商品市场的基本特征和属性，遵循市场的一般规律，但又不同于一般的商品市场、要素市场和投资市场，具有复杂性和特殊性。

（1）关联度高。房地产产业链长，房地产市场关联多个产业，影响面大，在国民经济中的地位极其重要。

（2）与金融关系密切。房地产业是资本密集型产业，投资额、交易额巨大，房地产的供给和需求主体都难以独自承担，金融机构的资金渗透于房地产的整个产业链。

（3）政策干预性强。鉴于房地产市场在国民经济中的重要地位，政府通过土地政策、财政政策、货币政策、信贷政策等对房地产市场进行管理、调控和监督，房地产市场受政策影响较大。

房地产市场的上述特点一方面说明房地产市场的稳定、健康发展具有十分重要的意义，另一方面也反映出，影响房地产市场的因素很多，实现房地产市场稳定、健康发展具有复杂性和艰巨性。

2.1.1.2 关于“稳定”的含义

稳定的基本含义是指事物本身的结构、形态、性能等在内外部因素的影响下能够自我修复、保持相对不变的状态，如物质被酸、碱、强氧化剂等腐蚀，或受光、热的作用而不发生腐败和性能改变的状态，或者，即使受到侵蚀，亦能恢复原态、保持结构稳固。对“稳定”的含义进行抽象、延伸，用于社会领域时，是指事物、环境等保持相对平稳的运动发展状态，如社会稳定、生活稳定；用于经济领域时，主要用于描述经济体的波动相对较小的一种变动状态，或称经济、市场的均衡状态，即经济处于相对平稳的运行状态。经济稳定具体又有两种解释：①指局部均衡或一般均衡的状态，尽管经济体系受到某种冲击，价格暂时偏离均衡水准，但依然能够形成一种均衡价格或一整套均衡价格；②描述经济周期运行的状态，稳定是指以 GDP、就业率、通货膨胀率等指标来划分的经济周期的波动幅度趋于平缓，如美国 20 世纪 80 年代至 2008 年金融危机之前的这段时期，美国持续 20 多年未出现严重的衰退或通货膨胀，经济波动幅度较小（即 GDP、就业率、通货膨胀率等指标波动幅度较小），被学界称为“大稳定时期”。Gordon（1986）、Taylor（1986）、Zarnowitz（1992）先后从经济结构变化、外部冲击减小、信息技术进步等角度对美国经济周期稳定化进行了解释。

金融领域有大量文献从不同角度研究金融稳定问题，对稳定问题的研究更为系统，为研究房地产市场稳定问题提供了很多借鉴。

金融稳定有狭义和广义之分，狭义的金融稳定是指金融要素的运动过程具有平稳性，即随机过程理论和时间序列分析中的概率分布随时间的变化而保持不变的状态，也就是对金融各个要素的稳定进行数理化描述，对变量的稳定状态进行量化分析和界定；广义的金融稳定是指整个金融体系的稳定运行。关于如何界定广义的金融稳定，目前尚未形成统一的定论，概括起来，主要有以下观点：

（1）抵御冲击说。Padoa-Schioppa（2003）认为，金融稳定是指金融体系能够承受冲击，并能把存款配置给投资机会和生产机会。

（2）要素描述说。Crockett（1996）认为，金融稳定包括两个金融要素的稳定：第一，关键性的金融机构保持稳定，公众有充分信心认为该机构能履行合同义务而无须干预或进行外部支持；第二，关键性的市场保持稳定，经济主体能以反映市场基本因素的价格进行交易，且价格在基本面未变化时短期内不会出现大幅波动。Michael Foot（2003）认为，金融稳定要具备以下条件：货币稳定；就业水平接近自然就业率；对于经济中关键的金融机构和市场整体运转存在信心；经济中的实际资产或金融资产的相对价格变化不会影响货币稳定和就业水平。

（3）金融功能说。德意志银行（2003）认为，金融稳定是指一种稳定的状态，在此状态下，金融体系能够良好地履行其配置资源、分散风险、便利支付清算等经济职能。Houben、Kakes 等（2004）认为，金融稳定是金融体系能够跨行业、跨时间地有效配置资源，评估和管理金融风险，吸收风险的一种状态。Schinasi（2004）提出，只要金融体系能够抗击内外冲击导致的不平衡，继续履行提高实体经济运行效率的职能，金融体系就处于一系列不同层次的稳定状态中。

（4）管理系统风险说。Whalen（1995）、Kaufmann（1995）等认为，维护金融稳定要着力关注系统性风险，避免金融危机的爆发。理解系统性风险的定义是设计金融稳定政策的关键（Bandt，Hartmann，2000）。Schinasi（2004）则直接运用金融风险来进行定义，即金融稳定是金融风险的定价、配置和管理机制运行良好并改进经济绩效的一种状态。

（5）金融不稳定说。一些学者从金融不稳定的角度来阐释金融稳定的含义。Crockett（1997）认为，金融不稳定是指金融资产价格波动或者金融机构无法履行合同义务而可能破坏经济表现的情形。Mishkin（1999）认为，金融不稳定源于信息对金融体系的冲击，受到冲击的金融体系不能正常履行其配置资金的职能，资金不能被投入到最有生产效率的投资项目中。John Chant（2003）认为，金融不稳定是指一种状态，它可能影响特定金融机构和金融市场的运转，致使其不能为其他经济实体进行融资，还可能损害家庭、公司和政府部门等。Roger Ferguson（2003）指出，金融不稳定一是一些重要的金融资产价格严重偏离经济基本面；二是金融市场的正常运行及信贷的提供出现严重扭曲；三是总支出严重偏离（或可能严重偏离）经济生产能力。

（6）金融稳定内涵研究的进一步发展。Schinasi（2004）提出定义金融稳定的五项原则：一是金融稳定的含义广泛，与金融体系各组成部分均有关联，涉及金融基础设施、金融机构和金融市场等，需要具备系统的观点来分析；二是金融稳定与货币稳定的关系密不可分；三是金融稳定不仅要求不发生大的金融危机，也要求金融体系自身能够抵御并消化一定的不平衡；四是评判金融稳定应以其对实体经济的影响大小为标准；五是金融稳定为一个连续的、动态的概念，不是一个离散的、静态的概念，并不是每一个金融机构在任何时候都保持最优状态。Houben 和 Kakes（2004）赋予了金融稳定更多的政策性含义，认为金融稳定的发展具有多重性，不能用单一的数量标准来衡量，也很难对其进行预测，金融稳定的动态只是部分可控的，金融稳定的政策经常要在弹性和效率之间进行权衡，金融稳定的政策要求可能在时间上不一致。

综上可以看出，不同领域对稳定的解释不同，但都蕴含了稳定的本质，即一种连续的、变化发展的、相对静止的状态，指事物与外界环境相适应，体系自身功能正常发挥，能够抵御和化解内外部冲击，不存在系统性风险的良性更新、变化、发展的状态。

2.1.1.3 房地产市场稳定发展的含义

鉴于稳定的含义，特别是经济稳定和金融稳定的内涵，结合房地产市场复杂的特点，我们认为，房地产市场稳定发展内涵丰富，涉及的内容多、范围广、层次深，是指房地产市场与经济发展相适应，与金融相互融合，市场职能正常发挥，不存在价格偏离基础价值的剧烈波动和泡沫，市场具有抵御和化解内外部非系统性风险冲击能力，不存在破坏整个市场的系统性风险，体系内各子系统相互配合、协同发展的良性发展状态。这种界定包括以下几层含义：①房地产市场的稳定发展是指市场保持连续、动态、平稳运行的一种状态，并不表示房地产市场在任何时刻都保持最优状态；②房地产市场与经济发展相适应，即房地产市场与经济运行形成良性互动关系，房地产市场稳定发展促进经济的平稳运行（经济稳定增长、波动幅度较小，物价稳定，通货膨胀率介于目标范围内，就业率接近自然就业率），经济的平稳运行反过来又促进房地产市场的稳定发展；③房地产市场各组成要素自身运行正常、能履行其各自职能，并且能够抵御和化解内部和外部的非系统性冲击，不存在破坏整个市场的系统性风险；④没有出现房地产价格严重偏离基础价值的现象，没有系统性泡沫①出现，公众普遍对房地产市场有信心；⑤金融与房地产不仅是表面上的相互依存关系，而且相互交叉、相互渗透、相互融合，构成房地产金融有机体系，房地产金融体系内各子系统处于协同发展、有序演化的自组织状态。

换个角度讲，房地产市场的稳定发展需要房地产市场各组成部分能够履行自身职能，不存在异常运行、阻碍经济平稳运行发展的现象；房地产市场不存在自身无法抵御和化解的冲击，不存在破坏整个市场的系统性风险；无房地产价格剧烈波动及严重偏离市场基础价值的现象，不存在严重的房地产市场泡沫；金融支持、投资、投机行为适中，市场中不存在明显的群体性非理性行为；金融与房地产市场良性互动、协调发展，不存在信用过度、金融衍生品泛滥等情况。

2.1.2 房地产市场稳定发展的衡量指标

根据对房地产市场稳定发展的界定，本书提出衡量房地产市场稳定发展的指标体系。

（1）衡量房地产市场与经济发展相适应的指标。从规模上有房地产投资完成额占 GDP 的比重；从速度上有房地产投资增长率与 GDP 增长率之比、房地产投资增长占社会固定资产投资增长的比重；从结构上有商品住

① 系统性泡沫中的“系统性”一词的含义与系统性风险中的“系统性”所表达的含义相似，指对整个市场产生影响；此处“泡沫”一词采用周京奎（2004）对房地产泡沫的定义，即房地产泡沫本质上是一种价格运动现象，是在金融支持过度的背景下，由人们的群体投机行为导致的房地产价格偏离市场基础价值而持续上涨。

宅销售占比、商业营业用房投资额占房地产投资额的比重、保障房投资额占房地产投资额的比重。各指标从规模、速度和结构上对房地产市场与经济相适应的程度进行综合评价。

（2）衡量房地产周期、市场整体运行状态的指标。全国房地产开发业综合景气指数（以下简称国房指数）和中国房地产指数（以下简称中房指数）两种指标均为综合指标，包含了价格、规模、速度等分类指标，综合衡量了房地产市场周期波动、房地产市场信心度、房地产市场景气程度等，全面反映出房地产市场的整体运行状态。

（3）衡量房地产市场泡沫的常用指标。从价格上有房价收入比、房屋租售价格比；从速度上有商品房价格增长率与居民可支配收入增长率之比、房地产价格增长率与 GDP 增长率之比；从结构上有房屋空置率等。各指标从不同角度对房地产市场价格的波动情况、健康程度进行衡量。

（4）衡量房地产市场与金融子系统协同发展的常用指标。如住房按揭款占居民可支配收入的比重、开发商的国内贷款额占总资金来源额的比重、住房按揭款及开发商的国内贷款占社会融资总额的比重，等等。目前，我国房地产金融体系以银行信贷体系为主，房地产上下游中的外部资金大部分来自银行，所以本书从消费者的角度选取了住房按揭贷款额，从开发商的角度选取了开发商国内贷款额等反映房地产市场与金融市场的相互协同关系。

综上，本书将房地产市场稳定发展指标评价体系分为三个层次：一级指标、二级指标、三级指标。建立衡量房地产市场稳定发展的指标体系，如表 2-1 所示。一级指标为总指标，即房地产市场稳定发展；二级指标是各项分指标，包括与经济发展相适应，房地产周期、房地产市场整体运行稳定，房地产市场泡沫以及与金融协同发展。三级指标即指标层，是反映房地产市场稳定发展的具体度量指标，分别对二级指标中的四个方面进行详细评价。

表 2-1　房地产市场稳定发展的指标体系

一级指标	二级指标	三级指标
房地产市场稳定发展	与经济发展相适应	房地产投资完成额占 GDP 的比重 房地产投资增长率与 GDP 增长率之比、房地产投资增长占社会固定资产投资增长的比重 商品住宅销售占比、商业营业用房投资额占房地产投资额的比重、保障房投资额占房地产投资额的比重
	房地产周期、房地产市场整体运行稳定	国房指数 中房指数
	房地产市场泡沫	房价收入比、房屋租售价格比 商品房价格增长率与居民可支配收入增长率之比、房地产价格增长率与 GDP 增长率之比 房屋空置率
	与金融协同发展	住房按揭款占居民可支配收入的比重 开发商的国内贷款额占总资金来源额的比重 住房按揭款及开发商的国内贷款占社会融资总额的比重

注：以上指标均可从《中国统计年鉴》、国家统计局官网、中国指数研究院官网直接查询或经过简单计算得出。

房地产市场稳定发展指标体系的构建为全面把握和衡量房地产市场稳定发展提供了依据，但是，这只是在理论上界定了房地产市场稳定发展及其衡量指标，在实证研究中，每一个指标衡量标准的确定需要大量的时间序列数据的分析及综合评价，由于这不是本书的研究重点，在此不做进一步研究，但这是有待专题深化研究的重要命题。

2.2　房地产市场稳定发展的影响因素

影响房地产市场稳定发展的因素很多，本书将其分为内在因素和外在因素两个方面。

2.2.1　影响房地产市场稳定发展的内在因素

内在因素来自事物本身，决定事物发展的趋势和方向。本书将来自房地产市场自身及构成房地产市场的基本要素归结为内在因素，包括供给因素、需求因素、市场主体的行为因素、房地产产品的特性因素和金融因素。

第一，供给因素。供给是市场的基本要素，也是影响市场变化的主要因素。影响房地产市场供给的因素很多，但基本因素是开发成本。开发成本主要由购地成本和建筑成本构成，在开发商投资的成本构成中占绝对比例，直接影响开发商的利润，如果土地成本、建筑成本上升，开发商要么提高房屋售价，要么压缩投资、减少房屋供给，两种操作都会导致市场价格波动，影响房地产市场稳定发展。反之则反是。

第二，需求因素。需求同样作为市场的基本要素，直接影响市场价格。房地产市场需求复杂，作为基本生存需要的消费品，城镇人口数量、结构以及居民可支配收入是影响房屋市场需求的主要因素；作为保值增值的投资品，利率、通胀率、市场流动性等都会影响资产价格；作为承担各类产业发展的载体，房屋需求与产业类型、产业发展模式、产业发展水平等有关。各类房屋需求的变化都会导致房地产市场价格波动，影响房屋需求的因素越复杂，房地产市场稳定发展的不确定性越大。

第三，市场主体的行为因素。行为经济学推翻了传统经济学的“理性经济人”假设，认为市场主体的非理性行为普遍存在，并对价格产生影响，导致市场波动。房地产市场参与主体的乐观、悲观等不同心理状态及其行为都会对房地产市场的稳定发展产生影响。以经济扩张时期为例，作为供给者的开发商可能会受乐观情绪支配，高估房地产销售量和价格，从而加大投资，增加供给，推动经济进一步扩张。房屋需求者会因为市场预期看好而增加房地产的消费需求和投资需求，推动房价上升，带动房地产市场及相关产业的繁荣，进而促使经济进一步扩张。其他参与者（金融机构、中介机构等）在经济扩张、房地产需求增加、房地产价格上涨等乐观环境的驱动下，也会增加房地产信贷、增大金融支持，从而促使房地产需求、房地产投资等进一步增加，推动房地产市场的进一步膨胀，也带动经济的进一步扩张。经济持续扩张、市场繁荣反过来又会提升房地产市场更多参与主体的乐观情绪，这种乐观情绪相互传染、放大，并形成连锁反应，最终导致房地产价格偏离基础价值而持续上涨，累积泡沫。当市场需求无法支撑过度供给时，预期则会逆转，恐慌、悲观情绪迅速蔓延，泡沫将随之破灭，房地产价格大幅下跌在所难免，房地产市场稳定发展将受到影响。

第四，房地产产品的特性因素。房地产不同于一般商品，具有独特属性，其稀缺性、资产性、长周期性等特性对房地产市场的稳定发展都会产生影响：①稀缺性。土地不可再生，供给弹性小，当需求增长较快时，供给难以跟上需求增长，容易导致价格膨胀。②资产性。房地产不仅作为消费品使用，还可以保值增值，成为投资品，具有资产属性。资产价格的形成机制不同于消费品价格的形成机制，增加了房地产价格形成的复杂性，使房地产市场价格波动具有更大的不确定性。③长周期性。房地产产品建设周期长、使用周期长、交易周期长、流动性差，长周期性增大了房地产投资建设者、使用者和交易者的市场风险和各环节成本，从而也增大了房地产市场稳定发展的风险。

第五，金融因素。[①] 房地产业是资本密集型产业，房地产本身具有资产属性，也属于金融资产，房地产与金融密不可分，因此，金融因素被划分为影响房地产市场稳定发展的内在因素。

（1）利率。首先，利率变化影响房地产实际价格。房地产具有资产性，根据资本资产定价模型，资产价值由其未来的预期收益、折现率、期限决定，并与其未来的各期收益呈正相关，与折现率和期限呈负相关。利率上升时，房地产的实际价格降低；反之则反是。其次，利率影响房地产需求。以低利率为例，利率低，按揭购房者的月供就少，购房需求就增加。同时低利率会促进经济增长，使得居民收入预期增加，房地产需求增加。最后，利率影响房地产供给。利率低，开发商融资成本也低，这会增加房地产投资，进而增加房地产供给；反之则反是。房地产实际价格、需

① 广义上的金融因素涵盖面比较广，由于不动产本身是投资品，本书将直接影响投资品价格的利率、金融体制划分为内在因素，而将容易人为调整的货币政策、信贷政策划分为影响房地产市场的外在因素。

求及供给的变化意味着房价的波动，影响房地产市场稳定发展。

（2）金融体制和信用支持。在金融自由化和宽松的金融体制下，房地产业更容易获得资金支持，金融与房地产的融合度更高，二者一荣俱荣，一损俱损，房地产市场随金融的支持变化而波动。在金融压抑和金融约束体制下，房地产与金融往往被切割开，房地产融资渠道受限，杠杆率低，市场变化的金融弹性小，对房地产市场价格影响的不确定性增大。

2.2.2 影响房地产市场稳定发展的外在因素

任何市场都不能独立于宏观经济和政策环境之外。房地产业是国民经济的基础性产业（或支柱性产业），占有重要地位，同时，房地产产业链长、关联度高、周期性强，对宏观经济和政策环境变化更为敏感。影响房地产市场稳定发展的外在因素可以分为基本经济因素和政策环境因素。

第一，基本经济因素。

（1）物价稳定性。物价稳定性常用通货膨胀率衡量，通货膨胀分为恶性、严重和温和通货膨胀，不同程度的通货膨胀对房地产市场产生不同影响。恶性通货膨胀下，房地产的名义价格和实际价格都会下降；严重通货膨胀下，房地产名义价格的升幅不能覆盖成本升幅时，房地产的实际价格下降；温和通货膨胀下，房地产作为实物资产，具有保值增值性，能够抵御通货膨胀，房地产投资需求增加，房地产的价格也会上升。

（2）就业率。就业率的变化影响居民实际收入和预期收入，进而影响房地产需求和投资，引发房价波动。

（3）经济周期。房地产市场的波动与经济周期的变化紧密相关，经济周期的循环带动房地产市场的周期波动。经济扩张时，房地产投资增加，需求也增加，推动房地产价格上升和市场繁荣，房地产市场的繁荣又会进一步促使经济扩张；反之，经济衰退则会产生相反的作用。

第二，政策环境因素。

（1）土地政策。土地资源具有不可再生性、稀缺性，我国实行土地储备制度，由国土资源部统一管理。土地市场具有垄断性，土地政策由政府制定，加大了房地产市场的不确定性，增大房地产市场的政策风险，影响房地产市场的稳定发展。

（2）货币政策和财政政策。扩张的货币政策使货币供给增加、利率下降，房贷月供下降，开发商的贷款利息随之减少，这会增加房地产市场的需求和投资，促进房地产市场的扩张。扩张的财政政策使居民的可支配收入增加、固定资产投资增加，从而增加房地产市场的需求和投资，促进房地产市场的扩张。反之则反是。

（3）房地产信贷政策。当房地产信贷政策放松时，房地产市场的需求和供给会相应增加，促进房地产市场扩张；当房地产信贷政策收紧时，房地产市场的需求和供给会相应减少，促使房地产市场收缩。

综合上述分析，房地产市场稳定发展受到多方面因素的影响，只有当房地产体系内的各子系统相互配合、协同发展时，房地产市场才能在内外部因素的影响下有序、良好地稳定运行和发展。

2.3　金融与房地产市场稳定发展的关系

在影响房地产市场稳定发展的因素中，从广义角度讲，金融因素既是内因，也是外因，无疑，金融是最重要的因素之一。关于房地产市场的波动，无论周期论还是泡沫论，抑或其他角度的研究，都抛不开金融对房地产市场的影响。房地产业从土地开发，到房屋建设、房屋消费等环节都需要金融的支持；金融部门通过向房地产业提供开发贷款、按揭抵押贷款等，形成大量房地产金融资产，二者互相需要，相互影响，房地产市场的繁荣带动金融的扩张，金融的参与直接促进了房地产市场的发展，它们之间具有高度的关联性，房地产市场能否稳定发展与金融密切相关。因此，研究房地产市场的稳定发展，需要厘清金融与房地产的关系。

2.3.1　对金融与房地产关系的一般认识

金融与房地产在内在属性上具有高度的契合性，这决定了二者是一种相互融合、相互需要的紧密关系。从内在属性上看，房地产价值高，无论投资还是消费，需要的资金量都很大，属于资本密集型资产，这就决定了房地产对金融的需要。同样，金融资本追求资本增值、收益性、安全性和流动性，而房地产自身属性契合了金融资本的需要，成为金融部门离不开的投资领域。房地产是不动产，土地的有限性和稀缺性决定了房地产供给缺乏弹性，具有价值相对稳定的特点，使其具有保值、抵御通货膨胀的功能，从而使房地产具有了金融资产的属性，这就满足了金融投资对安全性的要求；房地产作为有形资产具有明确的产权归属，对于拥有者来说，既可以通过出租、出售获得现金流，也可以通过抵押实现流动性，还可以通过资产证券化实现收益，满足金融资产收益性和流动性的需要。二者的自然属性和内在动力机制决定了金融和房地产的相互需要和相互影响。

2.3.1.1 房地产对金融的需要

房地产价值大、建设周期长等特点决定了房地产的投资和消费都需要金融的支持。在欧美，房地产投资的70%要通过金融机构融资，住房信贷占全部信贷总额的比例大多接近40%，其中，美国为43.6%，英国为37.4%，德国（西德）和挪威为36%（李阳，2006）。

房地产对金融的需要体现在产业链的各个环节。房地产的产业链主要包括土地供给、土地开发、房地产开发与建设、房地产销售几个环节，具体运行过程，首先是政府征地拆迁，向房地产开发商出让土地，政府得到土地出让金以及各种土地税费，房地产开发商取得土地的使用权，然后，开发企业和建筑企业在土地上开发、建设各种类型的房地产，最终将房地产销售给消费者，这就是房地产产业链的运行过程。在这个过程中，银行等金融机构为各参与主体提供资金支持：一是为政府提供贷款，比如土地储备贷款等，用于土地一级开发机构的土地储备；二是为房地产企业提供贷款，房地产企业的自有资金比例一般占项目总投资的30%左右，大部分资金依赖金融机构贷款；三是在销售环节为消费者提供个人住房抵押贷款，抵押贷款一般占购房款的60%~80%。金融与房地产的关系实际上体现为金融链与产业链之间的配合，如图2-1所示。

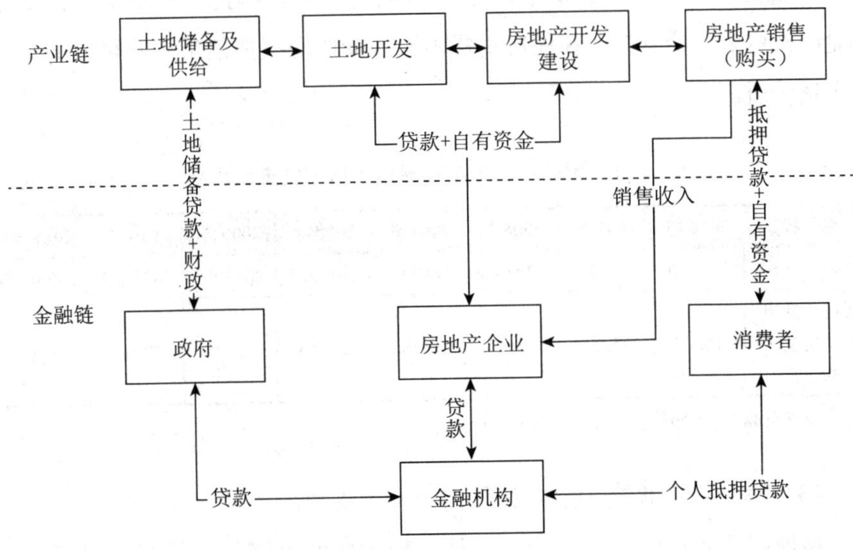

图 2-1　房地产运行过程及其金融需求

（1）房地产的开发建设需要金融资本支持。

房地产开发周期长、投资额大决定了房地产开发垫付的资本量大，不仅启动资本需求量大，后继投资也很大，且资本垫付时间长，房地产开发商要承担巨大的机会成本。投资规模和开发量直接影响开发商的竞争力，融资规模和融资能力成为制约开发商发展的重要因素。开发企业的自有资本难以满足巨额的投资需求，即使企业的自有资金规模很大，开发商也不会将资本集中在一个项目上，需要引入金融资本，一方面可以分散风险，另一方面可以发挥杠杆效应，推动更大规模的开发。房地产的特点决定了它离不开金融支持的开发运行模式。

（2）房地产的购买消费需要金融资本支持。

住房消费是居民消费支出的重要组成部分，如表 2-2 所示。住房作为特殊商品，其价格和价值相对于其他消费品要高得多，由于个人收入主要由按月（或按一定周期）领取的工资构成，难以一次足额支付巨额的买房价款，也就是说，住房商品的高价值与住房消费者现期的低支付能力之间存在矛盾，阻碍住房商品从生产领域进入消费领域，既不利于购房者，也影响开发商的资金回笼和整个房地产市场的发展。因此，住房消费需要依赖金融机构的信贷支持，在住房消费领域推行住房抵押信贷机制可以有效解决上述矛盾。

表 2-2　2004—2011 年我国居民居住类支出水平　单位：亿元,%

指　标	2004 年	2005 年	2006 年	2007 年	2008 年	2009 年	2010 年	2011 年
居住类支出	9589.0	11129.1	12936.2	14800.9	19192.5	20739.5	24210.3	27388.5
居住类支出占消费支出的比重	15.02	15.63	16.07	15.86	17.19	16.78	17.20	16.60

资料来源：《中国统计年鉴》（2004-2012）。

（3）房地产的投资和财富积累需要金融支持。

房地产具有保值增值的特点，是一种重要的投资品，投资者对于房地产的投资需求影响房地产的再生产和运行。房地产实物投资分为两大类：一是通过建造房屋的形式而进行的房地产开发投资；二是通过购买已建成房屋而进行的房地产置业投资。无论是开发投资还是置业投资，房地产投资都缺乏流动性而无法满足投资者的流动性要求，特别是机构投资者对流动性要求更高。而对于广大中小投资者来说，投资房地产则面临资金投入量过大、门槛过高的难题。因此，需要借助金融手段推动房地产投资的发展，引入资本市场融资机制，通过股票、债券、信托凭证等金融工具，将房地产资产进行价值细分，化整为零，通过住房抵押贷款证券化等各种金融创新形式，让机构投资者和中小投资者有机会购买各种小面值的房地产证券和信托凭证等房地产金融产品，以实现对房地产的投资需要，使房地产的投资功能得到充分的发挥。另外，金融化的房地产投资方式，引导银行、证券、保险、信托等各种金融资产介入房地产再生产，拓宽房地产投资渠道，让广大投资者有更多的房地产投资选择。

房地产自身价值高，购买房产是一个长期财富积累的过程，使得房地产成为个人家庭最重要的财产。房地产的这种财富效应影响房地产投资的置业需求和消费需求，对房地产再生产的顺利运行有着不可忽视的作用。

作为一种大额价值财产，必须有相应的防范风险机制与之配套。因此，保险公司、担保公司以及其他与置业相关的金融机构介入房地产的投资和交易市场，为房地产财富效应的实现提供前提条件。

(4) 房地产的市场调控需要金融手段。

房地产业波及面广，对国民经济有着举足轻重的影响，为保障房地产市场平稳运行，宏观管理层面需要对房地产市场实施调控，而金融是调控房地产市场非常重要的手段。因为房地产业作为资本密集型产业，各种融资活动频繁贯穿于产业链的各个环节，而且融资量大，借助金融手段可以对房地产开发经营过程中的融资规模、速度、结构等进行调控，通过控制融资来达到调控房地产市场的目的。另外，金融调控渗透力强，能够强化价值规律对价格的调节作用，对房地产再生产中各阶段、各环节和各不同主体的各种经济活动都能产生调节效应，综合调节银行、保险、基金、信托等金融机构对房地产的金融支持，能有效调控房地产市场。

综上，房地产的经济活动需要金融支持，房地产市场的稳定发展需要金融调控。

2.3.1.2　金融对房地产的需要

金融也同样需要房地产。银行等金融机构需要资金运作的安全性、收益性以及流动性得到保障，而房地产因其位置固定、价值大、耐久使用，且兼具投资与消费双重性等特点，能够较好地满足金融“三性”的要求，房地产对金融具有内在吸引力，金融资本有主动融入房地产领域的必要性和内在需要，这种需要具体体现在以下方面：

(1) 房地产业发展有利于拓宽金融机构的业务领域。

房地产产业链长，横跨生产、流通、消费等环节，涉及土地供应、水泥、钢材、装饰装修、家具、设计等几十个行业，房地产业的发展带动相关产业的资金需求，金融机构在向房地产企业提供金融支持的同时，可以向房地产上下游企业延伸；房地产作为不动产，既是每一个居民最大的消费品，也是各个产业发展的载体，且都需要金融支持。这为金融机构拓展业务提供了巨大的空间。

(2) 房地产业发展有利于金融资本逐利避险、提升价值。

金融资本是一种虚拟资本，其价值实现体现在服务于实体经济的能力，实体经济发展和创造价值的能力决定了金融资本的增值和生息能力，因此，金融机构在选择投资方向时注重其所服务和支持的实体资本的属性和价值。房地产业作为国民经济的支柱产业，在经济发展和社会进步的过程中都具有非常重要的地位，房地产本身具有的保值与增值功效，其资产的固定性与相对安全性，使银行等金融机构投资房地产的风险相对较低，收益相对稳定，有利于金融资本的价值实现和提升。

以商业银行为例，为了在激烈竞争中发展壮大，在保证自身按期收回信贷资金和利息的前提下，会努力扩大资产盈利能力，寻找资产投资业务。一方面，房地产项目价值高，投资额大，建设周期跨度长，关联的产业多，又涉及生产、流通、消费等领域，并且每个环节都需要大量的资本融通，这客观上促使房地产业成为商业银行发展资产业务的重点领域。另一方面，由于土地的不可再生与稀缺性，导致房地产供给缺乏弹性，而随着城镇化的不断发展和人口总量的增加，房屋需求存在一定的刚性，从而使房地产行业前景看好，成为银行贷款、投资的重要去处，银行在为房地产生产开发和消费提供资金支持的同时，以期分享房地产业增长收益，提高金融资本价值，推动自身业务增长。

(3) 房地产业是银行信贷资金的重要投放领域。

多元化的资产战略，对银行等金融机构的稳步发展具有重要意义。就主要金融机构的金融资产而言，在贷款资产中，由于房地产产品价值量大，房地产抵押贷款具有保值、增值的特性以及抗通货膨胀的能力，使房地产抵押贷款成为银行重要的信贷资产之一，这也有利于降低银行的系统性风险。从表 2-3 中可以看出，2010—2018 年的房地产贷款增速在大多数年份都高于全部贷款增速，在全部贷款增加额中，房地产贷款的占比较高，并呈现上升趋势。这说明房地产业是银行信贷资金的重要投放领域，成为银行资产收益的重要来源。

表 2-3　2010—2018 年房地产贷款的增长速度及在金融机构贷款增加额中的比重

年份	全部贷款（万亿元）	房地产贷款（万亿元）	新增房地产贷款占全部新增贷款的比重（%）	房地产贷款增速（%）	全部贷款增速（%）
2010	50.92	—	—	27.5	19.7
2011	58.19	10.73	17.5	13.9	15.7
2012	62.99	12.11	17.4	12.8	15
2013	71.9	14.61	28.1	19.1	14.1
2014	81.68	17.37	28.2	18.9	13.6
2015	93.95	21.01	29.7	21.0	14.3
2016	106.6	26.68	44.8	27.0	13.5
2017	120.1	32.20	40.9	20.9	12.7
2018	129.15	35.78	39.2	20.4	12.7

资料来源：中国人民银行发布的《2010—2018 年金融机构贷款投向统计报告》。

（4）房地产业发展有助于推动房地产金融创新。

房地产价值大，投融资需求量大；投资周期长，风险高；产权关系复杂，产业涉及面广，在投融资过程中涉及的政策、制度限制多，容易产生法律纠纷和制度障碍。针对一个房地产项目投融资或一家房地产企业，往往需要多家金融机构采取多种金融形式、利用多种投融资工具完成投融资活动，因此，金融创新必不可少，不仅涉及金融市场和金融机构方面的创新，也包括融资方式、金融工具、管理方式及服务等方面的创新等。房地产金融机构只有进行金融创新，灵活运用发行房地产债券、将房地产抵押债权证券化等创新途径，才能增强其市场竞争力。同时，只有进行金融创新，才能筹集到数额巨大、成本较低、期限较长的房地产信贷资金，从而发挥金融机构在承办房地产金融业务方面的优势。另外，有的银行建立分期还款、分期付款的自动转账支付系统，利用信用卡来办理房地产抵押贷款业务，推广了信用卡的使用范围，拓展了银行的结算服务领域。

从以上分析看，房地产与金融的关系复杂，房地产的发展需要金融的支持，金融的发展也离不开房地产，两者具有内在的紧密性。金融渗透到房地产市场的方方面面，助其持续经营与实现价值，房地产市场的繁荣也有利于促进金融市场的增值与创新。然而，房地产市场与金融市场都是风险载体，风险容易相互累积，潜藏危机，二者的良性互动促进经济发展，反之将对经济带来沉重打击。

2.3.2 金融对房地产市场稳定发展的影响

前文分析表明，房地产与金融之间出于内在需要相互渗透、相互融合，形成紧密关系，同时，二者也相互影响、相互传递、相互制约。由于金融参与了房地产经济活动的各个环节、各个主体，金融对房地产市场的稳定发展具有重要影响。资金是房地产经济体的血液，房地产市场要实现顺畅运行，就需要资金能够及时、足额得到补充，保障资金链不发生断裂。金融体系能否有效供给资本是支撑房地产市场平稳运行的关键，为了维持房地产市场平稳顺畅运行，金融体系的资本供给需要从房地产的资本需求出发，满足房地产资本需要的三个特性，即及时性、适量性以及资本属性的匹配性。这三个特性的满足程度决定着金融对房地产市场稳定发展的影响。

2.3.2.1 金融资本供给的及时性影响房地产资金链的稳定性

房地产作为资本密集型资产，其开发、建设、经营管理和购买消费都需要外部金融资本的支持。金融资本供给的及时性是指当房地产经济主体投资建设或购买消费房地产而需要融入资金时，或者在项目运行中的某个时点上出现资金缺口时，能够有多样化的融资渠道和融资工具进行选择，得以及时融到所需要的资本，也就是说，房地产企业或个人具有便捷的融资渠道和融资可得性，当需要金融资本支持时能够及时获得金融资本。融资的及时性、便利性对于房地产经济主体来说至关重要，一旦资金缺口不能及时得到补充，资金链发生断裂，轻则导致个别企业或个人出现偿付危机，甚至破产，重则会引发连锁反应，导致房地产危机，甚至金融危机的出现。

如何能做到金融资本供给的及时性？这就要求要有健全的房地产金融体系，要有多元化的金融机构主体提供差异化的金融工具、金融服务和多样化的融资渠道，并且能够高效率地提供资本支持，以适应房地产经济主体随时变化的资金需求。

2.3.2.2　金融资本供给的适量性影响房地产市场价格的稳定性

房地产价值大的属性决定其具有高负债性，无论房地产投资还是房地产购买消费，大多需要借助金融杠杆来完成，金融机构提供适量、足额的资本支持就变得十分重要。金融资本服务于房地产项目的原则是，既要满足适当的资金需要，又要把杠杆比例控制在适当的范围内。适量的金融资本支持能够促使房地产产业链顺利衔接，保障房地产市场的平稳运行；如果金融资本支持过度，过高的杠杆比例容易激发房地产企业或个人过度的投资或投机行为，刺激房地产市场膨胀和价格上涨，助长房地产泡沫的形成，同时，也会使房地产企业或个人背负沉重的债务包袱，房地产市场和企业、个人的脆弱性增强，一旦市场供求或宏观环境出现变化，容易引发债务链断裂、价格泡沫破灭，出现市场波动。当然，如果金融资本过度紧缩，房地产经济主体融资困难，也不符合房地产经济规律和特性，就会引发房地产行业萎缩、市场萧条、住房需求难以实现等问题。所以，金融资本支持的适量性对于房地产市场稳定极其重要。

如何才能实现金融体系对房地产市场提供适量的资本供给呢？这需要高度完善和市场化的房地产金融体系，这也正是本书研究的重点内容，答案需要随着研究的不断深入，在第 10 章给出。

2.3.2.3　金融资本供给的属性匹配性影响房地产市场收益的稳定性

按照房地产经济规律，房地产投资建设所需要的外部资金不仅数量大，而且资金占用周期长，这就决定了资金投入需要承担的风险较大，要求的收益补偿也相应会高。不同形式的金融资本的风险承担能力和要求的收益补偿不同，金融资本供给需要考虑不同形式的资本属性与房地产资金需求属性的匹配问题，否则，就会出现“收益—风险”不匹配或期限结构错配问题。资本按照权益属性划分，分为股权资本、债权资本、信托资本、基金资本等；按照期限属性划分，分为短期资本、中期资本和长期资本。由于资本的属性不同，不同形式的金融资本供给在参与房地产投资领域时，在期限结构、收益回报形式、风险承担方式等方面有不同的要求，对房地产经济活动的“收益—风险”产生不同的影响机制。

以商业银行信贷资本为例，银行信贷资本以固定收益、固定期限为前提，在承担有限风险的前提下要求固定回报，这在一定程度上与房地产资金需求的长期属性存在偏差，适宜补充房地产企业或个人短期的、流动性的资本需求，难以满足其大额、长期的资本需求。如果房地产经济活动的大量外部资本依靠银行资本支持，房地产业借款者需要长期使用资本，而银行依据自己的借款时限到期收回资本，就会造成借款企业的资金波动，项目运行还没到现金回收期，银行贷款就到期了，企业将陷入筹资还款、再融资等困境，企业常常需要借新款还旧款，出现短资长用等问题，不仅增加了企业资金成本，也加大了企业资金波动风险，一旦资金链不能及时弥补，就会出现危机。

除了银行信贷资本外，应该广泛调动其他形式的金融资本参与房地产经济活动，如长期债券资本、各种形式的股权资本、信托资本等，不同类型的金融资本发挥不同的支持效应，从损益共担、长期资本属性看，股权资本、信托资本等更适合房地产投资需求，替代银行信贷资本，成为房地产投资最重要的金融资本供给形式。目前，我国房地产金融体系单一，房地产企业外部资本主要来自商业银行，埋下了很多隐患，也使房地产业发展受制于银行，金融政策调整和商业银行行为改变成为影响房地产市场稳定性的重要因素。因此，发展多元化的房地产金融体系迫在眉睫。

参考文献

［1］ Gordon R. The American Business Cycle：Continuity and Change ［M］. Chicago：University of Chicago Press，1986.

［2］ Taylor J. Improvement in Macroeconomic Stability：The Role of Wagesand Prices，in Gordon（Eds.）［M］//The American Business Cycle：Continuity and Change ［M］. Chicago：University of Chicago Press，1986.

[3] Zarnowitz V. Business Cycles: Theory, History, Indicators, and Forecasting [M]. Chicago: University of Chicago Press, 1992.

[4] Padoa - Schioppa T. Central Banks and Financial Stability: Exploring a Land in Between [A] //In: V Gaspar, Partmann, Osleijpen (Eds.) The Transformation of the European Financial System [C]. Frankfurt: European Central Bank, 2003.

[5] Crockett A. The Theory and Practice of Financial Stability [J]. Economist, 1996, 144 (4): 531-568.

[6] Foot M. What is Financial Stability and How Do We Get It? [R]. London: Speech at the Roy Bridge Memorial Lecture, Financial Services Authority, 2003.

[7] Heath R, Kay J, Jasani B, et al. Immunogold Electron- microscopic Localisation of Calpain I in Skeletal Muscle of Rats [J]. Cell and Tissue Research, 1986 (244): 265-270.

[8] Houben A, Kakes J, Schinasi G. Towards a Framework for Safeguarding Financial Stability [R]. Washington: IMF Working Paper, 2004.

[9] Schinasi G. Private Finance and Public Policy [R]. Washington: IMF Working Paper, 2004.

[10] Whalen. Financial Crisis and the World Banking System [M]. New York: St. Martin's Press, 1995.

[11] Kaufmann. Bank Lending and Property Prices in Hong Kong [J]. Journal of Banking and Finance, 1995.

[12] Bandt O D, Hartmann P. Systemic Risk: A Survey [R]. Frankfurt: ECB Working Paper, 2000.

[13] Schinasi. Does Financial Structure Matter for Economic Growth? [J]. MIT Press, 2004.

[14] Crockett A. The Theory and Practice of Financial Stability [J]. Essays in International Finance, 1997 (4): 531-568.

[15] Mishkin F S. Financial Stability and the Macro Economy [R]. Reykjavik: Central Bank of Iceland Working Papers, 1999.

[16] Chant J. Financial Stability, Deflation and Monetary Policy [R].

Richmond: Federal Reserve Bank of Richmond Working Paper, 2003.
[17] Ferguson R. Should Financial Stability be an Explicit Central Bank Objective? [J]. Federal Reserve Board of Govemors, 2002 (9): 67-84.
[18] 段与杨. 房地产市场稳定发展的内涵 [J]. 时代金融, 2014 (12): 207-208.
[19] 张洪涛, 段小茜. 金融稳定有关问题研究综述 [J]. 国际金融研究, 2006 (5): 65-74.
[20] 段小茜. 国内外金融稳定有关问题研究进展与述评 [J]. 财贸经济, 2006 (7): 49-54, 97.
[21] 李巍. 金融发展、资本账户开放与宏观经济、金融不稳定 [D]. 上海: 华东师范大学, 2007.
[22] 李正辉, 曾得利. 金融稳定性评估体系的发展与方法论的演进 [J]. 统计与决策, 2009 (4): 125-128.
[23] 李阳. 中国房地产市场与金融市场关系的实证分析 [D]. 厦门: 厦门大学, 2006.
[24] 姜军. 资产证券化对金融稳定的影响研究 [D]. 贵阳: 贵州大学, 2009.
[25] 宋征威. 区域金融稳定评估指标体系设计及实证分析 [D]. 上海: 同济大学, 2008.
[26] 尹继志. 开放视角下我国金融稳定问题研究 [J]. 河南金融管理干部学院学报, 2008 (3): 30-35.
[27] 罗晋京. 论跨国银行法律规制对国家主权的影响 [D]. 广州: 暨南大学, 2009.
[28] 谭政勋, 侯喆. 资产价格波动影响金融稳定及其传导机制综述 [J]. 税务与经济, 2011 (5): 11-15.
[29] 张凌云. 北京市房地产业与金融业的产业关联研究 [D]. 北京: 首都经济贸易大学, 2008.
[30] 郭翼飞. 我国房地产市场与金融市场的关系研究 [D]. 太原: 山西财经大学, 2008.
[31] 魏宇慧. 上海市房地产业与金融业的关联效应分析 [D]. 咸阳: 西北农林科技大学, 2011.

第3章　金融与房地产市场稳定发展关系的现实考察

房地产和金融在本质属性上具有相互需要、相互依存、相互影响的关系，这种关系在各国发展的实践中，通过房地产市场和金融的交融发展得以反映。本章考察美国和中国房地产市场发展和金融发展的现实进程，探究中外房地产市场发展和金融发展之间的交融、变化关系，通过房地产市场和金融发展历程的描述揭示二者的紧密联系，旨在探讨不同的政策、体制背景下房地产市场和金融发展之间呈现的不同的关系状态，在总结经验、以史为鉴的基础上，为改进房地产与金融的关系、探讨二者良性互动的结构状态提供现实依据。

3.1　美国金融与房地产市场关系的发展回顾

本节探究20世纪30年代大危机以来美国房地产市场发展与金融发展之间的交融、变化关系。基于美国金融与房地产市场的发展特点，本书分三个阶段描述房地产市场发展与金融的关系：1930—1975年是金融市场的重建与房地产市场逐步形成的阶段；1976—2000年，主要特征体现为美国房地产二级市场的发展与房地产市场的波动；2001年至今，表现为次贷市场爆发式增长与房地产市场泡沫破裂。梳理每个阶段在当时的宏观经济环境下金融和房地产市场的整体情况，概括各阶段金融和房地产市场的变动关系特点，分析金融与房地产市场之间是如何相互影响、相互渗透的，从而揭示二者之间的相互影响关系。

3.1.1 1930—1975年：金融改革与房地产市场逐渐成熟

20世纪30年代，美国经历了大危机、大萧条，大量企业破产倒闭，股票市场由于过度投机而崩盘，房地产市场则因大量房贷违约而一蹶不振，大量银行也因流动性不足而倒闭。面对经济出现的系统性风险，美国联邦政府出台了一系列金融政策和法案措施，重振金融市场。在一系列金融新政的推动下，住房建设大规模兴起，住房自有率持续上升，美国房地产市场逐渐趋向成熟发展。在此期间，美国房地产市场与金融呈现出明显的关联性，房地产市场发展对金融政策调整具有很强的敏感性，金融制度改革对房地产市场的复苏和发展发挥了巨大作用。

3.1.1.1 金融制度改革与重建

为应对大危机带来的经济衰退，美国从金融制度改革入手，颁布了一系列刺激和复苏房地产市场发展的金融支持法案，构筑了特色鲜明的房地产金融体系，促进房地产市场的恢复和稳定发展。

（1）胡佛政府1932年颁布《联邦住房借贷银行法案》，据此建立了联邦住房贷款银行系统（FHL Banks），对储贷银行实施监管和提供流动性支持，完善美国房地产贷款监管体系。由于抵押贷款发放机构很多，直接监管跨度大，美国政府就在全国建立12家联邦住房贷款银行，分别管理各自区域的抵押贷款发放机构，抵押贷款发放机构作为会员接受监管，并能获得联邦住房银行的流动性支持。这一体系的建立对美国房地产金融发展具有重要影响，一定程度上把控了房贷市场的风险，但并没有解决大量房贷违约问题（葛瑛，2011）。①

（2）为了解决危机中严重的住房贷款违约率上升的问题，1933年美国政府颁布《有房户借贷法案》，设立有房户借贷公司（Home Owners Loan Corporation，HOLC）和复兴银行公司，通过购买违约的住房贷款，为银行

① 对于美国房地产市场发展和房地产金融关系的梳理，葛瑛的“美国房地产市场及房地产金融发展的历史回顾”（《浙江金融》，2011年第1期）提供了重要素材。

借贷提供额外的流动性，解决当时房贷违约率急剧上升的问题；通过延长贷款期限、降低贷款利率等，推出更加优惠的贷款条款，更新原有有房户贷款，让千万家庭保留住房，从而稳定住房市场。

（3）罗斯福政府在 1934 年又推出重大举措，通过《全国住房法案》成立了联邦住房管理局（Federal Housing Authority，FHA），通过 FHA 实施了一系列支持房地产市场发展的措施。最为突出的是 FHA 为住房抵押贷款的借款人提供保险，提升借款人信用，降低放贷机构风险，刺激抵押贷款发展。由此吸引了一些非银行金融机构进入房贷市场，扩大抵押贷款资金来源，刺激房地产投资急剧增加，推动房地产市场的复苏。

（4）1938 年罗斯福政府又成立了一家政府性房地产金融机构，即联邦国民抵押贷款协会（Federal National Mortgage Association），也就是通常所说的房利美（Fannie Mae）。房利美成立早期的主要定位，一是要建立全国性的资金融通平台，实现资金在不同区域的调配和融通；二是解决住房抵押贷款流动性问题，金融机构发行住房抵押贷款后，由于期限长，流动性受到制约。房利美作为政府性质的机构负责购买由 FHA 提供保险的抵押贷款，然后打包、转换成抵押贷款支持证券（Mortgage-Backed Securities，MBS）出售给保险机构等机构市场，从而解决一级市场抵押贷款机构的流动性和期限错配问题，为美国住房抵押贷款二级市场的发展奠定了基础。

通过一系列住房金融制度改革，美国形成两套住房贷款系统，一类是以节俭机构（Thrifts）① 为中心的房贷系统，以满足个人住房和消费信贷为主，包括储蓄和贷款协会（Savings and Loan Associations）与共同储蓄银行（Mutual Savings Banks）。另一类是 FHA 所属的系统，该系统是由政府主导构建的房地产管理和金融服务系统。FHA 通过推行住房抵押贷款保险、创新房贷模式、发展抵押贷款二级市场等措施，有力地推动了美国房地产金融的创新和二级市场的发展，也推动了美国住房自有化率的提高。

---

① 在美国早期的信贷体系中，个人住宅和消费信贷与商业信贷是分开的。个人住宅和消费信贷主要由节俭机构如存贷协会、储蓄协会和信用社等来提供，节俭机构的资金主要来源于机构会员的储蓄，资金运用也主要面向会员，以会员资金有偿互助为经营目标。

20 世纪 40 年代至 70 年代，这两套系统良好地运行，使美国房地产市场取得了突破性的进展。

3.1.1.2 金融制度改革与重建推动了房地产市场的复苏

在一系列金融新政的支持下，美国房地产市场逐渐复苏。①凯斯—席勒住房价格指数大幅度上涨，涨幅达 60%，回到“一战”前的水平。经过一段扩张政策刺激之后，房价平稳回升到适度增长区间，住房建设伴随着房价上涨而大规模复苏。②由于 FHA 推行降低首付比例（房价的 20%）、延长贷款期限（长期达 20 年以上）、固定利率按揭贷款本金摊还的房贷创新模式，直接刺激了美国住房自有率的上升，20 多年的时间，住房自有率从 40%左右提高到 62%,[①] 美国主要居住形式也从以租房为主变为以自有房为主。随着住房自有率持续大幅上升，美国房地产市场逐渐完善。

3.1.2 1976—2000 年：房贷证券化发展与房地产市场的波动

20 世纪 30 年代大危机后，一系列的政策刺激和制度重构，使美国房地产市场得到快速发展，也带动了储贷业和抵押贷款证券化金融市场的迅速发展。20 世纪 70 年代初期的高通胀和高利率，进一步助长了金融业和资本密集型房地产业的繁荣，资金不断涌入，房地产泡沫也逐步膨胀。70 年代中后期，通胀加剧出现滞胀，以节俭机构为中心的住房贷款系统开始出现问题，储蓄机构资金大量流失，支付困难，近 90%发生亏损，大批储贷协会陷入经营危机。储贷危机的出现促发了抵押贷款证券化的创新。

20 世纪 80 年代至 90 年代，美国房地产市场出现“先萧条、后繁荣”的特征，80 年代美国住房价格指数（Home Price Index，HPI）从 12%的最高点骤降至 3%，房地产价格走低，违约事件频发，储贷协会不良资产激增。但是，80 年代中后期，美国住房抵押贷款证券化市场的快速发展，为贷款市场提供了流动性，推动了房地产市场走出困境，HPI 从 1991 年开

① 美国住房自有率的上升主要得益于这一期间，此后上升缓慢，截至 2012 年第一季度，美国的住房自有率也仅为 65%。

始，出现持续性大幅增长，如图 3-1 所示。本阶段不仅表现出房地产市场对金融市场稳定的支持作用，同时也表现出金融市场对房地产市场的巨大刺激、阻碍作用。

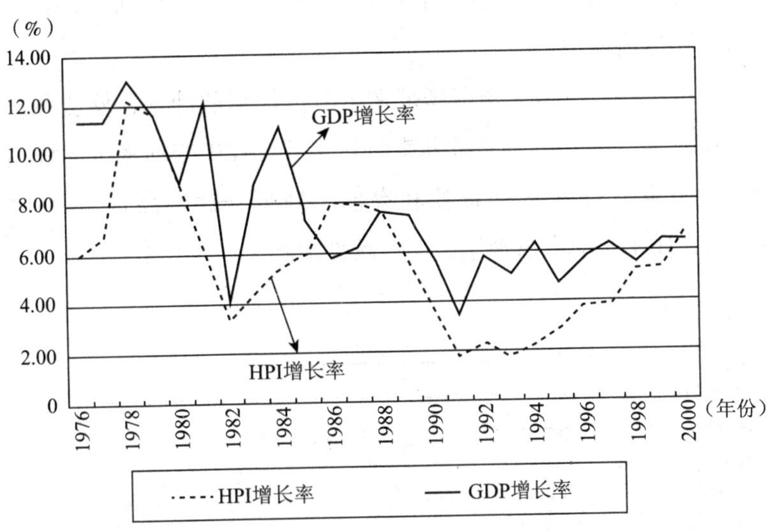

图 3-1　1976—2000 年美国 HPI 增长率与 GDP 增长率对比

资料来源：美国商务部。

3.1.2.1　房地产市场的萧条深化了储贷危机

20 世纪 80 年代，经济环境急转直下，国际油价开始暴跌，石油产业遭到巨大打击，相关产业的雇佣人数开始急剧下降。由于失业人数增加，美国住房需求减弱，空房率急剧上升，西南部地区的空房率从 1985 年的 2%上升到 1990 年的 8%，房地产价格开始大幅下降。在这种背景下，延迟偿还和不能偿还抵押贷款的情况时有发生，储贷协会的坏账率急剧上升，储贷危机加重。以得克萨斯州为首的西南部为例，截至 1987 年，储贷协会总资产利润率均出现-2%以下的大幅亏损，坏账比率上升，得克萨斯州的坏账率在 1985 年还只有 6.4%，而在 1987 年竟上升至 29.1%。279 家储贷协会机构中倒闭的高达 110 家。此外，金融自由化也导致商业银行竞争加剧，商业银行纷纷加大商业地产信贷投放，美国商业办公楼的建筑面积持续增加，然而多数大城市的空房率高达 20%，甚至更高。20 世纪 80 年代中后期，起始于得克萨斯州住宅市场的萧条蔓延到了全国，商业地产市场也开始受到重创。地产开发商纷纷破产，导致大量贷款到期不能偿还，这使得商业银行不良资产激增，与储贷协会同样面临严重的问题，整个金融市场陷入一片恐慌之中。

房地产市场的萧条给金融市场带来了雪上加霜的冲击，储贷危机进一步加深。1982 年，住房抵押贷款利率急转直下，HPI 变动率也同样出现大幅下降，1986 年，住房抵押贷款利率创下新低，跌幅高达 18.04%，如图 3-2所示，HPI 变动率出现第二次持续性下降。

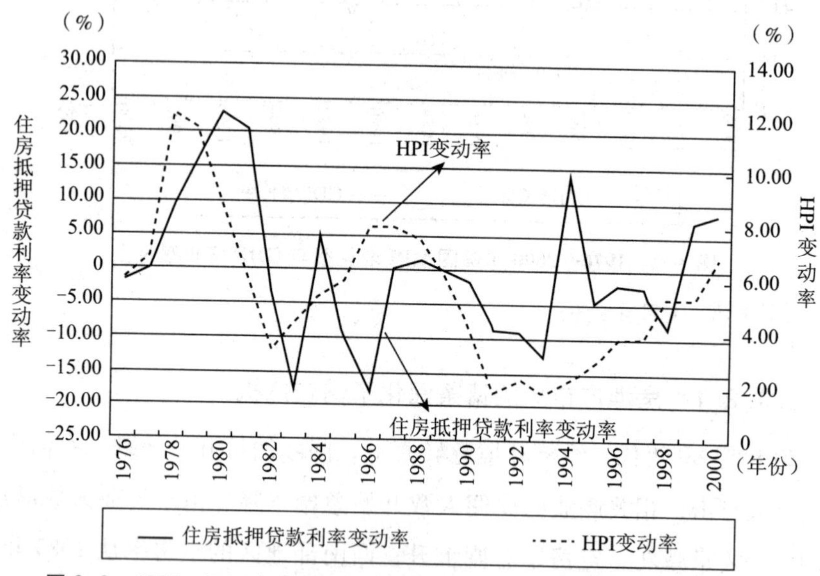

图 3-2　1976—2000 年美国住房抵押贷款利率变动率与 HPI 变动率对比

资料来源：美国联邦储备系统管理委员会。

3.1.2.2　住房金融二级市场的发展推动了房地产市场

储贷危机发生之后，以节俭机构为中心的住房贷款系统发挥的作用越来越小，为美国住房抵押贷款二级市场的发展提供了机遇。为了给节俭机构系统的贷款机构提供流动性支持，美国政府创建了全国性的“二级抵押机构”和“二级抵押市场”，政府出资成立了三家国有企业作为住房抵押贷款二级市场的做市商，这三家机构分别是联邦国民抵押协会（房利美）、联邦住房贷款抵押公司［Federal Home Loan Mortgage Corporation，以下简称房地美（Freddie Mac）］以及政府国民抵押贷款协会［Government National Mortgage Association，以下简称吉利美（Ginnie Mae）］。一级市场的金融机构把住房抵押贷款出售给这三家做市商，同时可从这三家做市商手中买入住房抵押贷款。20世纪70年代中期，这三家机构通过大量购买住房抵押贷款并打包成证券化产品出售，转移和分散了房地产贷款风险，提升了整个金融市场的流动性，保证了房地产市场的稳定性，促进了美国住房抵押贷款二级市场的快速发展。抵押贷款证券化率从1975年的不到12%上升到1985年的32%，2000年以后，抵押贷款证券化率超过60%。如图3-3所示，从1984年开始，美国MBS证券发行额迅速增长，从594亿美元持续增长至2001年的约1万亿美元，约为1984年MBS发行额的18倍。而针对美国新房平均销售价格（Median and Average Sales Prices of New House，MSPNH），除了在20世纪80年代后期的储贷危机导致MSPNH出现下降之外，其与MBS发行额的走势表现出一致性，持续上扬。

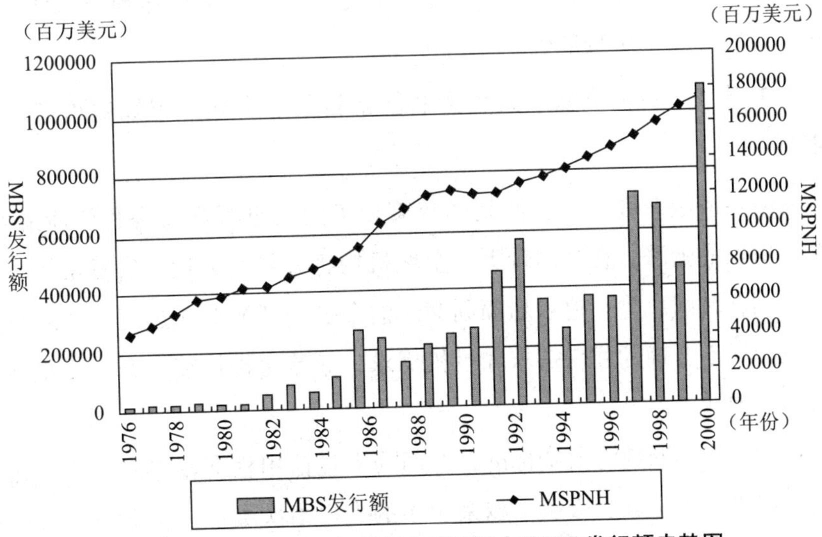

图3-3 1976—2000年美国MSPNH与MBS发行额走势图

资料来源：美国证券业和金融市场协会，美国人口普查局。

二级市场的快速发展，不仅转移和分散了房地产贷款风险，也给房地产市场提供了多元化的资金支持，进而刺激了房地产市场的消费需求和投资需求，最终带动房地产市场走向20世纪90年代中后期的高速增长。20世纪90年代，美国经济高速增长，金融市场更是空前繁荣。

3.1.3 2001—2008年：次贷市场爆发式增长与房地产泡沫破裂

2001年，美国网络经济泡沫破裂，经济面临衰退。为刺激经济增长，美联储采取了扩张性货币政策，连续14次降低再贴现利率，13次降低联储基金利率，直至将利率降到1%。低利率极大地刺激了房地产市场的发展，房价攀升，房地产成为促进美国经济增长的主要动力。然而，随着房屋价格不断上涨，许多人盲目借贷，美国房地产市场投机需求持续膨胀，刺激了信贷市场的火爆。由于房价上涨、房屋升值，抵押贷款者可以用升值部分再抵押借款，在偿还旧贷款之余，甚至可以提取现金用于消费开支。低利率激发了房地产的需求，也激发了金融市场的产品创新。金融创新又进一步助长了住房消费、投资和投机需求，进一步刺激房价不断高涨。房地产市场与金融在相互促进中也积累了风险，美国房地产泡沫不断膨胀，最终爆发了次贷危机。

3.1.3.1 金融宽松政策和金融创新刺激了房地产市场的繁荣和泡沫形成

网络经济泡沫破灭后，低利率政策让美国人更喜欢买房和负债消费，刺激了房价的上涨。在高房价下，金融机构将大量精力投入房贷市场，通过金融创新转嫁风险，追求超额利润。但金融创新演变成过度的金融自由化，刺激了不合理的住房需求和投机需求，导致房价持续攀升，逐步累积了房地产泡沫。

金融机构不断放宽放贷标准，专门为大量信用程度较差或偿还能力较弱的人提供次级贷款，吸引了越来越多的人申请次级抵押贷款。次贷市场日益火爆，信贷的非理性扩张对房地产市场膨胀起到推波助澜的作用。次贷者信用评级低，金融机构要将风险转移给第三方，通过打包各种住房抵押贷款合同，转卖给特殊目的机构（Special Purpose Vehicle，SPV），放入资产池。再通过破产隔离、信用增级等手段，将之证券化，发行给投资者。由此形成由金融创新推动的次级抵押贷款证券化的链条，“发放次级抵押贷款→贷款证券化→获得新的资金→再发放次级抵押贷款”，如此循环，金融机构通过次级贷款证券化获得新的资金来进行下一笔抵押贷款的发放。在金融创新的推动下，次贷发放的金额和数量激增，美国房地产的消费需求和投资需求获得巨大释放，房地产市场空前繁荣。

SPV发行的MBS为了满足不同投资者的风险偏好，分为优先级、中间级和股权级等不同等级。由于不同等级的债券风险不同，收益也不同，一般风险高，收益也高。针对信用级别低、风险高、收益高的住房抵押贷款证券，金融机构再次对其进行分层设计，然后证券化，如以中间级MBS为基础发行的债券称为担保债务凭证（Collateralized Debt Obligation，CDO），理论上沿着MBS、CDO、CDO的平方、CDO的立方这样的逻辑可以无限衍生下去，创造出更多级别的证券化产品。次级债券的投资收益要高于优先级债券和国债等风险较低的债券，高回报率吸引了各国众多的金融机构投资者，大量资金涌入次债市场。由于向房地产市场过度供给贷款资金，进而导致房地产价格不断被推高。

除了MBS和CDO之外，信用违约互换（Credit Default Swap，CDS）更是助长了房地产泡沫的累积。CDS的设计初衷是为信用资产交易合同买方转移违约风险，信用资产的买方通过向卖方支付一定的保险费转移违约风险，其本质是一种套期保值的保险工具，但被市场衍化为一种投机工具。CDS的出现，增加了次级债券市场的流动性，刺激了次债市场的持续扩张、膨胀。发展到后期，有很多金融机构看到了泡沫，通过购买CDS转嫁违约风险，而CDS的卖方意图投机交易，获取高额利润，再通过转手规避违约风险，然而违约风险从未在金融市场上消失，且越滚越大，房地产泡沫也逐渐累积。

2000年年初，金融创新刺激了美国房地产市场的繁荣，标普凯斯—席勒HPI连续5年增长率均保持在10%以上，2006年高达204.85%。银行贷款利率和住房抵押贷款利率的增长率在 2005 年也都达到了高点。在一系列金融工具创新的驱动下，信贷市场整体规模大幅上涨，住房抵押贷款余额增长率在 2001—2006 年连续 6 年超过 10%，住房抵押贷款余额从 2001 年的 7.46 万亿美元猛增至 2006 年的 13.48 万亿美元，贷款资金被过度供给到房地产市场上，房地产市场需求膨胀，导致房地产价格不断被推高，6 年中美国的房价平均翻了一番。对于金融机构来说，即使贷款者不能偿还贷款，也可以通过转卖房产来获得收益；对于贷款者来说，即使自己无力支付还款，也可以通过出售房产来进行偿还。只要房价是继续上涨的，一切看起来都很好。然而，房地产市场泡沫却在不断累积中。2000—2012 年美国银行贷款利率、住房抵押贷款利率和 HPI 变动率对比如图 3-4 所示。

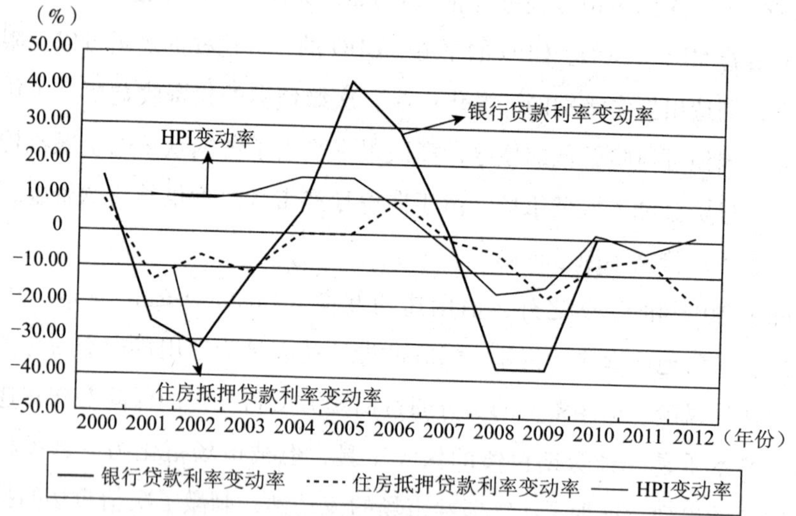

图 3-4 2000—2012 年美国银行贷款利率变动率、住房抵押贷款利率变动率和 HPI 变动率对比

资料来源：美国联邦储备系统管理委员会。

3.1.3.2 房地产泡沫破裂引发金融危机

2005 年以来，美联储为了抑制经济过度膨胀，开始实施提高利率的紧缩政策，由此引发了房地产市场泡沫的破灭。2007 年，标普凯斯—席勒

HPI 变动率迅速由正变负，并出现大幅下降，至 2008 年，HPI 跌幅超过了 15%。同时，美国住房抵押贷款余额增长率也迅速下跌，2008 年后，住房抵押贷款余额出现大幅持续下降。2000—2013 年美国住房抵押贷款余额变动率与 HPI 变动率对比如图 3-5 所示。

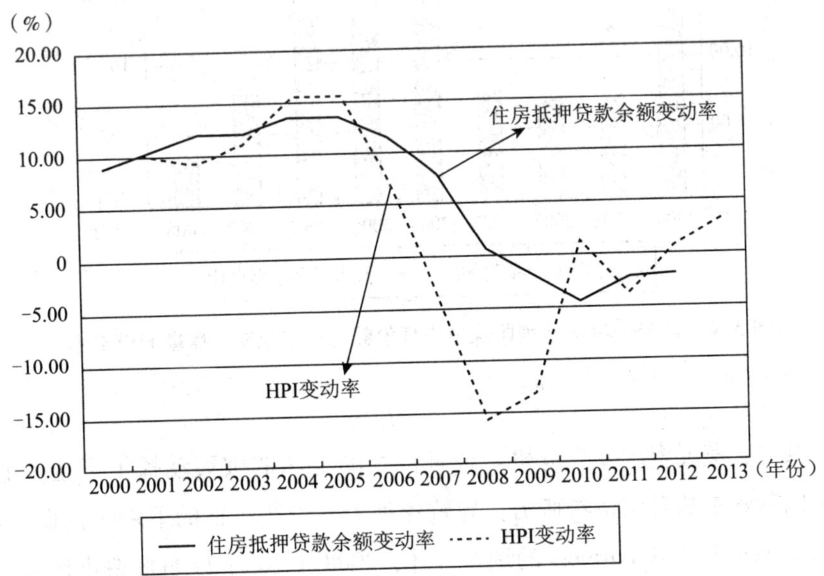

图 3-5　2000—2013 年美国住房抵押贷款余额变动率与 HPI 变动率对比

资料来源：美国联邦金融机构检查委员会。

首先，次贷危机爆发。利率上升、房价大幅下跌引发次贷市场发生连锁反应。次级按揭贷款人自身的偿付能力很低，房价下跌、利率上升加剧了偿还压力，大量违约出现，导致金融机构次贷不良资产激增。如图 3-6 所示，从 2003 年开始，次贷市场出现爆发式增长，然而 2007 年以后，标普凯斯—席勒 HPI 持续下挫，次贷市场份额在 2007 年暴跌至 6.2%，随后几年的新增发放近乎干涸。不仅如此，违约风险通过次贷衍生品迅速传递、放大，以次贷为基础资产的证券化产品——次级债出现崩溃，使众多金融机构投资者受到巨大影响，并且严重亏损，乃至倒闭。

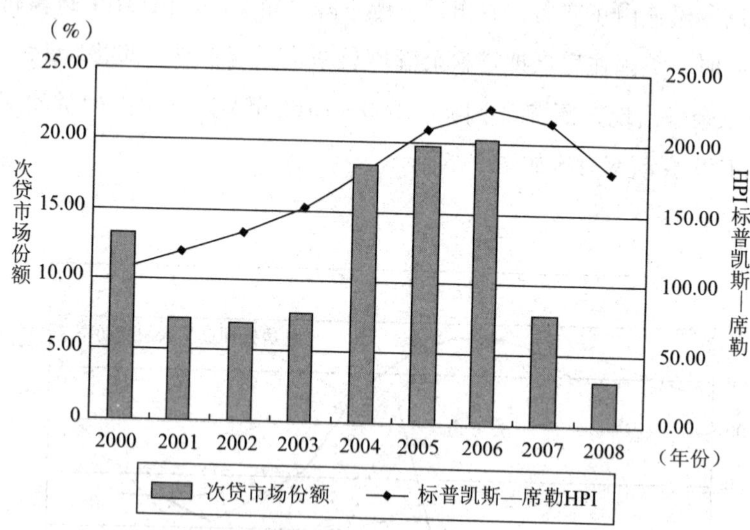

图 3-6　2000—2008 年美国次贷市场份额与标普凯斯—席勒 HPI 走势

资料来源：标普道琼斯指数。

其次，美元资产发生危机。金融衍生品泡沫的破灭动摇了市场信心，大量国际资本从美国市场撤出，导致各种美元资产价格的下跌。根据咨询公司 Steven-Hall & Partners 的调查统计，2008 年 10 月 29 日股票市场大跌，美国 175 家大企业的股票及高管期权价值平均缩水近一半。实体经济也受到巨大冲击，世界最大的三大汽车生产企业濒临破产。国际石油期货价格最高达到每桶 147 美元，然后急速下跌，当时最低跌破 40 美元。

最后，引发了全球性的流动性危机。美元资产泡沫的破裂使得市场上出现严重的信贷紧缩问题，流动性极度匮乏，通过金融和贸易途径，从一个局部市场向关联市场乃至整个经济系统传递，最终导致全球很多国家发生由流动性引起的金融危机。一场起因于美国不动产抵押贷款市场的危机最终席卷了美国、欧盟、日本等世界主要的金融市场，引发了全球经济波动。

美国次贷危机的爆发显示，房地产泡沫的崩溃随即导致金融危机和经济危机。房地产市场与金融市场的紧密联系，相互影响、彼此促长、彼此促衰。这再次警醒我们，要重新审视金融市场与房地产市场的关系，二者的良性互动能够促进经济发展，反之将对经济带来沉重打击。

3.1.4　总结：美国房地产市场与金融相长相衰，相得益彰

通过对美国 20 世纪 30 年代大危机以来房地产市场发展历程的回顾，不难看出，美国房地产市场的发展始终伴随着金融政策、金融制度和金融市场的支持和推动，与美国金融体系的建立和完善息息相关，与美国金融市场的发展相长相衰，相得益彰。房地产市场的发展、繁荣、衰退、波动与房地产金融政策的变化、金融工具的创新、金融市场的波动紧密相关。20 世纪 30 年代大危机以后美国政府主导确立的房地产金融的制度、框架为推动美国房地产市场的复苏和发展发挥了无可替代的作用；20 世纪 80 年代的金融自由化和金融创新推动了美国房地产市场的快速发展以及房地产与金融的深度融合，同时，金融政策的变动以及不动产抵押贷款过度的衍生和金融化也成为摧衰房地产市场和房地产金融的重要因素，成为推动房地产市场繁荣与衰退的主要因素。美国发达的金融意识以及不动产金融化的认识和思维促使房地产市场与现代金融体系深度融合，突破了房地产业单纯的实体经济属性，具有了金融业的虚拟经济属性，创建了全球最发达的房地产金融市场和房地产金融体系。当然，起因于房地产市场的美国次贷危机也给出了深刻的教训，让人们去重新思考房地产与金融相得益彰的关系，即使是发达的美国房地产金融体系，也依然需要深入研究如何处理房地产市场发展与金融制度安排的关系，依然需要从制度安排上改进房地产金融体系，从理论上研究房地产与金融的关系，以探讨房地产与金融相互协调、良性互动、稳定健康的发展机制。

3.2　中国金融与房地产市场关系的发展回顾

与美国金融与房地产市场高度融合不同，我国房地产金融经历了从无到有、逐步发展、逐步深化的过程，每一阶段都有其独特的特点。计划经济体制下，住房建设资金由国家财政统一拨付，住房建设无偿占有资金，金融与房地产市场相互割裂。改革开放后，随着市场经济体制的逐步建立，金融与

房地产市场开始产生交集。一方面，住房商品化的提出加速了计划金融的解体，促进了房地产金融的产生与发展；另一方面，为构造住房商品化体系、探索住房资金良性循环，金融自然成为住房商品化的主要推动力量。1998 年的住房货币化加速了金融与房地产市场的相互融合，集房地产金融机构、房地产金融工具、房地产金融市场与房地产金融配套环境体系为一体的房地产金融体系逐步形成，金融与房地产市场相互影响、相互渗透、相互融合。

1978 年以前，我国住房建设资金由国家财政统一拨付，资金管理部门只负责资金的拨付，住房实行实物分配，金融也处于计划体制，房地产金融无从谈起，金融与房地产市场相互割裂。因此，本节将研究起点确定为 1978 年。基于我国金融与房地产市场发展各阶段特点的不同，将 1978 年至今划分了四个阶段。阶段一：1978—1991 年，商品化的房地产市场初步形成；阶段二：1991—1998 年，房地产市场的波动与房改金融的发展；阶段三：1998—2003 年，住房货币化改革与房地产市场快速发展；阶段四：2003 年至今，金融多元化发展与房地产宏观调控。对于每个阶段，首先，梳理当时的宏观经济环境、金融和房地产市场的整体情况；其次，结合多方面的分析，概括该阶段中金融和房地产市场关系的特点；最后，具体分析金融与房地产市场之间是如何相互影响、相互渗透的，从而揭示二者之间的相互关系。

3.2.1 1978—1991 年：商品化的房地产市场初步形成

1978—1991 年这一阶段是改革开放初期，我国处于有计划的市场经济体制下，市场化经济体系的建立刚刚起步，计划经济逐步向商品经济转型。在市场化改革的大背景下，我国开始将住房体制改革纳入日程，住房商品化思想被随之提出。在 1978 年以前的计划经济时期，城镇住房实行福利分配制度，住房资金由国家对城镇住房实行统建统配。由于住房建设的资金投入远远大于收回的租金，巨大的差额只能靠财政补贴，投资越大，补贴越多。这既刺激了过度的住房需求，助长了住房分配的不正之风，又加重了国家财政的负担，形成了住房资金的恶性循环。推行住房商品化就是要实现住房建设资金的投入、回收与住房的出售、出租相匹配，使住房投入资金得以补偿，实现住房资金的良性循环。住房商品化的实施加速了计划金融的解体，使金融与房地产市场相互分割的局面被逐步打破，金融与房地产市场开始产生交集。

如何打破金融与房地产市场相互分割的局面，利用房地产金融刺激房地产消费，让金融市场的发展带动房地产市场的发展，从而解决住房资金及其融通、建房资金良性循环等问题，成为这一时期的主要关注点。在这一时期，我国房地产市场与金融市场的变化关系呈现出了明显关联性。房地产计划体制的突破、房地产消费需求的产生和增加，都有赖于金融政策的出台。反过来，房地产市场的发展又进一步推动房地产金融的创新和发展。金融与房地产市场相互影响、共同发展。在房地产商品化思想的指导下，一系列金融政策的实施加速了房地产计划体制的解体，刺激了房地产消费需求，促进了房地产市场的商品化进程。这一时期最为突出的是房地产信贷体系初步确立、房地产商品化思想的形成。

3.2.1.1　房地产信贷体系初步确立

房地产信贷体系的初步确立主要表现在为房地产市场提供专业服务的金融机构及金融工具的产生和发展。

商业银行及其房地产信贷业务。第一，针对房地产供给者的信贷业务。1979 年以前，商业银行只为国家统建单位提供财政性的拨付款或为建筑施工企业提供临时性的、季节性的流动资金贷款，并不存在房地产专业信贷业务。1984 年，根据国务院精神，各地陆续组建房地产综合开发公司，建行负责提供临时周转性贷款。1985 年，建行开始提供土地开发和商品房贷款。第二，针对房地产需求者的信贷业务。单纯为房地产供给者发放贷款难以真正实现房地产商品化，为了激发房地产消费需求，为购房者提供资金融通尤为必要。1982 年起，为了推进住房制度的改革，人民银行加大了房地产金融业务的力度，提出了试办购房储蓄贷款业务，把发展储蓄同支持住房流通、促进住房消费结合起来，并在常州、郑州等地开展试点工作。1986 年，建行陆续开办住房储蓄和个人住房贷款业务。1989 年年底，《中国人民建设银行住房储蓄存款和借款实行办法》经修改后由人民银行同意重新印发，住房储蓄和贷款业务开始迅速发展。至此，商业银行初步确立了完整的房地产信贷体系。

住房储蓄银行及其房地产业务。1986 年，以补贴为特征的住房改革在烟台、蚌埠等城市试点，1987 年，烟台和蚌埠两家住房储蓄银行相继成立，承担房改金融业务。住房储蓄银行是由地方财政、商业银行、企事业单位出资建立的股份制银行，资金来源于地方、用于地方，不依靠国家财政资金，自负盈亏，为房地产金融改革和房地产市场的发展服务。

住宅合作社及其信贷业务。为了探索住宅建设的多种经济模式，德国的住宅合作社模式引起了各界的关注。1986 年 7 月，上海市玩具进出口公司组建了“新欣住宅合作社”，标志着中国第一家住宅合作社成立。住宅合作社由成员自愿结合、自筹资金，通过住房自建减少了中间环节、降低了建筑成本，从而以低价向社员提供住房、解决成员的住房问题，这一形式在住房商品化的初期发挥了重要作用。

在住房商品化思想的指导下，一系列金融政策推动了为房地产市场提供专业服务的金融机构及金融工具的产生和发展。各类房地产金融机构通过各种方式筹集运用资金，有力地支持了房地产业的发展和住房制度的改革。金融体制的突破激发了房地产消费需求，房地产金融从单一的财政划拨到临时性周转贷款发展为以商业银行信贷为主体，住房储蓄银行、住房基金会以及住宅合作社贷款为辅助的多元化信贷体系。金融与房地产市场相互促进、共同发展。

3.2.1.2 房地产商品化思想的形成

为了实现住房商品化目标，我国在改革之初通过公房成本出售、补贴出售、优惠出售以及提租增资、提租补贴的非金融化方式刺激居民的住房消费。由于这些政策本质上都是资金的空转（一方面提高了房租或售价，另一方面相应提高工资或给予补贴），这不仅加大了政府、银行、企业的工作量，而且没有抑制不合理的住房需求，没有触及原有住房体制的本质，住房资金的良性循环未能实现。相反，房地产信贷体系的建立才是房地产商品化思想成形的关键。在政策环境的鼓励下，专业银行、住房储蓄银行、住宅合作社等各类房地产机构相应建立，为房地产的需求者和供给者分别提供房地产消费信贷、房地产开发贷款等房地产金融产品，给房地产市场注入流动性，激发房地产市场的活力，商品化的房地产市场在供给和需求的相互作用下逐步成形，住房资金的良性循环得以实现。

金融让受计划体制约束的房地产市场得以活化——刺激了房地产消费的产生和增加，增大了房地产生产的投入，实现了资金的良性循环，促进了房地产市场商品化的形成和发展。

3.2.2　1991—1998 年：房地产市场的波动与房改金融的发展

20 世纪 80 年代后期，在住房信贷政策的鼓励下，房地产信贷开始无序扩张，对此中央进行了清理整顿，以引导房地产金融市场健康发展。伴随着上一阶段整顿清理的结束与邓小平同志的南方谈话，我国改革开放的步伐明显加快，经济发展进入了一个高速增长期，各地信贷活跃、投资强劲。在此背景下，房地产市场迅速发展，各地涌现了大批房地产的开发、经营公司，房地产的开发、建设、买卖活动日益繁盛。房地产市场一片繁荣的景象吸引了大量金融机构进入房地产市场，资金的大量涌入进一步助长了房地产投资、开发以及购买的热情。在金融与房地产相互推动、助长的情况下，房地产的供给超过了当时经济发展的需要，房地产投机盛行，房地产市场风险积聚。房地产市场的不稳定阻碍了我国经济的发展，1993 年，我国对房地产市场进行了第一次宏观调控。清理整顿后，为了进一步促进住房制度改革，国家颁布了一系列金融政策，引导房地产市场的进一步发展。

这一时期，房地产市场发生了明显的波动，若以商品房销售面积增长率作为房地产周期的划分标准，此阶段我国房地产市场正好经历了一个半周期的波动，呈现出显著的“萧条—繁荣—萧条—繁荣”特征，如图 3-7 所示。该时期房地产市场明显经历了两个阶段：第一阶段（1991—1996 年），萧条—繁荣—萧条的完整周期；第二阶段（1996—1998 年），萧条—繁荣的半周期。

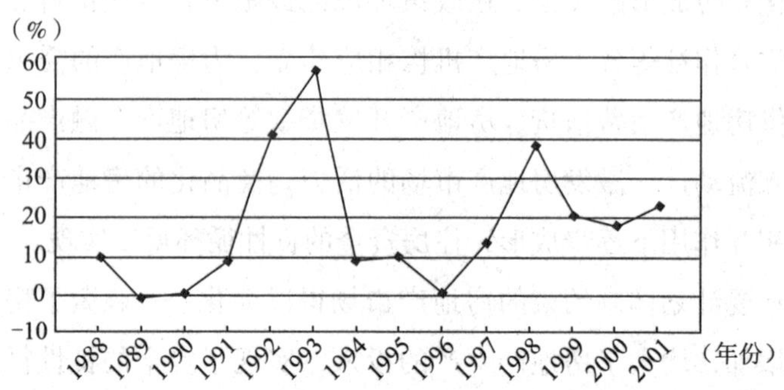

图 3-7　1988—2001 年全国房地产销售面积增长率

资料来源：郁文达．房地产周期和金融政策［J］．中国房地产金融，2003（9）．

3.2.2.1　金融调控与房地产市场的波动

（1）经济高速增长带动房地产市场繁荣。

1992 年，在邓小平同志南方谈话的精神鼓舞以及改革开放加速推进等背景下，各地信贷活跃、投资强劲，推动国民经济重新走向高速发展阶段。从图 3-8 中可以看到，从 1990 年开始，固定资产投资加速上涨，1991—1994 年连续四年都保持在 20%以上的高速增长，在 1993 年增速更是达到了 61.78%。在投资的强劲推动下，国内生产总值也加速上升，1992 年和 1993 年 GDP 增速分别达到了 14.24%、13.96%的高位，国内经济一片繁荣。

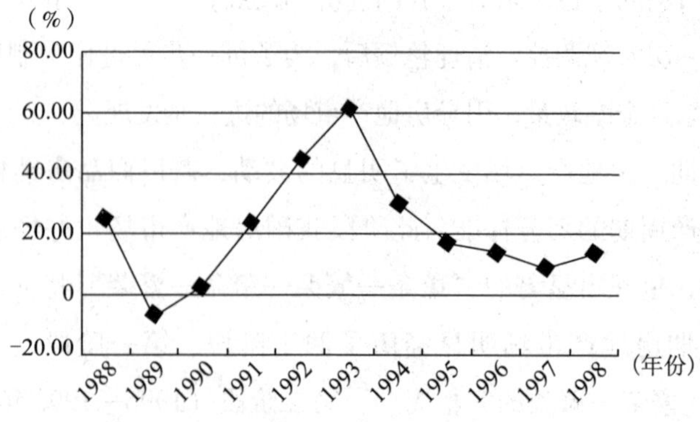

图 3-8　1988—1998 年固定资产投资增速

在此背景下，房地产市场也呈现一派繁荣景象：在深圳、海南等经济特区，大批房地产开发、经营公司如雨后春笋般纷纷设立，房地产的开发、买卖、投资活动盛极一时。在特区示范作用带动下，房地产投资热情迅速蔓延至全国各省市。由此，出现了全国性的房地产热。从图 3-9① 中可以看出，房地产开发投资增速在全国经济一片向好、固定资产投资强劲上涨的情况下，也呈现出与固定资产投资相同的变化趋势，但增长幅度远远大于固定资产投资的增长幅度，在 1992 年、1993 年增速竟然分别达到了 117.5%和 165%，房地产投资热情弥漫于整个市场。

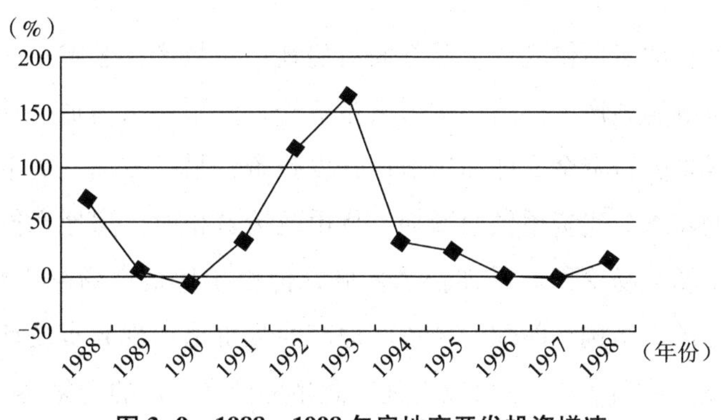

图 3-9　1988—1998 年房地产开发投资增速

(2) 金融支持过度引致房地产过热。

在全国房地产投资热的背景下，房地产开发经营活动的巨额利润吸引大批金融机构纷纷将资金贷向房地产业，一些非房地产金融机构也积极参与房地产金融和投资业务。由图 3-10 可以看出，货币供应量（M2）从 1991 年开始加速上涨，1993 年的增速达到了 37.3%。

① 本书的所有图示除特别说明外，其他均整理自《中国统计年鉴》相关各期。

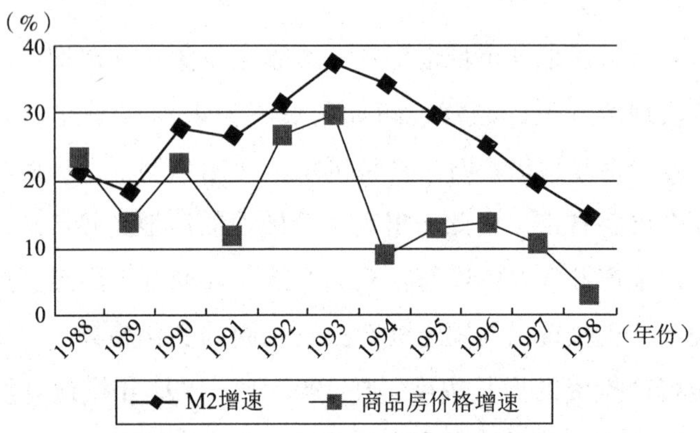

图 3-10 1988—1998 年 M2 增速与商品房价格增速

高速增长的货币供应量从两方面对房地产市场产生影响：一方面，货币供应量影响房地产的供给，货币政策宽松，货币供给增加，开发商能够以较低的成本融得资金，增加房地产开发投资；另一方面，货币供应量影响房地产的需求。当货币供给增加、货币政策宽松时，房地产投资需求相应增加，市场交易活跃。虽然供需两旺，但由于房地产商品供给周期长、弹性小，与需求结构不匹配，导致房地产商品价格出现异常波动，严重偏离基础价值。从图 3-10 中可以看到，商品房价格增速的变化趋势与 M2 增速的变化趋势几乎相同，只是商品房价格增速的波动更加剧烈，商品房价格从 1991 年开始加速上涨，到 1993 年增速达到了 29.7%的峰值。在宽松的资金面下，大量逐利资金涌入房地产市场，房地产热在金融的推波助澜下持续膨胀，造成一派繁荣景象。由此，投资规模和信贷规模极度膨胀，严重脱离了国民经济正常发展的轨道。从图 3-11 中可以看到，房地产开发投资增速从 1991 年开始快速上涨，涨幅远远高于 GDP 增长率，到 1993 年房地产开发投资增速竟达到 165%，而同期 GDP 增长率只有 13.96%，前者是后者的近 12 倍，房地产投资的增长严重偏离了实体经济的增长，房地产投机情绪弥漫于整个市场。对房地产市场前景的盲目乐观，金融的过度支持，使房地产价格被不切实际地炒高，累积了巨大的风险。

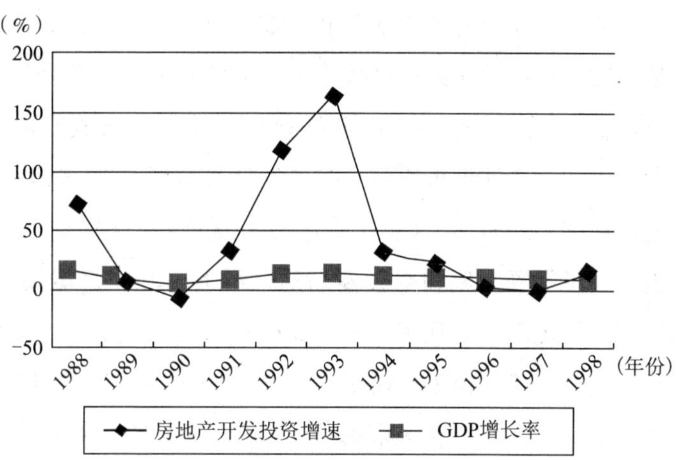

图 3-11　1988—1998 年房地产开发投资增速与 GDP 增长率

1993 年 7 月，国家开始宏观调控，全面收紧对房地产市场的信贷政策，清理金融秩序，扼制金融资金注入房地产业，房地产金融和投资逐渐冷清。从图 3-12 中可以看出，建筑企业贷款增速从 1992 年开始放缓，在金融支持减少的情况下，商品房价格增速随后放缓，达到顶点后，商品房价格增速开始大幅度下降。

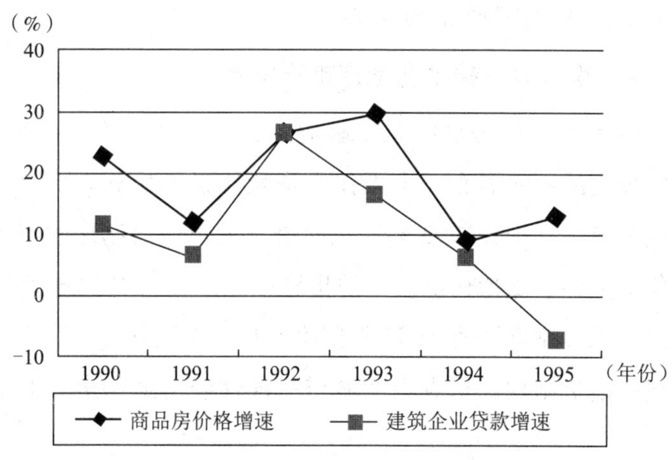

图 3-12　1990—1995 年建筑企业贷款增速与商品房价格增速

（3）房地产市场泡沫影响金融机构的稳定性。

北海是当时房地产泡沫的典型代表。北海实施的“低门槛”政策吸引了全国各地资金的纷纷涌入，按照当时的政策，每亩①土地最高 9.7 万元。土地被大面积出让，土地投机盛行一时，地价涨幅高达 20 多倍。针对不断膨胀的房地产泡沫，1994 年国家开始进行宏观调控，房地产泡沫迅速破裂。北海出现大量闲置土地和空置商品房，留下一堆“烂尾楼”。沉淀在房地产项目上的资金高达 200 多亿元，而商业银行信贷资金占 80%，银行由于难以收回贷款，陷入债务危机之中。北海的房地产市场泡沫给金融机构带来了大量不良资产，对金融市场的稳定性产生严重影响。

综上，我国房地产市场、房地产金融尚处于市场化的初级阶段，表现出不稳定、不成熟、不规范等特性，也因此引发了金融和房地产市场的风险。金融与房地产市场互相影响、互相渗透。房地产市场的发展带动金融市场的发展，金融的支持又反过来刺激房地产市场的进一步繁荣，两者相互推进、共同发展。但两者同样是风险相互传递、累积的市场，金融支持过度会使房地产市场投机过剩、形成房地产泡沫，而房地产泡沫破灭，又会给金融市场带来冲击。只有当两者协同发展、良性互动时，才能促进经济的发展，反之则会阻碍经济的发展。

3.2.2.2 房改金融推动房地产市场发展

1993—1995 年，在房地产调控影响下，房地产市场一直处于萧条，但房改金融政策的不断颁布、个人住房贷款体系的建立为房地产市场重新焕发生机奠定了基础。1993 年第三次全国城镇住房制度改革工作会议提出发展住房金融、支持住房改革的指导思想，1994 年国务院提出“全面推行住房公积金制度”，② 1995 年国家开始实施安居工程计划，银行开始调整房地产信贷结构，重点支持城市一般性经济适用房和商品房抵押

① 1 亩≈0.07 公顷。——编者注

② 政策出处：《国务院关于深化城镇住房制度改革的决定》（国发〔1994〕843 号）。

贷款，[①] 商业银行自营性住房信贷业务和委托性住房存贷款业务并存的住房信贷体系基本确立。1996 年国民经济以低通胀高速运行，为了进一步推动经济的健康、快速发展，中央确立了新形势下的经济增长点，住宅产业因其关联效应、经济和社会效益明显而被列为发展重点，个人住房贷款由此获得良好的发展契机。1997 年 4 月《个人住房担保贷款管理试行办法》的颁布进一步推动了个人住房贷款发展的迅猛势头。从图 3-13中可以看到，1993 年，房地产开发投资增速和商品房销售额增速在房地产市场宏观调控下急速下降，1996 年增速甚至接近 0，在个人住房信贷政策的刺激下，住房需求被大大激发，1997 年房地产开发投资增速和商品房销售额增速开始企稳回升，1997—1998 年商品房销售额增速明显快于房地产开发投资增速。

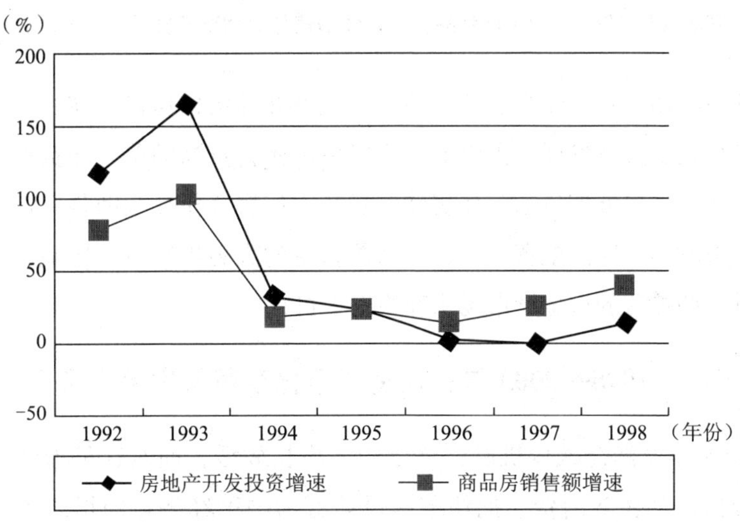

图 3-13　1992—1998 年房地产开发投资增速与商品房销售额增速

从图 3-14 中可以看出，在 1992—1993 年房地产热时期，房地产开发投资热情远远高于需求，销售额增速与开发投资增速之差为负值，在 1993

① 1995 年人民银行颁布《商业银行自营性住房贷款管理暂行规定》（银发〔1995〕220 号），对商业银行自主发放住房贷款做出了规定。

年两者竟相差-62.5%，而 1997—1998 年，在个人住房贷款等个人住房金融政策的支持下，商品房销售额增速明显高于房地产开发投资增速，1997 年两者之差达到了 27.3%。

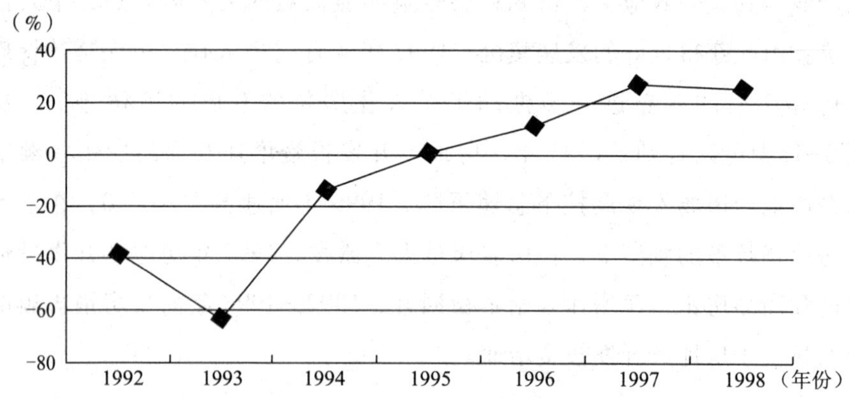

图 3-14　1992—1998 年商品房销售额增速与房地产开发投资增速之差

这一时期，我国建立了政策性和商业性并存的住房信贷体系，个人住房金融得到了大力发展，由以前主要以住房储蓄贷款的单一融资形式发展到包括个人住房抵押贷款、住房储蓄贷款、住房合作社互助贷款以及住房公积金贷款的多层次融资形式，在房改金融的大力推动下，房地产市场需求上升，调控后的房地产市场重新焕发生机。

3.2.3　1998—2003 年：住房货币化改革与房地产市场快速发展

1998 年亚洲金融危机后，全球经济增长放缓，面对这种形势，国家明确提出启动住宅消费、把住宅建设培育为国民经济新的增长点。1998 年停止了住房实物分配，实行住房货币化改革。同时，国家也调整了房地产交易相关税收政策，推动房地产市场发展。房地产市场的发展带动了房地产金融，商业银行放开了住房建设贷款限制，进一步扩大住房信贷业务，逐步开发新的信贷产品。住房金融政策刺激房地产市场快速发展。

3.2.3.1　住房货币化改革推动了房地产信贷，刺激了房地产市场发展

1998年7月，国务院下发了《关于进一步深化城镇住房制度改革、加快住房建设的通知》（国发〔1998〕23号），明确提出停止住房实物分配、逐步实行住房分配货币化。为配合住房制度改革，住房金融政策进行了较大调整。在住房建设贷款方面，取消了对房地产开发建设贷款规模的严格限制。在住房消费贷款方面，一是扩大了个人住房贷款的发放范围，取消商业银行发放个人住房贷款的规模限制和地区限制，并放宽个人住房贷款期限；二是调整了住房公积金贷款方向，可以用于职工个人购买、建造、大修自住住房贷款；三是推出住房公积金贷款与商业银行贷款相结合的组合住房贷款业务（陈衡哲，2009）。在此背景下，房地产信贷市场迅速发展起来，在房地产信贷支持下，房地产开发、投资以及购房需求得到激发，房地产市场活跃起来。由图3-15可以看出，房地产开发投资、商品房销售额、开发及购房贷款同时从1999年开始加速上升，在2000—2004年期间，三者的年均增速均保持在25%以上，各年增速均远远超过同期国内生产总值（GDP）增长速度。

由图3-16可以看出，在1998年住房金融政策的支持下，房地产贷款增速节节攀升，在2003年达到了40%的高速增长，远远超过GDP的增长率。在房地产贷款高速增长的推动下，房地产市场也持续升温，商品房价格增速从1999年开始稳步上升。2004年，大量资金流入房地产市场，房地产开发、投资热情迅速高涨，房价增速迅猛攀升，自1992年房地产热之后，首次超过了同期GDP的增速。

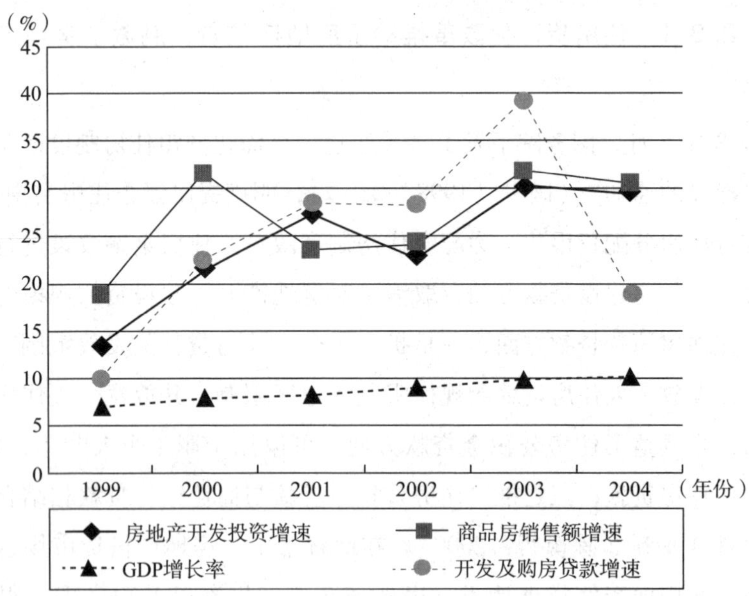

图 3-15　1999—2004 年房地产开发投资等各项增速

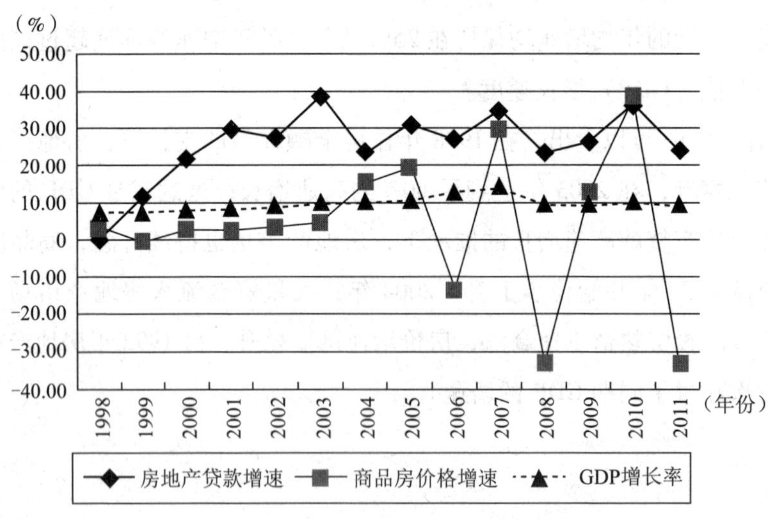

图 3-16　1998—2011 年房地产贷款增速、商品房价格增速与 GDP 增长率

金融支持了房地产市场的发展，而房地产市场的繁荣也激发了金融的发展与创新。不仅银行贷款，其他资金也凭借金融创新，通过各种途径涌入房地产市场，一时间，房地产私募股权投资（Private Equity，PE）基金、房地产信托、房地产公募基金、房地产租赁、房地产典当等纷纷涌现。但以银行贷款为主的间接金融在房地产市场的资金来源中仍然占据主导地位。由图 3-17 可以看出，1998—2011 年国内非银行资金①占房地产各项资金来源总额的比重有所增加，但是变化并不明显，国内银行贷款资金②在房地产各项资金来源中占有绝对的主导地位，各年占比均在 60%以上。

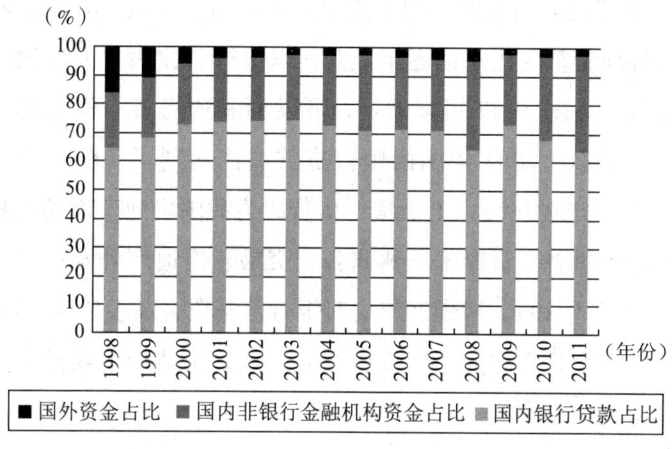

图 3-17　1998—2011 年房地产各项资金来源占比

总体来看，1998—2003 年，在住房分配货币化、大力发展住房金融等政策支持下，以银行贷款为主的大量资金为房地产市场抵御亚洲金融危机并且取得快速发展提供了源源动力。与此同时，房地产市场的繁荣又反过来促进房地产金融的多元化发展与创新。整体上，房地产金融体系呈现出

---

① 国内非银行资金=自筹资金×0.65。由《中国房地产金融》（2011 年第 1 期）统计数据可知，自筹资金中 60%以上的款项来源于房地产企业上市融资、房地产信托、房地产私募等，所以用自筹资金×0.65 对开发商的国内非银行资金予以测量。

② 国内银行贷款资金=国内贷款+其他资金×0.8。由《中国房地产金融》（2011 年第 1 期第 46 页）统计数据可知，其他资金中约 87%的款项均来源于定金、预付款等，而定金和预付款等绝大部分来源于个人住房抵押贷款等从银行取得的贷款，所以用其他资金×0.8 对购房者从银行所取得的购房贷款予以测量，用国内贷款对开发商的银行贷款予以测量。

以银行贷款的间接金融为主，以房地产 PE 基金、房地产信托等直接金融为辅的特点，金融与房地产市场相互促进、共同发展。

3.2.3.2 金融与房地产市场风险双向积累

在房地产市场和房地产信贷快速发展的同时，金融与房地产市场也出现风险的双向积累。

第一，银行与房地产市场相互过度依赖。由图 3-18 和图 3-19 可以看出，1998—2003 年，开发及购房贷款增速远远超过同期金融机构各项贷款增速，2003 年竟是同期金融机构贷款增速的两倍，并且，开发及购房贷款占金融机构各项贷款的比重也逐年上升，以银行贷款为主的房地产金融取得了快速发展。由图 3-17 可以看出，开发商和购房者的资金绝大部分来源于国内银行贷款，2003 年国内银行贷款占比达到了 70%以上，1998—2011 年都一直稳定在 60%以上。银行信贷成为我国房地产市场各种相关主体的主要资金提供者，贯穿于土地储备、交易、房地产开发和房产销售的整个过程（见图 3-20），房地产市场对银行信贷资金高度依赖，由图 3-16 可以看到，房地产贷款与商品房价格波动一致，房地产市场健康与否直接关系着金融市场的稳定。

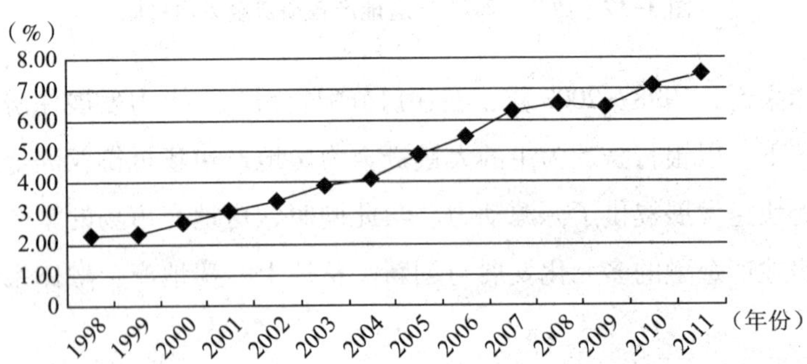

图 3-18　1998—2011 年开发及购房贷款占金融机构各项贷款的比重

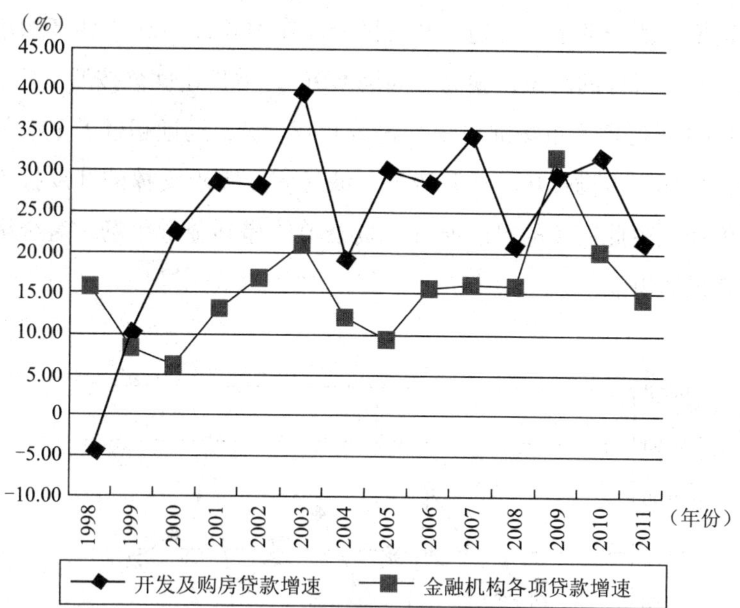

图 3-19　1998—2011 年开发及购房贷款增速与金融机构各项贷款增速

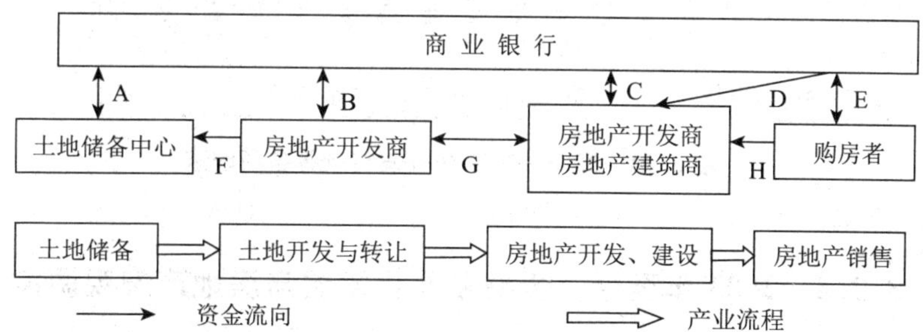

A：土地储备贷款；B：土地转让与开发贷款；C：房地产开发与建设贷款；D、E：按揭贷款；F：土地出让金；G：承包与转包资金；H：定金与预付金

图 3-20　房地产市场与银行信贷资金

资料来源：郝丁．我国房地产经济波动与金融风险防范研究［D］．成都：西南财经大学，2006.

第二，房地产市场过热，风险集聚，影响金融稳定。由图 3-21 可以看到，1998—2003 年，房地产开发贷款与投资增速变动趋势基本一致，只是房地产开发贷款增速早于房地产开发投资增速发生变化，在房地产开发贷款高速增长的带动下，房地产开发投资高速增长，2003 年两者的增速分别达到 41%、30%的高位，偏离了同期 GDP 的增长速度。按照准空置率①测算，2003 年房地产市场准空置率达到了 18.7%，远远超过了 10%的国际警戒线，房地产市场过热、风险激增，缺乏有效需求支撑的开发投资吹起房地产泡沫，由此产生的风险通过信贷渠道传递到金融市场，对金融市场的稳定造成影响。

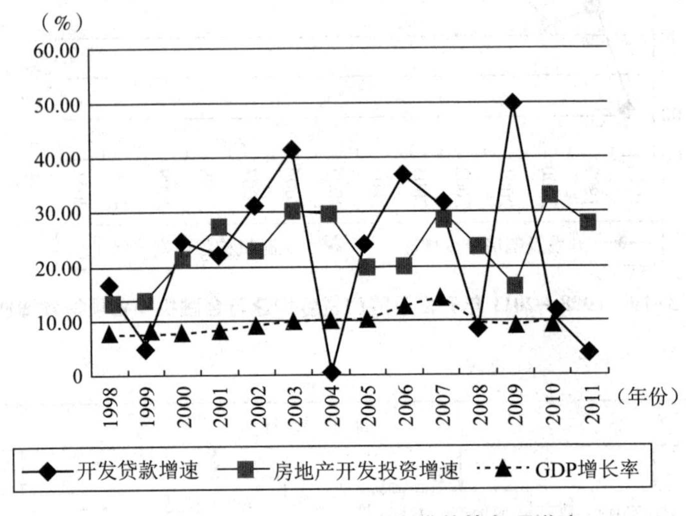

图 3-21　1998—2011 年开发贷款等各项增速

3.2.4　2003 年至今：金融多元化发展与房地产宏观调控

在前述背景下，2003 年政府开始对房地产市场进行宏观调控。并且，随着房价收入比失衡、房价过快上涨等问题的出现，调控的深度和频繁程度也越来越大，房地产市场受政府调控的影响越来越大。由于金融与房地产市场密切相关，房地产信贷成为政策调控的主要手段。金融政策宽松与否直接关系着房地产市场的发展，根据房地产调控政策的特点，将 2003 年至今的调控期分为以下三个阶段。

① 准空置率=当年未出售商品房面积/当年商品房竣工面积。

3.2.4.1　房地产信贷收紧阶段（2003—2007 年）

1998 年住房分配货币化以来，个人住房金融的发展使大量信贷资金涌入房地产市场，造成了 2003 年房地产市场过热，影响了金融和房地产市场的稳定，对此，国家出台了一系列紧缩政策开始对房地产市场进行调控。调控主要针对上一阶段银行信贷对房地产支持过度以致开发投资过热的问题。因此，政策集中于提高购房首付比例、取消购房优惠利率以及上调银行贷款基准利率，希望通过收紧房地产贷款，减少房地产市场的资金流入，抑制房地产市场开发投资过热。由图 3-22 可以看出，2003 年政策收紧房地产市场银行信贷后，在房地产市场资金来源中，国内银行贷款占比开始下降，而国内非银行资金（主要包括房地产企业上市融资、房地产信托、房地产基金等资金）占比开始上升，两者呈现完全相反的变化趋势。但是非银行资金上升幅度有限，银行信贷资金在房地产资金来源中仍占有绝对比例。

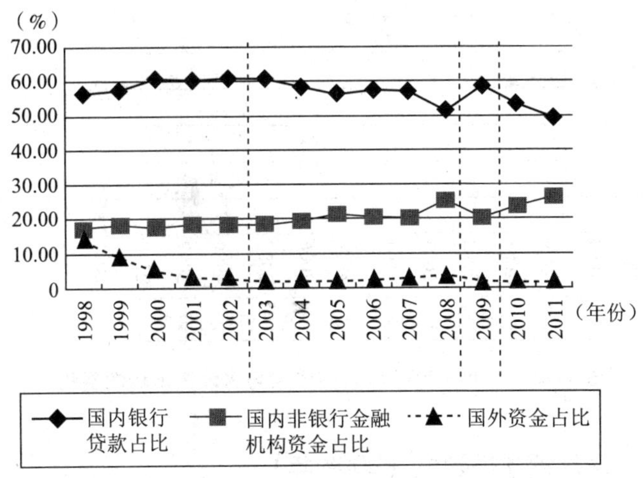

图 3-22　1998—2011 年房地产各项资金来源占比

从图 3-23 可以看到，调控政策的实际效果有限，每一次政策出台往往只在短期内对房地产信贷以及房价增速产生抑制，但此后增速又会迅速回升，即使在 2007 年央行连续加息 9 次、上调存款准备金率 10 次的情况下，也未收到较好的效果，这使调控政策不得不频频出台。房地产信贷以及房价增速交替反复，两者同升同降，变化趋势一致，但房价波动的剧烈程度远高于房地产贷款的波动，并且波幅越来越大。

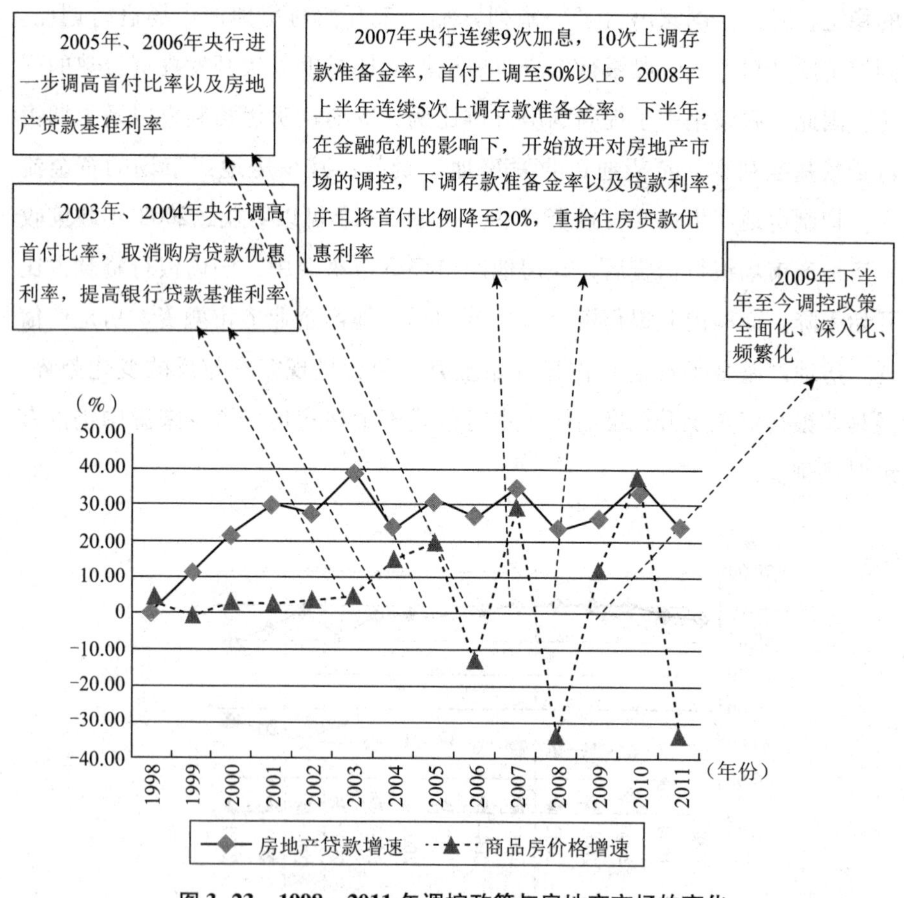

图 3-23　1998—2011 年调控政策与房地产市场的变化

3.2.4.2　政策支持阶段（2008 年）

2008 年，受金融危机影响，全球主要经济体都出现不同程度的经济下滑和衰退，房地产作为先导产业，反应尤为强烈。由图 3-23 可以看出，2008 年我国房价急速下降，由 2007 年 29%的高速增长急速下跌到 33%的负增长，跌幅达到了 214%。在此背景下，政府出台了支持房地产市场发展的“暖市”政策：下调房地产贷款利率、首付比率，对购房贷款实行优惠利率，免征个人销售住房增值税等。在“暖市”政策下，2009年国内银行贷款在房地产资金来源中的占比自2003年一路下降后再次上升（见图3-22）。如图3-23所示，房地产贷款增速也迅速回升，从2008年的低谷一跃到2009年26%的高速增长。在贷款放宽背景下，大量资金再次涌入房地产市场，房价增速持续上升，由2008年的-33%迅速上升为2009年的12%，实现了136%的增幅。而房价迅速上升所带来的资本增值又吸引更多资金的投入，进一步推高房价，由此循环往复，以银行信贷为主的金融力量与房地产市场相互作用，推动房价的持续高涨。

3.2.4.3　调控全面化、深入化、频繁化阶段（2009年至今）

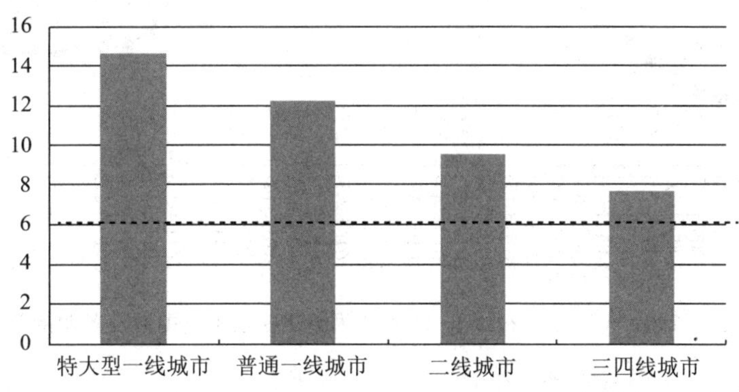

图3-24　2010年各类城市平均房价收入比

资料来源：整理自《全国35个大中城市房价收入比排行》，上海易居房地产研究院。

在“暖市”政策下，房价一路高涨，由图3-24可以看出，全国各线城市房价收入比都在国际警戒值6以上，为了抑制房价过快上涨以及房地产过度投机化，政策由2008年的支持转为抑制，2009年12月“国四条”揭开了这一阶段深度调控的帷幕，此后，2010年的“国十条”“国十一条”、2011年的“新国八条”等不断出台，以上调首付比例、提高房贷利率、取消住房贷款优惠利率等政策抑制投机资金的流入，对房地产市场进行全面化、深入化、频繁化调控。在房地产贷款全面收紧的情况下，由

图 3-22可以看到，国内银行资金在房地产各项资金来源中的占比自 2010 年起持续下降。缺少了银行信贷资金的有力支撑，房地产市场的投资热情得到抑制，房价增速也相应放缓。由图 3-25 可以看到，新房价格指数增速以 2010 年“国十条”的颁布为界，在政策不断收紧下，一路下跌，由 2010 年 4 月的最高增速 12. 7%跌至 2011 年 11 月的 0. 2%，在 7 个月内跌幅接近 100%。

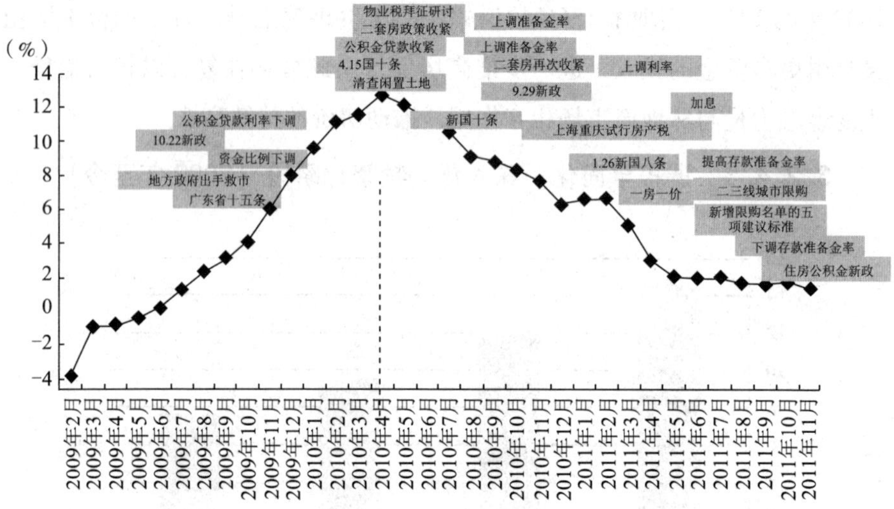

图 3-25　2009 年 2 月至 2011 年 11 月全国新建住宅价格指数及各期相应政策

资料来源：中经统计数据库。

3. 2. 5　总结：房地产金融体系有待重建

1998 年，在住房分配货币化、住房金融等政策的支持下，房地产市场快速发展，以银行信贷为主导的房地产金融体系逐步建立，但房贷支持过度、房地产对银行信贷严重依赖、房地产投资过剩等问题也随之出现，给金融与房地产市场的稳定发展埋下隐患。由此，针对房地产信贷的调控政策相继出台、程度不断加深，房地产信贷受到政策的严控，自 2003 年调控以来（除了 2008 年），国内银行贷款在房地产各项资金来源中的占比逐渐下降。在银行信贷收紧的情况下，房地产私募、房地产信托等非银行资金占比虽有所上升，但由于房地产市场受到政策频繁调控，不确定性因素较大，发展受限。一方面，原来的主要资金来源（银行信贷）受到抑制；另一方面，新的房地产金融工具［如房地产投资信托基金（Real Estate Investment Trusts，REITs）］又未能得到合理的发展，使房地产金融出现“瓶颈”，金融与房地产市场无法形成良性互动，加之政策频繁调控，房地产市场发展的不稳定性增加，亟待探寻金融与房地产相互支持的新融合方式，形成房地产金融自组织体系，让金融与房地产市场相互渗透、相互促进、共同发展。

3.3　中国房地产市场稳定发展影响因素的实证研究

本节首先对房地产市场稳定发展的众多影响因素进行理论梳理，然后运用面板数据模型，针对包括银行信贷在内的众多因素对房地产价格的影响作用进行实证检验。考虑到我国社会经济发展中存在着显著的区域差异，本书将全国样本划分为不同地区，对不同地区的房地产价格影响因素进行细化分析比较。

3.3.1　房地产市场稳定发展影响因素的理论分析

房地产市场是房地产商品交换的场所和领域，反映的是房地产商品一切交换或流通关系的总和。房地产价格能够最为直接地反映房地产市场发展的稳定程度，因此选择我国商品房的交易价格来代表房地产市场的发展状态。

房地产价格的变动是多种因素共同作用的结果。房地产价格会随着房地产市场供给和需求的变化发生波动。除了直接影响房地产市场供给和需求的局部性因素外，金融市场、房地产相关政策以及地方政府在房地产价格波动中也起到了不可忽视的作用。

3.3.1.1　需求因素

影响房地产价格最主要的需求因素是消费者的收入水平，收入水平越高，居民对房屋的有效需求越高。对于尚未拥有房屋者而言，收入水平的提高会使其意愿性需求转换为实际需求，而对于已有房屋者而言，收入水平的提高会刺激其对商品房屋的投资性需求，收入水平的提高直接刺激房屋需求增加，从而拉升房价。因此，收入水平应与房价呈正相关。

对于不同地区而言，人口密度也会直接影响该地区商品房的需求。从理论上讲，人口密度越大，则住房资源的相对稀缺性越高，根据资产需求理论，会造成房屋需求的提高，导致房价的上升。因此，人口密度与房价之间应呈正相关。

3.3.1.2 供给因素

影响商品房价格的供给因素主要是生产成本。商品房是由土地及附着在土地上的房屋共同构成的统一体，土地可以看作是房屋的生产要素。土地价格是商品房建造成本的重要组成部分，直接影响房地产商的生产成本，从而影响商品房的供给。地价上升将会使商品房屋供给减少，供给曲线向左移动，从而使房地产价格上升。因此，作为房地产市场的供给方变量，土地价格应与房价间呈正相关。

3.3.1.3 金融市场因素

房地产业属于资本密集型产业，因此与金融业有着非常密切的关系。这种关系主要表现在两个方面：一方面，在商品房的开发环节上，商品房的生产建设需要大量的资金投入，并且商品房投资周期长、投资回收慢，从而决定了房地产业离不开金融业的支持；另一方面，在商品房的消费环节上，商品房价值大，购买支出是一般家庭年收入的几倍、几十倍甚至更高，因此仅仅靠购房者的自有资金往往不能实现购买需求。要提前消费或跨期消费，也需要金融的支持。从统计数字可以看出，国内金融机构贷款是房地产企业最重要的资金来源。信贷可获得性及其放贷态度会影响房地产需求和投资决策，从而引起房地产价格的波动。

从另一个角度来看，作为一种资产价格，房价应由其未来收入的贴现值决定。信贷可获得性的增加有可能降低利率并刺激当期及未来预期的经济行为，从而拉升房价。因此，金融机构信贷与房价之间应呈正相关。

3.3.1.4　政策因素

为了防止房地产价格过快上涨，避免由此为国内宏观经济稳定带来潜在危害，我国政府在十几年间不断地采取宏观调控措施抑制房地产价格过快上涨，如 2002 年的“土地改革”、2005 年的“国八条”、2006 年的“国六条”、2009 年的“国四条”以及以 2010 年的“新国十条”和 2011 年的“新国八条”为代表的一系列房地产新政。这些调控政策涵盖的内容众多，涉及了信贷政策、货币政策、土地政策、保障房政策、税收政策等各个方面。这些政策在一定程度上为我国的房地产市场稳定发展带来了重要影响。

3.3.1.5　地方政府因素

地方政府也在房地产价格的决定中起到了不可忽视的作用，这是由中国的具体国情决定的。由于土地出让金是地方政府收入的重要来源，地方政府出于对地方利益的考虑及其对土地财政的高度依赖，需要房地产市场的繁荣来维持收入的增加。因此，有可能为获取高额土地出让金，采取种种措施，推高地价，抬高房价。因此，地方政府的相对规模及其在地方经济中的参与度应与房地产价格呈正相关。

综上所述，以上因素与房地产价格之间的关系可以从图 3-26 中得以反映。

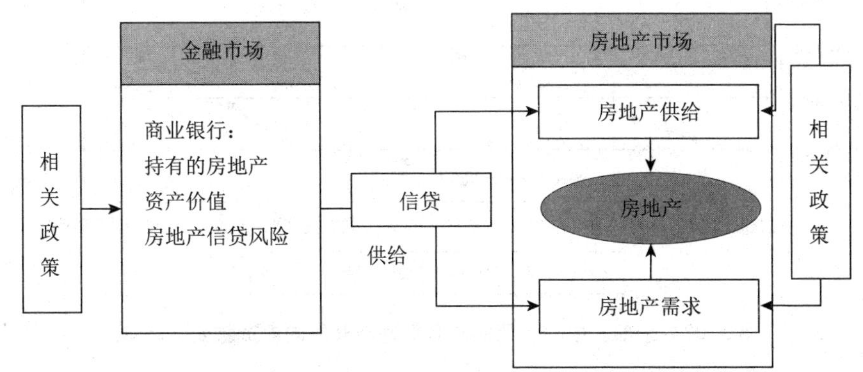

图 3-26　银行信贷、房地产价格与经济基本面

首先，作为资本密集型产业，从金融市场获得足够的信贷支持是房地产市场能够顺利运行的首要条件。其次，从房地产市场本身来讲，房价是由供给和需求两方面的力量来决定的。此外，房价还会受到政府和相关政策的影响。

3.3.2 房地产市场稳定发展影响因素的实证检验

在理论分析的基础上，下面将对房地产稳定发展的影响因素进行实证检验。

3.3.2.1 样本选择

为了能够对我国房地产市场稳定发展的衡量指标——房地产价格的影响因素进行更为全面和准确的分析，笔者选取了2000—2011年全国31个省份的均衡面板数据，共372组样本观测值。

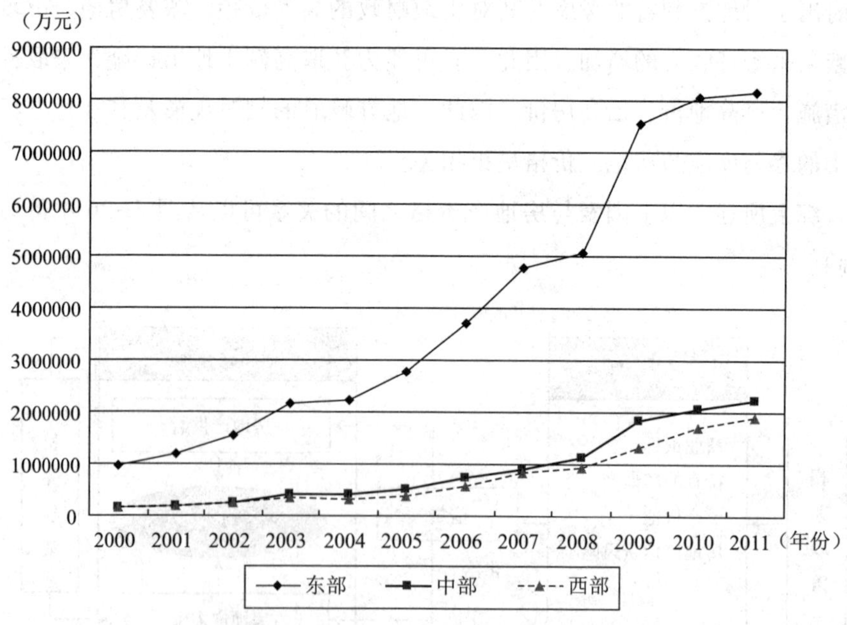

图3-27 东部、中部、西部地区房地产开发国内贷款变化趋势

在对我国房地产市场进行分析时，需要特别考虑的一个情况是，我国社会经济发展中存在着显著的区域差异，不同地区的房地产市场也都有不同的特点。图 3-27 显示了 2000—2011 年东部、中部、西部地区房地产开发国内贷款变化趋势；图 3-28 显示了 2000—2016 年东部、中部、西部地区商品房平均销售价格变化趋势，从中可以看出，三个地区的房地产开发国内贷款和商品房平均销售价格虽然都呈上升趋势，但不同地区间存在着显著差异，东部地区的房地产开发信贷投放和商品房价格都远远高于中部和西部地区。

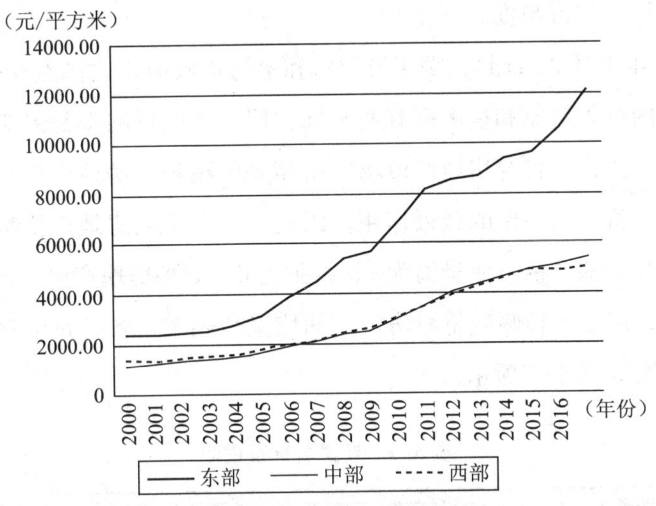

图 3-28　东部、中部、西部地区商品房平均销售价格变化趋势

因此，为了对房地产市场稳定发展影响因素进行更为深入、全面、准确的分析，进一步将 31 个省份分为东部、中部、西部来深入探讨不同地区、不同经济发展水平下，房地产价格的影响因素是否存在差异，从而有针对性地制定相应的房地产调控政策。东部包括北京、天津、河北、辽宁、上海、江苏、浙江、福建、山东、广东、海南等 11 个地区；中部包括山西、吉林、黑龙江、安徽、江西、河南、湖北、湖南等 8 个地区；西部包括内蒙古、广西、重庆、四川、贵州、云南、西藏、陕西、甘肃、青海、宁夏、新疆等 12 个地区。所用数据均来自国研网统计数据库。

3.3.2.2　变量选择

本书选取商品房平均销售价格作为被解释变量，对房地产市场的价格水平进行衡量。在解释变量方面，根据以上理论分析和前人的研究成果，并综合考虑数据的可获得性，选取房地产开发资金来源中的国内贷款作为金融市场变量；选取土地价格作为房地产市场的供给方变量；用人均地区生产总值和人口密度衡量房地产市场需求；借鉴董志勇（2010）等的方法，用地方政府财政收入占地区 GDP 的比重衡量地方政府的相对规模及其在地方经济中的参与度。

2011 年 1 月 28 日起，重庆市政府和上海市政府正式试点开征房产税。虽然它们的征收对象和税率都有所不同，但二者的目的都是遏制投资和投机型购房。作为一种与房地产市场紧密相关的税种，房地产税在短期内应对高涨的房价起到一定的威慑作用。因此，本书引入房地产税哑变量，如果当年征收房地产税，变量值为 1，否则为 0。如果房地产税的征收达到了预期目的，房地产税哑变量与房价之间应呈负相关。各变量的符号、单位及相关说明如表 3-1 所示。

表 3-1　变量名称及说明

变量		名称	标识	单位	定义
被解释变量		房价	P	元/平方米	商品房平均销售价格
解释变量	金融市场变量	房地产开发资金来源——国内贷款	Sloan	万元	自明
	供给方变量	地价	priceLand	元/平方米	土地购置费/土地购置面积
	需求方变量	人均地区生产总值	pcgdp	元	自明
		人口密度	popden	人/平方米	自明
	地方政府变量	地区财政收入占地区生产总值的比重	revenue	1%	地区财政收入/地区生产总值
	政策变量	房地产税哑变量	TaxDummy	无	当年征收房地产税为 1，否则为 0

3.3.2.3　模型设定

本书运用面板数据建立计量模型，模型的基本形式可以表示为：

$$y_{it}=x'_{it}\beta+u_{it}$$

其中，y_{it}是房地产价格，x'_{it}是房价潜在决定因素的向量，这些解释变量随不同省（市、自治区）及/或时间的变化而变化。u_{it}是复合残差项，其形式为：

$$u_{it}=\mu_i+v_{it}$$

其中，μ_i 是省（市、自治区）特征效应，v_{it}是随机扰动项，且有 $\mu_i \sim IID(0, \sigma_\mu^2)$，$v_{it} \sim IID(0, \sigma_v^2)$。

在进行房价影响因素的计量分析时，由于模型中各变量的量纲不同，为了降低异方差的可能性，同时便于将回归系数理解为经济变量弹性，从而对估计系数进行比较，本书对除地区财政收入占地区生产总值的比重以及房地产税哑变量之外的所有变量取自然对数，因此方程可以改写为：

$$\ln(\boldsymbol{P})=\alpha+\beta_1\ln(\boldsymbol{Sloan})+\beta_2\ln(\boldsymbol{priceLand})+\beta_3\ln(\boldsymbol{pcgdp})+\beta_4\ln(\boldsymbol{popden})+\beta_5\boldsymbol{revenue}+\beta_6\boldsymbol{D}\mathrm{tax}+\boldsymbol{u}_{it}$$

其中，$u_{it}=\mu_i+v_{it}$。

3.3.2.4　面板数据检验及估计方法选择

运用面板数据的模型可以使用若干种方法来进行估计，而最合适的估计技术取决于误差项 u_{it}的结构特点以及误差项中的成分与解释变量之间可能存在的相关关系，因此，需要首先对数据样本进行诊断性检验。为了确定模型中复合残差项的性质以及模型的估计方法，首先在单向固定效应模型（one-way fixed effects model）中运用 F 检验和 Breusch-Pagan 检验对地区特征效应进行检验，其次运用 Hausman 检验对解释变量与误差项之间的相关性进行检验，最后运用混合最小二乘（Pooled OLS）估计法回归得到的结果来计算 Breusch-Pagan/Cook-Weisberg 检验值，从而对异方差性进行检验。检验结果如表 3-2 所示。

表 3-2 面板数据诊断性检验

	全国		东部		中部		西部	
	统计分布	统计量	统计分布	统计量	统计分布	统计量	统计分布	统计量
地区特征效应（F 检验）	F(30,335)	21.20***	F(10,115)	34.65***	F(7,83)	10.03***	F(30,335)	21.77***
Breusch-Pagan 检验	$\chi^2(1)$	584.80***	$\chi^2(1)$	233.47***	$\chi^2(1)$	55.92***	$\chi^2(1)$	215.27***
Hausman 检验	$\chi^2(6)$	63.66***	$\chi^2(6)$	22.11***	$\chi^2(5)$	2.55	$\chi^2(6)$	157.02***
异方差性	$\chi^2(1)$	13.70***	$\chi^2(1)$	7.76***	$\chi^2(1)$	0.74	$\chi^2(1)$	1.44
模型选择	固定效应模型		固定效应模型		随机效应模型		固定效应模型	

注：***代表 $p<0.01$。

检验结果显示，不管是全国还是三个地区的数据都存在显著的地区特征效应，而除了中部之外，误差项与解释变量之间均存在相关关系，因此，本书对全国、东部和西部数据采用固定效应模型，对中部采用随机效应模型。最后，检验结果显示，全国和东部地区的回归方程存在异方差性，因此，在模型估计中对其使用 Huber-White 调整以消除异方差影响。

3.3.2.5 回归结果和分析

全国和东部、中部、西部共四个回归方程的估计结果如表 3-3 所示。

表 3-3 模型回归结果

解释变量 \ 地区	全国	东部	中部	西部
Sloan	0.1352***	0.0894***	0.1471***	0.0547***
	(0.0178)	(0.0297)	(0.0242)	(0.0205)
priceLand	0.0311***	0.0457***	0.0232**	0.0023
	(0.0073)	(0.0128)	(0.0099)	(0.0103)
pcgdp	0.3909***	0.5254***	0.4562***	0.4155***
	(0.0332)	(0.0597)	(0.0511)	(0.0385)
popden	-0.0229***	0.0556*	-0.0100	-0.0130
	(0.0086)	(0.0316)	(0.0177)	(0.0111)
revenue	0.0579***	0.0670***	0.0194	0.0545***
	(0.0092)	(0.0116)	(0.0133)	(0.0128)

续表

地区 解释变量	全国	东部	中部	西部
Dtax	0.0141	0.2157***	—	-0.1418
	(0.2076)	(0.0650)	—	(0.1173)
常数项	1.7813***	0.2625	1.1760***	2.7772***
	(0.1529)	(0.2848)	(0.2097)	(0.2025)

注：①括号中的数字为标准差；②***代表 $p<0.01$；**代表 $p<0.05$；*代表 $p<0.1$。

从表3-3中可以看出，东部、中部和西部的房地产价格影响因素间确实存在着一定的差异，这也说明了当前房地产市场的调控不应“一刀切”，要在明确各地区房地产市场特点的前提下有针对性地制定政策。下面就分别对各解释变量的回归结果进行分析：

（1）金融市场变量。无论是在全国层面还是地区层面，房地产开发资金来源中的国内贷款与房地产价格之间都存在着显著的正相关关系，这表明金融市场在房地产市场发展过程中起到了至关重要的作用，银行信贷供给的增加将导致房地产价格的上涨。但不同地区房地产信贷对房价上涨的推动作用大小不同，中部最强，东部次之，西部最弱。由回归结果可知，房地产开发国内贷款每增加1%，东部地区的房价上涨0.09%，中部地区房价上涨0.15%，而西部地区的房价仅上涨0.05%。

（2）供给方变量。从全国层面来看，土地价格与房价间呈正相关，验证了之前所做的土地价格上涨对房价有正向推动作用的理论推断，但作用幅度不大，土地价格上涨1%将会使全国商品房价格水平上涨0.03%。通过进一步分析可以发现，在东部和中部地区，地价的上涨会导致房价出现较为明显的上涨，但在西部地区，地价和房价间并不存在显著的相关关系。

（3）需求方变量。无论是在全国层面还是地区层面，人均地区生产总值都与房价呈正相关，且均可通过1%的显著水平检验，证明了收入水平的增长会带来商品房屋需求的显著增加，从而推动房价的上涨。此外，从估计系数来看，在所有的解释变量中，人均地区生产总值对房价的影响规模是最大的。

全国模型的人口密度与房价呈显著的负相关关系，这与我们的预期相悖，但通过进一步将样本进行分割可以发现，在地区层面，无论是东部、中部还是西部，人口密度与房地产价格之间都不存在显著的相关关系。

（4）地方政府变量。在全国层面，作为地方政府规模和房地产市场参与度的衡量变量，地区财政收入占地区生产总值的比重与房价呈现显著的正相关关系，证明了地方政府在经济中的参与度会对房价产生显著的正向推动作用。根据估计结果，地方财政收入在地区生产总值的比重每增加1%，商品房屋价格将会上涨0.06%，这一作用规模小于董志勇等（2010）的估计结果。在地区层面，除中部地区外，东部和西部的财政收入占比与房价间也表现出显著的正相关关系。

（5）政策变量。关于房产税哑变量，由于房产税在上海和重庆试点征收，因此，我们来看东部和西部回归方程的估计结果。东部地区模型显示，房产税的征收与房价之间存在显著的正相关关系，这与我们的推测相悖；西部地区模型的估计值为负，但并不显著。估计结果与预期不一致可能有以下两方面原因：第一，由于房产税是从2011年开始试点的，因此在样本中只涉及了一年的数据，使得结果的说服力不强；第二，从政策本身来说，房产税的传闻已久，推出在意料之中，因此它的市场影响已经被消除，无法起到显著作用。此外，虽然重庆房产税与上海房产税的征收对象不同，但二者的目的都是遏制投资和投机型购房，因此影响范围并不大。房产税在长期来看会对房地产市场产生何种影响还有待进一步观察和研究。

3.3.3 结论和政策建议

通过对回归结果的分析，我们可以得到以下结论：

首先，金融市场在房地产市场稳定发展中发挥重要的作用，信贷的扩张将会推动房价上升。在我国经济发展过程中，如果需要信贷长期的适度扩张，资产泡沫的存在就不可避免。政府应进一步优化信贷资源配置，继续严格执行差别化的各项住房信贷政策，抑制房地产市场中的投机需求，引导房地产市场中的热钱向实体经济领域转移。此外，由于投资和投机需求较多的中部和东部地区的房地产市场对信贷变化较为敏感，所以对中部和东部地区房地产市场的调控可以以金融信贷政策为主，对西部地区的信贷可以相对放松，这样不仅能够促进西部地区房地产市场的发展，也可在一定程度上带动当地经济发展。

其次，在房地产市场供给方面，地价的上升在一定程度上会推动房价的上涨，但效果有限，尤其是西部地区，房价和地价之间并不存在显著的相关关系。这表明，房地产价格上涨的主因并不在供给成本方面。在市场需求方面，在我国城市化进程中，对房地产的需求会在长期内持续推动房地产价格的上涨，其中，人均收入对房地产价格的影响作用最为明显，无论是在全国层面还是在地区层面，只要收入水平增加，就会给房价带来极大的上升推力。这说明，我国的房地产市场是以需求为导向的。因此，虽然对房地产市场的调控需要从供给和需求两个角度同时入手，一方面要增加市场的有效供给，但另一方面控制市场上的投资和投机性需求更为重要。而对于中低收入阶层而言，收入水平是制约其住房有效需求的“瓶颈”，我国陆续出台的保障性住房政策从理论上能够提高中低收入阶层的住房有效需求。而保障房价格低于商品房价格，也会对商品房价格有一定的拉动作用。虽然受到现实中诸多因素的影响制约，这一制度在理论上与法律安排上存在缺陷，目前所面临的困难与问题也很多，但它的不断发展和完善为抑制商品房市场价格的上涨提供了可能。

再次，地方政府对房地产价格波动有重要影响作用。除中部地区外，地方政府在经济中的参与程度越高，房地产价格越高。房地产价格的上涨与地方财政收入的增加以及政府政绩表现存在着紧密的联系，在当前的政绩考核体制下，地方政府有可能成为托市者，为房价的上涨提供支持，以期获得好的政绩，为自己谋得福利。这就需要消除当前“土地财政”的现象，进一步改革领导政绩考核制度，逐渐弱化地方政府和房地产市场之间的联系。

最后，由于房产税的征收时间短，所能获取的数据非常有限，因此，它对房地产市场的影响作用还有待进一步研究。

3.4 中国金融与房地产市场稳定发展关系的双向实证检验

在获得房地产市场稳定发展影响因素整体框架的基础上，鉴于金融市场在我国房地产市场发展中起到的突出作用，本节将进一步深入探讨金融市场信贷与房地产价格之间的相互关系。

3.4.1 房地产市场稳定发展与金融机构信贷关系的理论分析

从理论上讲，作为资本密集型产业，房地产市场的稳定健康发展离不开金融的支持，而房地产市场的波动也会对金融市场产生影响。对于以银行等金融机构为中心的金融体系而言，银行等金融机构贷款是我国房地产业最主要的融资渠道，贯穿于房地产运行中的土地储备、交易以及房地产开发和销售等众多环节。以银行为代表的金融机构是我国房地产市场各种主体的主要资金提供者，而房地产贷款也是商业银行资产的重要构成部分。信贷的扩张会推动房地产价格的上涨，而房地产价格从理论上讲也有可能会影响到金融机构的信贷规模。在房地产景气时期，预期的高收益会使房地产贷款更具吸引力，银行等金融机构会加大对房地产业的贷款力度。而由于土地供给有限以及住房建设周期较长，住房供给弹性相对较小，这将会带来住房价格的快速上涨。住房价格的上涨会进一步增加房地产开发商和投资者的抵押品价值，从而能够据此从银行获得更多的信贷。房价的上涨还会使通过银行抵押贷款购买住房的消费者的抵押物价值上升，降低了贷款损失的风险，因此，银行会进一步扩大对房地产消费贷款的发放。宽松的信贷环境会促使房地产价格进一步上升，房地产泡沫加速膨胀，虚高的房价将真正的住房需求者排斥在市场外，一旦市场上出现突发事件导致市场预期发生变化，房价就有下跌的风险。一旦房价下降，银行等金融机构持有的金融资产规模缩水，也会使贷款抵押的住房价值下降，客户违约率上升，银行会同时缩减对房地产开发和消费的贷款，导致房地产价格进一步下降，泡沫最终破裂。

针对房地产市场和金融市场之间双向关系的研究众多，但仍未达成共识。本章在前人研究的基础上利用最新的季度数据建立模型，进一步探讨房地产市场发展和金融市场发展之间的因果关系。

3.4.2　房地产市场与金融机构信贷关系的实证检验

3.4.2.1　数据样本和变量选择

本节选取 1999 年第一季度至 2012 年第四季度我国房地产市场和金融市场的季度数据作为分析样本，对我国房地产市场与金融市场间的相互作用关系进行分析。

本节用商品房销售额除以商品房销售面积得到的商品房平均销售价格来代表房地产价格；用金融机构各项贷款来表示金融市场上的信贷水平。变量的定义及其他相关信息如表 3-4 所示。

表 3-4　变量定义

变量名称	标识	单位	定义
房地产价格	LHP	元/平方米	商品房销售额/商品房销售面积
金融机构信贷	Loan	亿元	金融机构各项贷款

所有原始数据均来自中经网统计数据库、中宏数据库和《中国经济景气月报》。为了消除通货膨胀的影响，根据《中国经济景气月报》和中宏数据库所公布的 CPI 同比和环比数据，构建以 1999 年 1 月为基期的定基比消费价格指数月度序列，并求季度均值，所有变量数据用所求消费者价格指数平减。为了排除季节因素等的干扰，使用 X12 方法对所有数据进行季节调整。最后将所有数据取自然对数，以消除异方差的影响。取对数后的房地产价格和金融机构各项贷款分别由 LHP 和 Loan 表示。

3.4.2.2 平稳性检验

为了避免使用非平稳时间序列进行回归可能造成的伪回归，对变量间的相互关系进行准确分析，首先运用 ADF 单位根检验法对所有变量的平稳性进行检验，检验结果如表 3-5 所示。

表 3-5 变量序列的平稳性检验

变量	ADF 统计量	1%临界值	5%临界值	检验结论
LHP	-0.6007	-3.5654	-2.9200	不平稳
Loan	0.3314	-3.5575	-2.9166	不平稳
ΔLHP	-5.4461***	-3.5654	-2.9200	平稳
ΔLoan	-4.2262***	-3.5575	-2.9166	平稳

注：***表示在 1%水平上显著。ADF 检验中滞后阶数的选择依据 AIC 准则，所选取的滞后阶数使 AIC 统计量为最小。

由表 3-5 可知，各变量原始序列的检验值均不显著，说明原始序列均存在单位根，而所有序列的一阶差分序列的 ADF 检验值均在 1%的显著水平下拒绝原假设，说明各变量都是一阶单整序列，即 I（1）。

3.4.2.3 协整检验

虽然各变量的原始序列都是非平稳序列，但根据协整理论，单整阶数相同的非平稳序列的线性组合可能是平稳变量，这种线性组合就是协整方程，它揭示了变量间长期稳定的均衡关系。运用 Johnsen 检验的迹检验法对多变量间的协整关系进行检验，检验结果如表 3-6 所示。

表 3-6 Johnsen 协整关系检验结果

零假设 H_0	特征值	迹统计量	5%临界值	P-value
$r=0$	0.1960	12.9434	12.3209	0.0393
$r\leqslant 1$	0.0213	1.1631	4.1299	0.3273

由检验结果可以看出，变量之间存在一个协整向量，房地产价格与金融机构信贷之间存在长期均衡关系，因此，可以构建二者之间的线性回归模型。

3.4.2.4　基于 VAR 模型的长期因果关系检验

VAR 模型滞后期的确定对回归结果有着重要影响作用。此处运用常用的评价统计量对滞后期进行判断。评价统计量的值如表 3-7 所示，可以看出，除 SC 指标外，其他指标均显示 VAR 模型的最佳滞后阶数为 2。因此建立 VAR（2）模型。

表 3-7　VAR 模型滞后阶数检验结果

滞后阶数	Logk	LR	FPE	AIC	SC	HQ
0	46.0663	NA	0.0006	-1.7281	-1.6523	-1.6991
1	224.1260	335.1712	0.0000	-8.5540	-8.3267***	-8.4671
2	231.2663	12.8805***	5.85E-07***	-8.6771***	-8.2983	-8.5324***
3	233.0058	3.0015	0.0000	-8.5885	-8.0582	-8.3858
4	234.0550	1.7281	0.0000	-8.4727	-7.7909	-8.2122

基于 VAR（2）模型对各变量的 Granger 因果关系检验结果如表 3-8 所示。检验结果表明，在长期均衡水平上，只存在从金融机构信贷到房地产价格的 Granger 原因，房地产价格不是金融机构信贷的 Granger 原因。金融机构信贷的扩张会推动房地产价格的上涨。

表 3-8　检验结果

零假设 H_0	F 统计量	拒绝零假设的概率
Loan 不是 LHP 的 Granger 原因	4.8726	0.0118
LHP 不是 Loan 的 Granger 原因	0.1908	0.8269

3.4.2.5　房地产价格对冲击的脉冲响应函数

Granger 因果关系检验是为了揭示变量间是否具有统计上的因果关系，即一个变量的滞后项是否包含在另一个变量的方程中。而脉冲响应函数则刻画了在误差项上加入一个标准差大小的冲击对内生变量的当期和未来值所带来的影响。下面就通过脉冲响应函数来刻画金融机构信贷变化的冲击对房地产价格的动态影响。

从图 3-29 可以看出，对于一个单位标准信息的金融机构贷款变动，房地产价格的脉冲响应从第 1 期的 0 迅速增加，从第 10 期后趋于平稳。这表明，金融机构信贷对房地产价格波动的影响为正，且存在一个由小到大，最终逐渐趋于平稳的过程。这一过程具有较长的持续效应。

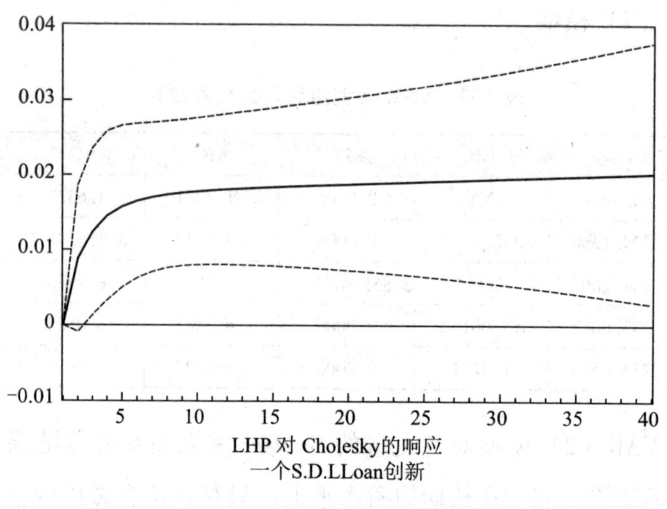

图 3-29　脉冲响应

3.4.3　结论

通过协整检验、格兰杰因果关系检验和脉冲响应检验，检验了房价与金融信贷的双向影响关系。实证结果表明，在长期内，金融机构信贷扩张是推动房价上涨的重要因素。金融机构信贷的发放对于房地产市场价格的稳定有显著的影响作用。因此，一方面要避免金融支持过度催生房地产泡沫，另一方面也要避免信贷政策的大幅变动导致房地产价格的相应波动。将金融机构信贷控制在合理的范围内是实现房地产市场稳定健康发展的重要前提条件。

参考文献

[1] 葛瑛. 美国房地产市场及房地产金融发展的历史回顾 [J]. 浙江金

融，2011（1）：73-76.
[2] 余永定．美国次贷危机：背景、原因与发展［J］．当代亚太，2008（5）：14-32.
[3] 吴颖洁．美国次贷危机与储贷危机比较研究［D］．成都：西南财经大学，2009.
[4] 余永定．美国次贷危机：背景、原因与发展［J］．中国信用卡，2009（2）：65-73.
[5] 王旻．次贷危机背景下中国房地产投资信托基金研究［D］．上海：上海交通大学，2010.
[6] 李成，王建军．解读信贷推动下的美国房地产泡沫与金融危机——基于 2000—2008 年月度数据的理论分析与实证检验［J］．金融论坛，2009（2）：49-54.
[7] 韩身智．“危机”的创痛与反省——美国次贷危机的成因及其启示［J］．经济师，2009（9）：43-45.
[8] 张宇，刘洪玉．美国住房金融体系及其经验借鉴——兼谈美国次贷危机［J］．国际金融研究，2008（4）：4-12.
[9] 曲世军．中国房地产金融风险判断及防范体系架构研究［D］．东北师范大学，2008.
[10] 郝丁．我国房地产经济波动与金融风险防范研究［D］．成都：西南财经大学，2006.
[11] 程红梅．中国当代房地产金融思想发展研究（1978—2005）［D］．上海：复旦大学，2007.
[12] 陈衡哲．我国住房金融制度发展的回顾与展望［J］．上海房地，2009（10）：13-15.
[13] 王波．拓宽我国房地产融资渠道［D］．重庆：重庆大学，2004.
[14] 李莉．房地产信贷、房价与经济增长——基于东中西部的实证研究［J］．金融理论与实践，2012（3）：21-26.
[15] 刘凤芹，刘蕊．高技术产品出口对中国工业的外溢效应研究［J］．经济与管理研究，2014（11）：19-25.
[16] 李强，徐康宁，魏巍．海空双港基础设施与城市经济增长关系研究——基于“木桶理论”的分析［J］．上海经济研究，2012（6）：108-116.

[17] 吴建南，胡春萍，张攀，等．效能建设能改进政府绩效吗？——基于30省面板数据的实证研究［J］．公共管理学报，2015（3）：126-138，159-160.

[18] 姜松，王钊．中国房地产业如何利用FDI：影响因素与作用机理［J］．贵州财经大学学报，2013（3）：77-86.

[19] 陈东．中国混合所有制经济效率提升与金融发展“阈值效应”——基于中国省际面板数据的实证分析［J］．山西财经大学学报，2015（2）：35-47.

[20] 沈能，刘凤朝．我国地区资本配置效率差异的实证研究：1980—2003［J］．财经论丛（浙江财经学院学报），2006（2）：39-47.

[21] 张乐．我国不同区域房地产财富效应差异［J］．宜宾学院学报，2014（5）：46-51.

[22] 董志勇，官皓，明艳．房地产价格影响因素分析：基于中国各省市的面板数据的实证研究［J］．中国地质大学学报（社会科学版），2010（2）：98-103.

[23] 李慧欣．我国房地产金融发展研究［D］．大连：大连海事大学，2012.

[24] 聂进．重庆市工商银行房地产金融业务的风险评价与防范［D］．重庆：重庆大学，2004.

[25] 国务院通知要求稳步推进城镇住房制度改革［J］．中国房地信息，1998（9）：15.

[26] 刘茂平，向凯．市场化进程、治理环境与控制权私人收益［J］．商业时代，2012（17）：68-70.

[27] 程永毅，沈满洪．要素禀赋、投入结构与工业用水效率——基于2002—2011年中国地区数据的分析［J］．自然资源学报，2014（12）：2001-2012.

[28] 蔡彤，舒智伟．人口结构与地方政府义务教育公共支出——基于中国省级面板数据的研究［J］．经济与管理评论，2015（2）：154-161.

[29] 孙永平，叶初升．资源依赖、地理区位与城市经济增长［J］．当代经济科学，2011（1）：114-123，128.

第 4 章　我国房地产金融体系的特点及问题

房地产离不开金融，金融与房地产密不可分。房地产与金融的交集形成房地产金融，金融与房地产的联系通过房地产金融来实现，房地产金融职能的发挥通过房地产金融体系来完成。房地产金融体系包括房地产金融机构、金融工具以及它们的作用方式，不同的房地产金融体系反映金融与房地产有着不同的作用方式和作用机制，当然对房地产市场发展也具有不同的作用效果。

4.1　我国房地产金融体系的构成

房地产金融体系是指在房地产经济运行过程中，以金融机构为中介，运用多种金融工具为资金供求双方融通资金，并提供配套服务，支持房地产开发、交易，促进房地产经济发展的资金循环体系。

房地产金融体系是整个金融体系的一部分，是以现代金融模式为基础建立起来的、为房地产市场中各参与主体服务的金融机构、金融工具、市场体系和配套体系的集合。主要包括：第一，房地产金融机构体系，主要是指参与房地产市场资金融通的金融机构主体所形成的体系，通过吸收存款和发行金融工具等筹集资金，并用贷款或基金等形式为资金需求者提供资金，如商业银行、住房储蓄银行等；第二，房地产金融工具体系，主要有两类，一类是满足购房者需要的房地产金融工具，另一类是满足开发商需要的房地产金融工具；第三，房地产金融市场体系，包括房地产的一级市场和二级市场；第四，房地产金融配套环境体系，即与房地产相关的一系列中介服务、监管和法律环境等，如房地产的政府宏观调控和监管，房地产评估、担保、保险以及信用评级等。

4.1.1 我国房地产金融体系的发展沿革

我国房地产金融体系的改革发展随着时间的推移逐步深入，是逐渐丰富、由浅入深的过程。因不同历史时期背景情况不同，针对房地产金融体系的政策也有所变化。根据各时期基本背景和政策形势，我国房地产金融体系的发展可以分为如下阶段：第一阶段（1979—1984 年）：转变思想，房地产金融起步阶段；第二阶段（1984—1991 年）：探索改革，引入创新阶段；第三阶段（1991—1998 年）：改革全面推进，树立调控意识阶段；第四阶段（1998 年至今）：房地产金融体系深入发展阶段。四个阶段虽有各自特征，却前后承接，紧密关联。

4.1.1.1 第一阶段（1979—1984 年）：转变思想，房地产金融起步阶段

改革开放前我国处于计划经济阶段，包括土地使用、住房建设和分配都由国家安排，住房不允许交易和出租，资金也由国家承担，造成资源分配效率低下。此阶段房地产没有有效的市场机制，房地产金融体系也没有存在的可能和空间。

市场机制的建立是房地产金融产生的前提。1978 年党的十一届三中全会后，我国确立了改革开放的总体方针，我国房地产市场此时以国家统筹规划为主，引入市场经济作为调节，市场化思想初步建立。1979 年，全国人大通过的《中华人民共和国中外合资经营法》提出了“土地使用费”的概念，表达出政策思路的转变。其后，邓小平发表的《关于建筑业和住宅问题的谈话》阐述了我国住房出售、投资与分配制度改革的设想，给出了房地产市场改革的总体布局，为我国房地产市场改革和房地产金融的发展起到推动作用。

1982 年，我国个人住房出售的试点从 4 个扩大到 50 多个。活跃的市场交易为房地产金融的发展创造了环境。银行开始为房地产开发部门办理

信贷业务，但是处于初级阶段，只有中国人民建设银行（现称中国建设银行）参与一些房改试点和部分城市的相关业务。因此，该阶段参与到房地产改革中的金融机构只有银行，金融工具仅有银行信贷。相关配套体系也处于起步阶段，法律法规存在很多空白。本阶段我国房地产金融体系结构简单、形式单一，如图 4-1 所示。

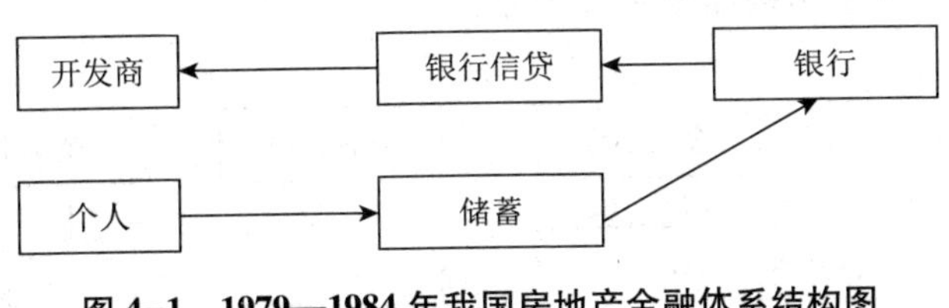

图 4-1　1979—1984 年我国房地产金融体系结构图

4.1.1.2　第二阶段（1984—1991 年）：探索改革，引入创新阶段

该阶段的房地产行业政策延续了改革的基调，国务院于 1984 年颁布《国务院关于改革建筑业和基本建设管理体制若干问题的暂行规定》（国发〔1984〕123 号），提出推行住宅商品化，主张建立各地房地产综合开发公司，进一步提高房地产行业市场化程度。

房地产金融体系建设方面的政策配合房改措施，不仅扩大银行信贷规模，还设立新的房地产金融机构，尝试探索不同模式。首先，建设银行于 1985 年开始调整信贷，拿出大规模资金在全国范围开展土地开发和商品房建设项目，银行业由此展开房地产信贷业务。其次，国务院批准成立住房储蓄银行。1987 年，国务院颁布的《国务院关于蚌埠市城镇住房制度改革试行方案的批复》（国函〔1987〕164 号）同意成立蚌埠住房储蓄银行。同年，国务院批准成立烟台住房储蓄银行。两家住房储蓄银行主要针对个人购房者的资金需求，为个人提供货款，其建立之初发展势头良好。最后，住房合作社发挥了重要作用。由于此阶段银行只开展对开发企业的信贷业务，而住房储蓄银行的储蓄量、信贷规模以及覆盖面相比市场需求而言相对较小，住房合作社在当时为解决我国居民住房问题做出了很大的贡献，很好地补充了银行与住房储蓄银行的不足。又由于当时还未发展到停止实物分房的阶段，所以住房合作社被广泛接受。

在该阶段，银行和住房合作社是我国房地产金融体系的主导力量，住房储蓄银行是国家进行的探索尝试，向多元的融资渠道方向发展。除此以外没有其他新增金融机构和工具，配套体系也尚未形成。一些法律法规的颁布改善了外部环境，主要是对银行在体系中的作用和行为进行规范。该阶段我国金融体系结构如图 4-2 所示。

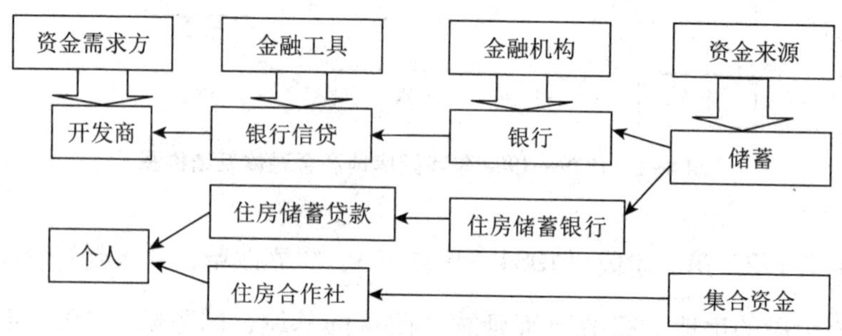

图 4-2　1984—1991 年我国房地产金融体系结构图

4.1.1.3　第三阶段（1991—1998 年）：改革全面推进，树立调控意识阶段

此阶段是我国全面推行住房制度改革的阶段。一方面，国家推出政策提高房地产行业市场运作水平，增加房地产金融机构和金融工具；另一方面，根据经济情况和房地产行业出现的问题，国家开始针对房地产市场进行宏观调控，促进了房地产法制进程，完善市场环境。

1991 年，国务院颁布《国务院关于继续积极稳妥地进行城镇住房制度改革的通知》（国发〔1991〕30 号），通过多种方式、渠道筹集资金，各级政府要切实做好住房资金的转化，建立住房基金，为我国房地产金融体系进一步发展指出了方向。同年，我国建立住房公积金制度，先于上海进行试点，而后推广到全国。截至 1997 年，我国住房公积金制度已覆盖全国 31 个省、市、自治区。住房公积金制度的建立成为我国解决居民住房问题的普适制度，也为进一步的改革奠定基础。建设银行配合公积金制度的建立，于 1992 年推出公积金个人住房贷款业务，并且当年发放全国第一笔个人住房公积金抵押贷款，银行业自此展开对个人购房者的抵押贷款业务，增加了房地产金融工具。基于以上进行的改革，1994 年国务院适时推出《国务院关于深化城镇住房制度改革的决定》（国发〔1994〕43 号），推行住房公积金制度、积极推进城镇住房制度改革，住房分配开始从实物分配向货币分配转变，提高了市场化程度。

房地产市场在该阶段也出现了问题，使国家意识到需要制定调控政策、法律法规对市场加以管理和调控。首先，在我国经济结束了 1990 年的紧缩之后，1991—1992 年中国房地产市场局部过热，出现泡沫化倾向。1993 年国务院批转《关于加强固定资产投资宏观调控的具体措施》（国发〔1993〕59 号），规定限制了银行发放房地产开发贷款，旨在清理不符合条件和有问题的项目，保障国家重点项目建设，资金盲目进入房地产市场的现象得到遏制。其次，住房分配向货币分配转变后，中国人民银行于 1995 年颁布《商业银行自营住房贷款管理暂行规定》（银发〔1995〕220 号），规范了商业银行发放住房贷款的条件。最后，1997 年中国人民银行颁布《个人住房担保贷款管理试行办法》（银发〔1997〕71 号），规范个人担保业务，让个人担保贷款有法可依。

从对该阶段的回顾可以看到，我国房地产金融体系开始了以银行作为支撑的特点。合作社的发展形势疲弱，住房公积金制度处于推广阶段，个人住房金融得到大力发展，住房储蓄银行规模小且受到公积金推广影响，规模进一步受到挤压，而银行的业务得到有效拓展。因此，该阶段我国房地产金融体系中主要的金融机构是银行。从市场环境建设角度讲，此阶段国家宏观调控的意识有所增强，完善法律法规，规范了各主体行为，引导资金有效使用，使配套体系得到完善。该阶段我国金融体系结构如图 4-3所示。

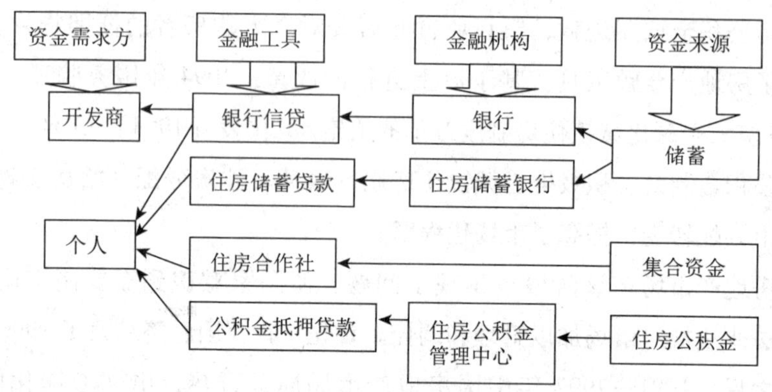

图 4-3 1991—1998 年我国房地产金融体系结构图

4.1.1.4 第四阶段（1998 年至今）：房地产金融体系深入发展阶段

此阶段历时较长，也是我国房地产金融体系得到完善发展的重要阶段。国务院于 1998 年颁布《国务院关于进一步深化城镇住房制度改革 加快住房建设的通知》（国发〔1998〕23 号），下半年开始我国停止住房实物分配制度，逐步实行住房分配货币化。自此我国房地产市场从建设生产到交易分配都实现了较高程度的市场化运作，房地产金融体系也随之获得发展。中国人民银行于 1998 年发布《中国人民银行关于加大住房信贷投入支持住房建设与消费的通知》（银发〔1998〕169 号），允许商业银行对所有普通商品房办理个人住房贷款业务，对房地产银行信贷给予支持和进行规范。除了对银行信贷的管理外，我国房地产金融体系还出现了各类新的金融工具与投融资模式。房地产信托和房地产投资基金随着信托业和私募股权投资的发展，不断加大对房地产市场的参与规模；房地产企业上市数量有所增加，上市融资得以实现。2005 年，中国银监会、中国人民银行发布《信贷资产证券化试点管理办法》（中国人民银行 中国银行业监督管理委员会公告〔2005〕第 7 号），进行住房抵押贷款证券化试点。

而后几年的多项管理办法的颁布实施旨在进行宏观调整。2007 年中国人民银行、银监会发布《中国人民银行 中国银行业监督管理委员会关于加强商业性房地产信贷管理的通知》（银发〔2007〕359 号），要求借款人提供相关信息，包括家庭居住面积、家庭成员、当地人均居住面积等，利用第二套住房和商业用房购房首付比例、开发商的自有资金比例等指标，设定调控标准，规范个人购房者和开发商的市场行为，抑制过度需求的泡沫。2008 年，为拉动经济增长，房价被再度推高，2010 年，为抑制房价过快上涨，国务院发布了《国务院关于坚决遏制部分城市房价过快上涨的通知》（国发〔2010〕10 号），即“国十条”。相比 2007 年《中国人民银行 中国银行业监督管理委员会关于加强商业性房地产信贷管理的通知》（银发〔2007〕359 号），“国十条”提高了第二套房首付比例，增加个税对房地产市场的调价功能，加强监管和政策性工程建设。2011 年国务院推出“新国八条”。“新国八条”延续了“国十条”的调整方向，加大了调控力度，如进一步提高第二套住房首付比例、加大保障工程建设力度、施行限购政策等，对各级政府的行为也提出责任要求。这些调整措施呈现递进趋势，基本上是对之前建立的房地产金融体系的调节，力度逐渐加大，而不是对原基础体系的重大变动。

本阶段的主要特点是：第一，发展多样的房地产融资模式，形成了银行贷款以外的融资模式作为补充，丰富了房地产金融体系结构。第二，我国开展建立房地产金融体系二级市场的试点。第三，同整个市场环境相对应，我国房地产金融体系中的市场体系建设和相关配套环境建设仍较为落后。第四，房地产行业随经济周期变化波动，国家重视运用宏观政策调控市场。如图 4-4 所示，现阶段我国房地产金融体系可以分为个人购房者服务的金融体系和为开发商服务的金融体系两类。

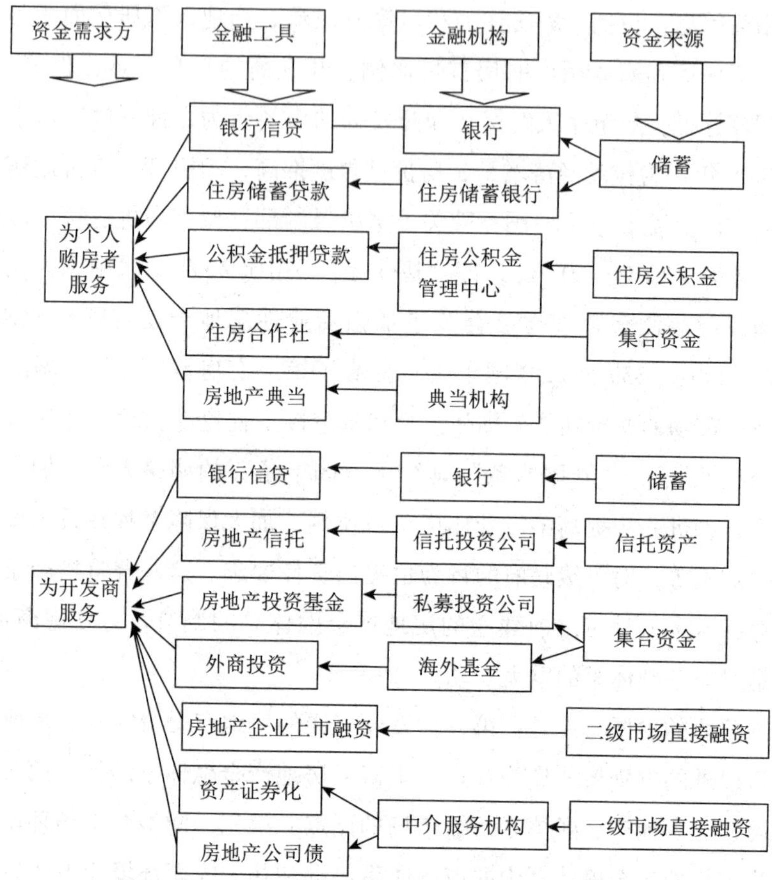

图 4-4　1998 年至今我国房地产金融体系结构图

4.1.2　我国房地产金融机构体系

房地产金融体系中的机构体系是房地产建设、分配过程中为交易主体提供资金的主体机构。按机构性质划分，由银行类金融机构、非银行类金融机构、相关非金融机构和配套机构所组成。

银行类金融机构包括商业银行和住房储蓄银行，通过吸收社会储蓄资金或以理财方式筹集资金，为个人购房者和开发商融通资金，提供房地产信贷。非银行类金融机构主要以股票、债券、信托或基金等形式投资房地产市场。保险公司作为配套体系参与房地产金融体系运作，为参与主体提供资金保障。相关非金融机构指的是不经营金融业务，只针对有关房地产行业的业务进行管理运作的机构。相关管理机构包括住房公积金管理中心和住房合作社。配套机构包括监管机构和中介服务机构。监管机构起到管理规范市场的作用；中介服务机构提供专业服务，对整个房地产金融体系起到辅助作用，提高市场运行效率。

4.1.3 我国房地产金融工具体系

房地产金融工具是房地产金融机构体系中各机构为资金需求者提供资金的渠道。目前，我国房地产金融机构工具按资金需求主体的不同分为购房者房地产金融工具和开发商房地产金融工具。购房者房地产金融工具为个人购房者提供资金，包括银行个人贷款、住房储蓄贷款和公积金抵押贷款等。开发商房地产金融工具是向开发商提供资金的工具体系，包括银行信贷、房地产信托和私募基金、公司上市股票、公司债及资产证券化。

融资工具又可分为直接融资工具和间接融资工具。直接融资是指没有金融中介机构介入的资金融通方式。房地产企业发行有价证券的股票市场融资和债券市场融资都属于直接融资方式。间接融资指资金提供方将闲散资金以存款或投资形式放置于中介机构，由中介机构将资金提供给资金需求方。我国房地产金融体系中的间接融资方式包括银行房地产信贷贷款、住房储蓄银行贷款、住房公积金抵押贷款、房地产投资基金、资产证券化等。住房合作社将住房需求者资金集合共同使用，以达到提高资金利用规模效应的目的，所以应该归为自给自足的方式，没有参与到市场整体的资金流通中。

4.1.4 我国房地产金融市场体系

成熟的房地产金融市场体系不仅包括银行间接金融和市场信用在内的一级市场，还包括以证券化为主要手段的二级市场。一级市场是指资金需求方和资金供给方之间进行交易的市场，包括通常市场上所指的发行市场，还包括投资基金提供资金的市场和个人住房抵押贷款产生的市场。发行市场是为满足房地产企业融资需要而产生的，提供给房地产企业像其他企业一样发行股票、债券的平台。投资基金包括房地产信托基金和股权投资基金，也是针对房地产开发商融资，双方直接接洽业务，交付资金。二级市场包括交易一级市场发行的股票、债券，以及交易经过资产证券化而发行的证券。

4.1.5 我国房地产金融配套环境体系

房地产金融体系涉及众多金融机构，因而配套体系是房地产金融体系的重要组成部分。房地产金融体系以机构和工具体系作为主要框架，运行过程中的外部环境影响、专业服务机构等方面就是房地产金融体系的配套环境体系。配套体系包括政府调控和法律体系、监管体系及中介服务机构。

第一，政府调控和法律体系。

政府宏观调控是房地产开发商、购房者、资金提供者等相关主体共同面对的总体环境。房地产业属于资本密集型产业，与国家金融体系关系密切，政府对金融机构的调控也会影响到房地产企业，并且房地产业涉及的上游产业众多，刺激房地产经济可以带动众多相关产业，拉动 GDP 增长，从而创造就业。因为具有这些特点，所以房地产业成为调节整体经济运行的通道。

宏观调控指财政政策、货币政策的调控方式。当前的货币政策多指宏观经济学中利用再贴现率、法定准备金和公开市场业务进行调控的方式。由于我国房地产业过多依赖于银行，个人购房者和开发商的资金大部分源于银行，所以利率变动对房地产业有很大影响。公开市场业务主要指国家在银行间债务市场上的操作，从而影响货币供给量。

国家宏观调控是利用经济手段调节市场，制定法律法规规范经济主体的行为，也是必要的环境建设。国内现行很多法律只是针对金融机构开展相关业务时适用的。如《商业银行法》《证券法》《保险法》《担保法》都是针对金融机构开展的业务进行监督，规范专业化的金融业务的。针对房地产市场的法律有《个人住房抵押贷款办法》《个人住房贷款管理办法》《住房保证保险办法》等。

第二，监管体系。

我国房地产金融体系中的监管体系与金融机构监管体系有很多重合，因为房地产金融体系中的各种工具受金融体系相关监管部门监管。我国银保监会和证监会等分别对各自管辖下的金融机构进行监管，包括对房地产支持业务的监管。各银行受银保监会监管，包括对房地产开发商和购房者的贷款的监管；资产证券化操作中的证券发行、承销等都涉及券商，由证监会实施监管；房地产业务中各保险产品由银保监会监管；人民银行监管银行间债券市场。除金融监管机构外，房地产业协会、住房和城乡建设部、发展和改革委员会等机构也对行业规范管理有一定作用。

第三，中介服务机构。

中介服务机构是提高房地产金融体系运行效率不可或缺的组成部分。房地产抵押贷款以及证券化需要评级机构来评估房地产价值；信用评级机构给出项目或房地产企业评级；担保机构也可参与评估，对项目融资或房地产企业融资进行担保；会计师事务所和律师事务所则提供会计、法律方面的专业支撑。这样独立的中介服务机构的发展，减少了主体框架运行中各金融机构的运行成本，可以起到带动整个体系高效运行的作用。

4.2　我国房地产金融体系的特点

经过三十几年的努力建设，我国房地产金融体系历经多个阶段的发展，形成了以银行信贷为主要支撑，以房地产信托、房地产基金为重要补充，以住房公积金为保障性措施的房地产金融体系。其他融资模式对房地产金融体系起到促进和完善作用，也在一定程度上分担了银行的风险。本节从房地产金融机构体系、金融工具体系、配套设施体系的角度分别描述我国房地产金融体系发展现状，探讨现有金融体系对房地产发展的作用及存在的问题。

4.2.1 金融机构体系以银行为主导

我国现阶段房地产金融机构体系以商业银行为主导，其他金融机均为补充，缺乏专业房地产金融机构。对金融机构特点的描述有助于了解房地产融资现状，梳理房地产金融发展脉络。

第一，商业银行。

商业银行拥有庞大的资金，并且在企业、行业、项目、个人等信息方面占有优势，可以通过自身银行系统网络争取优质项目和发掘优质客户资源。商业银行的银行信贷包括对个人购房者的个人抵押贷款。1995 年中国人民银行颁布《商业银行自营住房贷款管理暂行规定》，此规定印发给包括五大国有银行、9 家股份制商业银行、2 家住房储蓄银行以及中国投资银行在内的 17 家银行。到目前为止，基本上所有商业银行都已开展个人住房抵押贷款业务。商业银行的银行信贷还包括对房地产公司的项目开发贷款，而且商业银行发展的理财业务，其中很多也以信贷方式投向房地产项目。

第二，重要补充机构。

起到房地产金融体系补充作用的金融机构主要包括房地产信托和房地产投资基金。房地产信托曾是信托业的主要投资方向。信托具有独特的灵活性和跨货币市场、资本市场、实体产业三大市场的特点，但在银行已经在中国资本市场上占据优势地位的情况下，信托无法以银行业务为主，必须寻找其他途径生存。资本密集型的房地产业在我国的发展使信托机构强大的融资能力有了用武之地。

信托在我国产生以来经历了六次整顿，从风险控制等角度考虑，相关政府部门出台政策限制和规范信托投资房地产市场。经过整顿重新注册符合资质的信托公司有 60 余家，但信托公司不能设立分支机构。截至 2017 年第四季度，信托总资产投向房地产领域的比例稳定在 10%左右，如图 4-5所示。

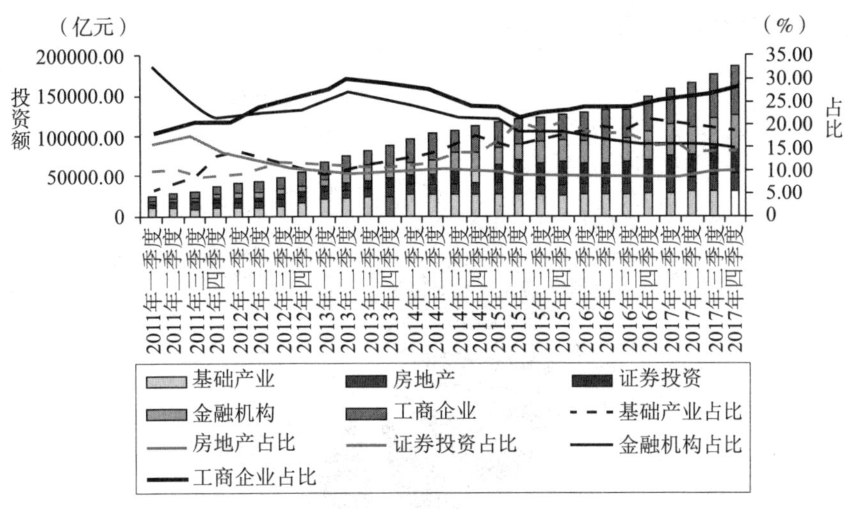

图 4-5　信托资产投资领域的构成与变化

资料来源：中国信托业协会。

房地产投资基金是投资于房地产有关证券的基金，包括股票、债券等。房地产投资基金可以应用有限合伙制的组织形式，利用有限合伙制的制度优势和一般合伙人的专业能力，为优良项目提供资金支持，并且能为有限合伙人带来超额收益。利用有限合伙制的 PE 在我国的兴起是随着我国股票市场的建立和完善而发展起来的，蓬勃发展的证券交易市场给 PE 带来了极具吸引力的退出机制，带动了我国 PE 的繁荣。国内外资金可设立人民币或海外投资基金，投资我国房地产市场。2012 年，中国人民币房地产基金市场拥有近 100 家专业的基金管理机构，224 只房地产私募基金。截至 2013 年年底，中国人民币房地产基金市场拥有 206 家专业的基金管理机构，437 只房地产私募基金（区家彦，2014）。截至 2014 年年底，中国人民币房地产基金市场拥有 167 家专业的基金管理机构，507 只房地产私募基金，总管理资金规模超过 4500 亿元人民币。

国内房地产投资基金从 2008 年业务大幅增长，而后 2014 年国内人民币房地产投资基金达到 500 多只，资金规模可观。由于银行信贷紧缩，银监会对信托产品投资房地产市场也实施了较严格的监管，房地产投资基金成为房地产企业融资的又一渠道。

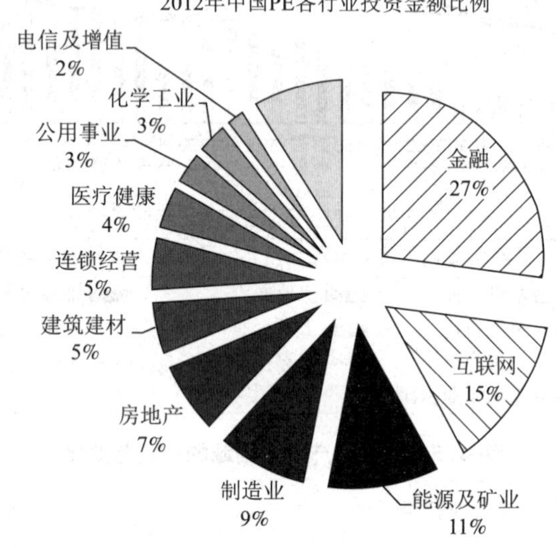

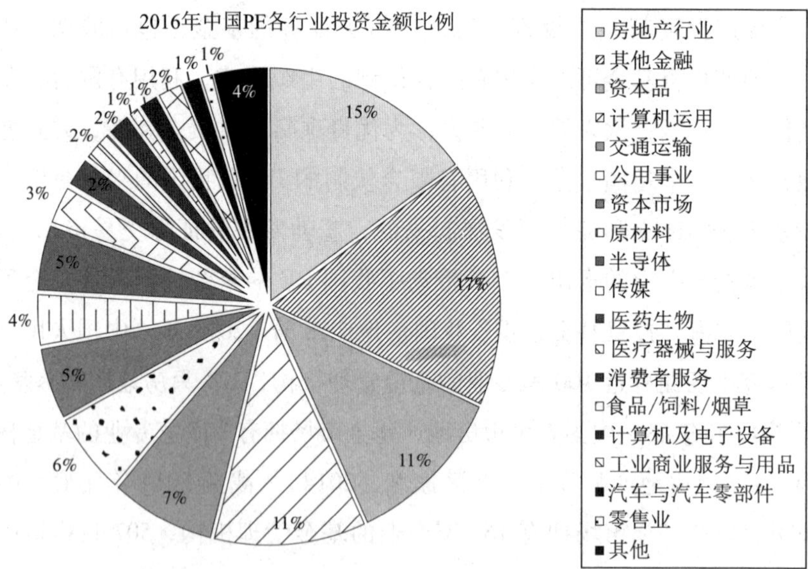

图 4-6 PE 比例变化比较

资料来源：2012 年、2016 年中国 PE 市场情况分析。

图 4-6 显示，2010 年 PE 行业中房地产项目的数量占总数量的 5%，

这一数字到 2010 年为 8%，稳定中略有增加。2010 年房地产项目投资金额占总金额的 5%，截至 2012 年房地产项目投资金额占私募股权投资总金额的 7%。2016 年私募股权投资于房地产项目的数量占总数量的比重为 5%，稳中有降，而 2016 年房地产项目投资金额占 PE 总金额的比例却由 2010 年的 5%上升为 15%，上升幅度很大。

第三，其他金融机构。

其他房地产金融机构包括住房储蓄银行、住房公积金管理中心、典当机构和保险公司。住房储蓄银行是一种以吸收个人储蓄为主要资金来源、以抵押为条件发放住房贷款的地方性专业银行机构。1987 年成立的蚌埠住房储蓄银行后于 2000 年与当地城市信用合作社合并，成为蚌埠商业银行，后又重组成徽商银行的一个分行。烟台住房储蓄银行 2003 年经过整体股份制改造，更名为恒丰银行，也成为一家全国性股份制商业银行。中德住房储蓄银行 2004 年于天津成立，它的成立标志着我国第一家按照市场化运作模式建立的住房储蓄银行开始启动。同时，中德住房储蓄银行成为我国唯一一家住房储蓄银行。

住房公积金管理中心正式成立于 2002 年，用于管理住房公积金的政策性机构。典当机构专门进行质押贷款。保险公司作为为住房抵押贷款提供保险的主要机构，无论是住房消费贷款中的财产保险还是房地产开发贷款中的保证保险，它都承担着风险保障的职责。

第四，总结。

我国房地产金融机构体系的特点非常明显：首先，由于银行庞大的资金和机构体系，我国房地产金融机构体系以商业银行为主导；其次，信托公司和房地产投资基金资金量相对较小，符合资质的机构数量也有限，所以只能作为房地产金融机构体系的重要组成部分；再次，住房公积金管理中心等其他机构在房地产金融机构体系中起到补充作用；最后，房地产金融机构体系缺乏有效发挥作用的专业房地产金融机构。房地产行业自身具有资金需求量大、资金的循环周期长等特点，这决定了房地产业与金融行业特殊的相互关联关系。没有发挥重要作用的专业房地产金融机构，难以为房地产行业提供更加有效的金融服务。

4.2.2 金融工具体系以债权类工具为主导

我国房地产金融工具体系中，以银行贷款为主的债权类工具占据主导，股权、权益类工具和信托工具不足，种类有限，金融工具缺乏创新。此外，金融工具体系中各金融工具对应各自的金融机构，相关金融机构的规模和作用一定程度上影响其对应的房地产金融工具的规模和现状。从金融工具角度来审视我国房地产金融体系，不仅要观察金融工具的规模、其在房地产金融体系中起到的作用，还要考虑金融工具的性质。房地产金融工具体系可从开发商和个人购房者两方面讨论。

4.2.2.1 开发商的房地产金融工具

（1）银行贷款。

商业银行的信贷业务几乎围绕房地产业运行的全过程，在房地产金融领域中具有其他金融工具无法替代的地位和作用。开发商将在建的商品房作为抵押，向银行申请贷款，约定在商品房建好之前只偿还利息，商品房建好后再偿还本金，或者在商品房建好后一并偿还全部本息，即所谓的经营性贷款。

表 4-1 我国房地产开发企业资金来源

年份	国内贷款（亿元）	国内贷款占比（%）	自筹资金（亿元）	自筹资金占比（%）	定金及预收款（亿元）	定金及预收款占比（%）	调整后的贷款总比例（%）
2004	3158.41	18.40	5207.56	30.33	7395.34	43.07	52.55
2005	3834.67	18.11	7038.95	33.24	7749.15	36.59	52.35
2006	5263.41	19.58	8587.08	31.95	8135.58	30.27	51.02
2007	6960.98	18.68	11772.00	31.60	10628.47	28.53	49.36
2008	7256.55	19.02	15081.27	39.54	9286.09	24.34	54.00
2009	11292.69	19.77	17905.99	31.34	15913.86	27.86	50.07
2010	12540.48	17.30	26704.58	36.84	19019.75	26.24	50.96
2011	12563.79	15.09	34093.40	40.96	21610.12	25.96	51.55

续表

年份	国内贷款（亿元）	国内贷款占比（%）	自筹资金（亿元）	自筹资金占比（%）	定金及预收款（亿元）	定金及预收款占比（%）	调整后的贷款总比例（%）
2012	14778. 39	15. 31	39082. 68	40. 48	26558. 08	27. 51	51. 90
2013	19672. 66	16. 11	47424. 95	38. 83	34498. 97	28. 25	51. 77
2014	21242. 61	17. 41	50419. 8	41. 33	30237. 51	24. 79	53. 78
2015	20214. 38	16. 15	49037. 56	39. 17	32520. 34	25. 97	52. 85
2016	21512. 4	14. 9	49132. 85	34. 1	41952. 14	29. 09	—
2017	25241. 76	16. 2	50872. 22	32. 6	48693. 57	31. 20	—

资料来源：由中经网数据库计算整理而得。

从我国房地产市场的整体运行过程以及资金来源的角度分析，商业银行的信贷贯穿整个房地产开发的各个环节。近几年，我国房地产开发企业的资金来源主要是国内贷款、自筹资金及其他资金（主要是定金和预收款）三个方面，从表 4-1 中可以看出，银行信贷对我国房地产开发企业的贡献率一直稳定在大约 20%，而许多房地产企业让建筑企业垫款建设，这些垫款主要来自建筑企业贷自银行的流动资金，在住房开发建设之初，房地产企业过早地收预付款，而预付款的主要部分来自银行的住房抵押贷款，因此，加上这些定金和预收款及自筹资金中的银行资金，房地产开发中使用银行信贷的比重在 55%以上。

（2）房地产信托。

房地产信托投资基金是房地产开发商借助信托公司专业的投资经营管理优势，通过实施信托计划，以发行受益凭证的方式集合信托资金，投资于多个指定开发项目的金融工具。信托公司多以信托贷款的方式投资于房地产市场、基础设施建设等领域。

2005 年，信托公司作为房地产融资机构一度占有很重要的地位。但中国银监会颁布的《中国银行业监督管理委员会办公厅关于加强信托投资公司部分业务风险提示的通知》（银监办发〔2005〕212 号）使得房地产信托业务处于停顿状态。此通知的目的是控制信托产品单一的风险集中，使房地产市场整个链条更加集中于银行信贷，但也让信托业这方面业务的发展受到阻碍。而后国家对信托发展进行过多次调控和清理，逐渐发展起来的银信合作理财产品也倾向于投资于房地产项目。

2010—2011 年，房地产信托产品广受市场欢迎，此类产品的发行数量和规模在这两年创下新高。为引导信托从融资模式转向投资模式，2010 年，银监会颁布了《中国银监会办公厅关于信托公司房地产信托业务风险提示的通知》（银监办发〔2010〕343 号）。2010 年，我国房地产集合信托产品规模占集合信托产品总规模的 50%，贷款发行规模 289. 41 亿元，股权投资 781. 17 亿元，权益投资 472. 8 亿元，信托贷款规模减少，股权、权益类信托投资房地产规模增加，可见监管初见成效。① 近年来，信托公司对房地产投资维持平稳状态，2011 年，信托投资房地产的资金占房地产当年总融资额的 7%左右。但受我国信托业发展现状和我国金融工具创新不足的影响，信托在房地产金融体系中发挥融资作用的形式比较单一，信托类的金融工具仍然欠缺，2014 年信托投资房地产的资金占房地产当年总融资额的 4. 49%左右，信托资金对房地产开发的作用还相对有限。2016 年新增信托资金 7327 亿元，信托资金余额 1. 4 万亿元，净融资额 1418 亿元，占房企到位资金的比例为 1%。2017 年 1—9 月，新增信托资金 8258 亿元，信托资金余额 2. 1 万亿元，净融资额 6364 亿元，占房企到位资金的比例为 5. 6%。2017 年 10 月至 2018 年 9 月，到期信托资金总额 2. 7 万亿元，投向房地产的占比约为 10%，即未来一年需还款 2661 亿元左右，信托资金对房地产开发的作用还相对有限。

（3）房地产投资基金。

2010 年前，国内人民币房地产基金仅 100 亿元的市场规模。2010 年，房地产基金市场趋向繁荣，当年募集规模 163. 75 亿元。2011 年我国房地产投资基金激增，新募基金 97 只，总募集规模 712. 316 亿元，占当年房地产总融资规模的 0. 831%。而后受到国际、国内经济形势影响，整个投资市场进入低谷，房地产投资基金同样相对低迷。至 2012 年，中国人民币房

① 资料来源：用益信托工作室。

地产基金市场总资金规模超过 1000 亿元，占房地产当年融资总额的 1%左右。截至 2013 年年底，中国人民币房地产基金市场总资金规模超过 4000 亿元。截至 2014 年年底，中国人民币房地产基金市场拥有 167 家专业的基金管理机构，507 只房地产私募基金，总资金规模超过 4500 亿元。此后市场没有较权威的关于房地产基金规模的统计，但是在中国指数研究院评选的房地产基金综合实力十强中，大多数基金的资产管理规模也不过为 100 多亿元。

（4）外商投资。

随着我国房地产业的快速发展，国外资金开始以外资基金和外商直接投资的方式投资我国房地产市场。2004 年，海外投资基金开始较大规模地投入中国国内房地产市场，2008 年金融危机后规模更大。

1998 年，我国房地产市场利用外资 361. 76 亿元，其中外商直接投资 258. 87 亿元。而后五年间，年利用外资均不超过 200 亿元。到 2005 年，我国房地产业利用外资逐年上升，但增长速度远不及国内贷款和自筹资金。2011 年我国房地产开发利用外资 785. 15 亿元人民币，外商直接投资 689. 54 亿元人民币。2014 年我国房地产开发利用外资 639. 26 亿元人民币，外商直接投资 598. 91 亿元人民币。自 2015 年开始，我国房地产业利用外资逐年下降，2017 年我国房地产开发利用外资 168. 19 亿元人民币。图 4-7 为我国房地产行业年度利用外资占总资金来源的比例，近年来仅维持在 1%左右的水平。

（5）房地产企业的股票及债券。

企业上市融资是直接融资方式，可以给企业带来大规模稳定的资金，同时提高了企业的知名度，增强企业竞争力。自 1990 年第四季度起，至 2018 年第二季度，我国房地产企业在国内上市的共 129 家。20 世纪 90 年代是房地产企业上市的主要时期，而后被批准首次公开募股（Initial Public Offering，IPO）的企业的数量逐年减少，见图 4-8。

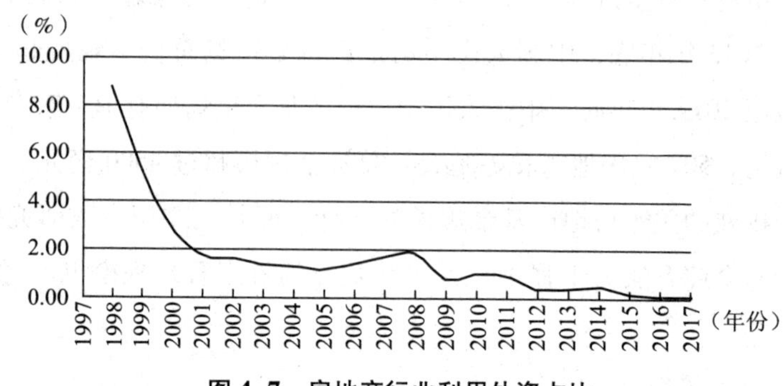

图 4-7　房地产行业利用外资占比

资料来源：中经网数据库。

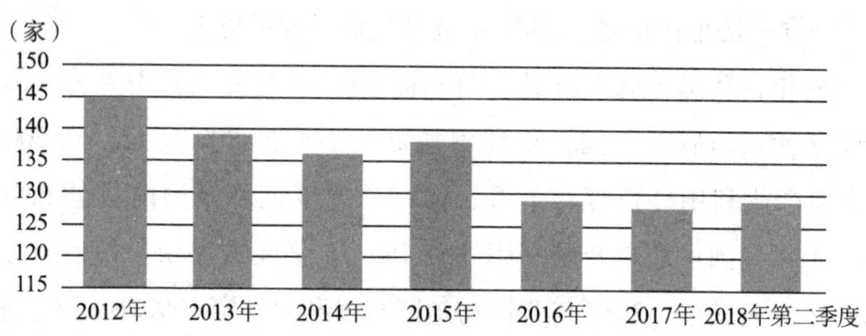

图 4-8　房地产企业上市数量变化

2009 年当年数据显示，国内房地产企业从资本市场上获得的融资总额仅占行业融资总额的 2%。而后我国股票发行市场没有再批准房地产企业 IPO，已上市企业通过配股或发行新股从资本市场上再融资。2010 年数据显示，我国上市房地产企业中的 92 家企业当年股权平均融资率在 22%左右。截至 2012 年 2 月，我国资本市场股权增发融资占房地产行业企业融资的 4.45%，见图 4-9。

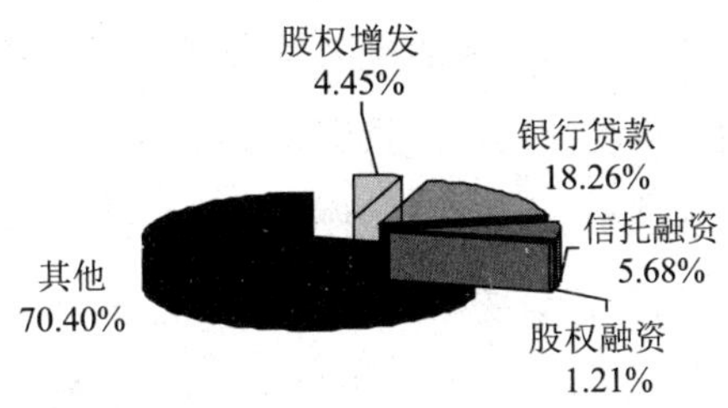

图 4-9　2012 年房地产企业融资结构

资料来源：CREIS 中指数据。

我国的债券市场尚未得到很好发展。股票市场在 2012 年的流通市值大约为 16 万亿元人民币，而债券市场的总交易量是其 1/10。债券市场的发展与我国经济总量发展相比落后，房地产企业发行企业债券的更是少之又少。房地产企业资金量大，建设周期长，发行债券成本低，可以募集大量长期稳定的资金，非常适合房地产企业融资。但我国公司债发展整体落后，市场规模小，对发行债券的公司有很多要求，且资产负债率、担保等受到严格的限制。截至 2016 年，地产债券总发行量为 1. 1 万亿元，净融资额 1. 0 万亿元，占房企到位资金的比例为 7. 5%。目前信用债发行量中中期票据占比最高，其次为公司债、企业债、短融和定向工具。其中，公司债 2016 年发行量占债券总发行量比例达 48%，2016 年 10 月起交易所收紧公司债审批，2017 年 1—9 月房企公司债占信用债发行总额比例回落至 26%。2019—2021 年将迎来偿债高峰，年均偿还量为 4997 亿元。因此，我国房地产企业公司债券的潜力尚未得到有效开发。

（6）资产证券化。

资产证券化是特定资产经过结构化重组形成一定现金流，以此现金流为支持发行可交易证券的一种融资方式，而房地产融资主要涉及住房抵押贷款证券化。住房抵押贷款证券化是指贷款人即原始权益人作为发起人，将住房抵押贷款组建为资产池，并将该资产转移给 SPV，以该资产的现金流为支持，经过信用增级，由 SPV 发行，证券承销商发售给投资者的融资方式。作为一种具有重要意义的金融创新，资产证券化具有三个主要特点：风险转移、提高流动性和信用创造。这种表外融资方式不影响企业资产负债表，却可以为企业融得资金，提高流动性。投资者根据其项目投资，收益风险与企业本身财务状况关联性减小，与项目运作情况更加紧密。

我国自2005年开始资产证券化试点，目前已进行多批试点。建行参与第一批试点，发行了30亿元个人抵押贷款证券化信托资产支持证券；第二批于2007年启动，批准的试点扩大到6家金融机构。据央行数据统计，截至2009年，共有11家机构发行了600多亿元证券化产品。随着次贷危机的爆发，我国采取了稳健的资产证券化试点，截至2014年，资产证券化发行量达到3118亿元，发展迅速，2017年前7个月累计融资4108亿元，在促进企业存量资产盘活中的作用日渐凸显，创历史新高。房地产证券化类金融工具正在加快创新。

4.2.2.2 购房者的房地产金融工具

（1）住房抵押贷款。

住房抵押贷款是个人住房需求者的一种融资渠道。个人购房者向贷款银行申请住房抵押贷款，以所购房的产权作抵押从银行取得贷款，办理房产抵押登记和公证，并提供有关审核必需的文件，承诺在规定的期限内按时分期向银行偿还本息，贷款银行对其进行审查合格后，向购房者提供贷款，即所谓的按揭。在住房消费领域发放的住房贷款主要包括个人住房贷款、组合贷款、再交易房贷款等。近年来个人住房消费贷款总额增长较快，逐步超过房地产开发贷款，占据了房地产信贷业务的大部分，在房地产消费融资的资金来源中也占主导地位。

（2）公积金住房抵押贷款。

我国住房公积金管理中心成立于2002年，是用于管理住房公积金的政策性机构。住房公积金贷款是指由各地住房公积金管理中心运用职工以及其所在单位缴纳的住房公积金，委托商业银行向缴存住房公积金的在职职工和在职期间缴存住房公积金的离退休职工发放的房屋抵押贷款。

住房公积金抵押贷款的优势在于利率低于商业银行发放的住房抵押贷款的利率，且还款方式灵活，首付比例低。近年来我国住房公积金贷款发展迅速，覆盖率已经达到一定规模，截至 2005 年 12 月底，北京地区累计发放政策性个人住房贷款 28.2 万笔，发放金额 575.82 亿元；而截至 2015 年年底，北京市累计发放个人住房贷款 85.55 万笔，个人贷款 3918.13 亿元，贷款余额 2491.69 亿元，上升速度非常快。

（3）住房储蓄贷款。

住房储蓄贷款的经营模式为客户签约，先存款，后贷款，贷款额视签约额度和客户的存款储蓄情况而定。客户的存贷利率自签约时起就固定，一般低于市场利率，住房储蓄贷款的合同签订十分灵活，可以和其他住房贷款组合使用。在住房公积金覆盖率不高时，住房储蓄银行的发展完善了我国房地产金融体系。截至 2012 年年底，中德住房储蓄银行累计销售合同额 328 亿元，截至 2013 年年底，中德住房储蓄银行累计销售合同额突破 400 亿元。[①] 截至 2017 年年底，中德住房储蓄银行累计销售合同额突破 1016 亿元，在住房贷款方面仅次于四大国有商业银行。

（4）其他融资工具。

房地产金融工具中还包括住房合作社和房屋典当。住房合作社是由房地产行政主管部门批准，在国家、集体的资助下，广大中、低收入的城市居民和职工为改善自身的居住条件，自愿组织起来，互帮互助、共同出资建造住房和管理住房的服务性公益团体。住房合作社是非正式和非营利性的组织，是居民个人在政府、企业或自发的组织下形成的团体，以解决居民住房问题。住房合作社全程完成集资、建造、配售的过程，对整个过程实施管理。

我国于 20 世纪 80 年代产生了住房合作社，并且经历了 90 年代的扩张阶段，其数量一度达到 5000 多家。但各地方政府因土地出让带来高额收益，出于对政府财政状况的考虑，任由地价上涨，住宅开发成本大大增加，住房合作社规模也日渐衰落。

房屋典当是指承典人支付一定的典金，占有出典的房屋，并进行使

① 资料来源：中德银行网站。

用、收益，典期届满时，由出典人偿还典金赎回出典房屋的法律行为。房地产典当是资金需求者典当自己拥有的房地产所有权以获得资金的行为。资金需求者是出典人，提供资金的典当机构是承典人。房屋典当所约定的期间内，承典人可以使用、占有房屋，也可以出租房屋或将房屋典权转让，直到出典人赎回。

房地产典当的可贷额度非常低，一般是房屋市值的30%~40%。条件好的房屋可以贷到市值的50%，条件不好的房屋甚至不在可典当范围内。因此，房屋典当没有被普遍接受，不能成为有效的购房者房地产金融工具。

4.2.2.3 资金来源趋势分析

总体来讲，我国房地产行业资金来源情况随时间推移有所变动，但各个阶段融资的主要渠道并未发生本质变化。相反，主要融资渠道融的资金量增幅远超其他渠道，突出了房地产金融体系发展的不协调性。

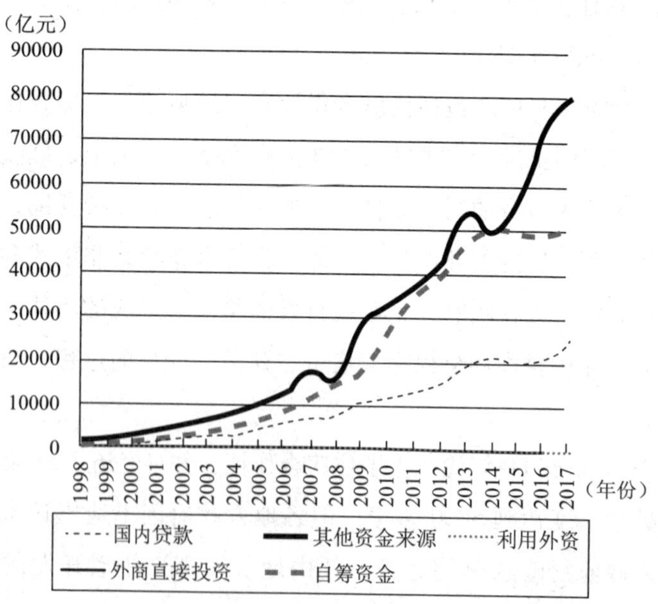

图 4-10 1998—2017 年我国房地产企业资金来源变化

资料来源：中经网数据库。

如图 4-10 所示，自 1998 年开启第五阶段以来，国内贷款、自筹资金和其他资金来源作为我国房地产企业资金来源的三个主要渠道增长明显。

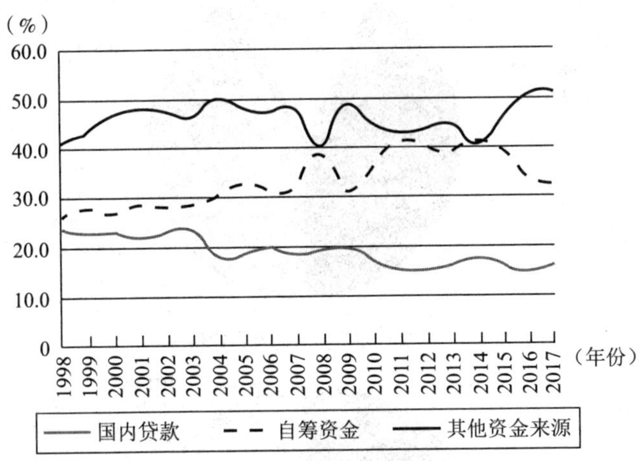

图 4-11　1998—2017 年我国房地产企业资金来源占比变化

资料来源：中经网数据库。

图 4-11 说明国内贷款因 2008 年政府政策调控房地产业而增长相对缓慢，其在房地产企业资金来源中的占比也相对减小。自筹资金中包括房地产企业自身获得的银行贷款、信托资金等，基本都是债权型融资。2009—2010 年，自筹资金增速放缓，原因之一是银监会针对信托投资房地产业和银信合作产品的整顿。其他资金来源主要是购房者的首付款或者购房所付价款，而这些资金中又有很大一部分比例是银行对购房者的信贷。所以银行对房地产企业提供的资金与日俱增。图 4-12 是 2011 年和 2017 年我国房地产企业资金来源的对比情况。

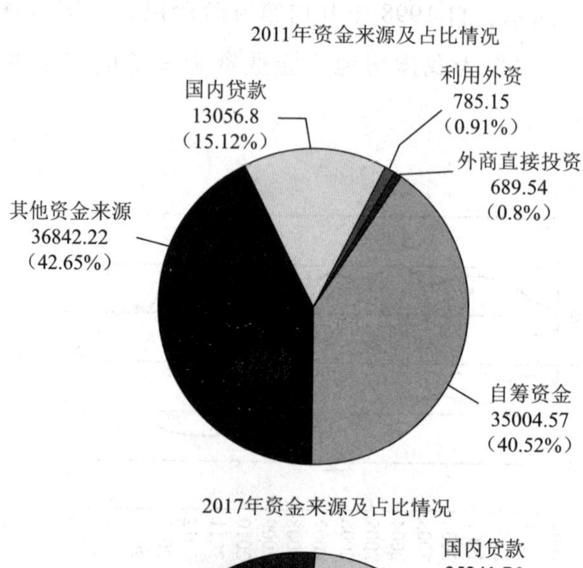

2017年资金来源及占比情况

国内贷款
25241.76
（16.18%）

利用外资
168.19
（0.1%）

其他资金来源
79770.46
（51.12%）

自筹资金
50872.22
（32.6%）

图 4-12　2011 年和 2017 年我国房地产企业资金来源对比（单位：亿元）

注：括号内为占比。

资料来源：中经网数据库。

综上所述，目前我国房地产金融工具体系的特点包括：

第一，以商业银行信贷作为支撑，信托投资和房地产基金是重要组成部分。公积金贷款和住房储蓄贷款是个人购房者融资的辅助工具，开发商则以公司上市融资、债券融资为辅助工具。

第二，数据表明，即使房地产公司债发展薄弱，房地产行业资金来源大部分仍然来自债权型工具。主要是银行信贷，信托债权投资、公积金贷款和住房储蓄贷款起到辅助作用。股权型工具和权益型工具不足。股权型、权益型信托和股权型、权益型房地产投资基金在融资总额中的占比很小，上市房地产公司的融资规模也有限。

第三，房地产金融工具缺乏创新。市场中个人或企业的信用情况、还款能力等方面存在很大差别，房地产市场单一的金融工具体系存在供需不匹配、供给结构失衡等问题。而信托、股票等其他金融工具创新空间很大，当前体系中缺少对金融工具的创新。

第四，信托虽然形式灵活，但受制于创新不足，其参与房地产投资的信托工具也受到局限，造成当前信托类工具不足。

4.2.3　市场体系中一级市场规模小，二级市场不发达

目前一级市场在我国房地产金融体系中具有主导地位，一级市场以银行贷款为主，直接融资规模小。从前文分析可以得知，我国数以万计的房地产企业中，目前只有180家实现了证券市场的上市融资，资本市场为房地产行业提供的金融支持非常有限，加之我国对债券发行限制多，使房地产企业直接融资环境更加不利。房地产金融二级市场才刚刚起步，处于不发达的阶段。2005年资产证券化试点启动，我国才有了住房抵押贷款二级市场，其发展极为缓慢，证券化产品也不成熟，交易仅限于银行间市场，只有机构投资者能够参与，被各界广为关注和呼吁的REITs在2014年也只是个别产品通过试点运行，在会计、税收等政策、制度方面尚不健全，广泛、全面推开尚待时日。

除抵押贷款二级市场不发达外，由于近年来我国股票和债券的二级市场发展并不尽如人意，也极大地影响了房地产企业融资多元化和二级市场的进一步发展。近年来，我国股票市场表现低迷，发展过程中问题很多，对股票发行市场产生不良影响。2012年至2013年5月，我国A股市场IPO仍然处于暂停阶段，不能新增公司来发行股票。房地产企业发行公司债券规模小，目前没有得到很好的发展，债券二级市场对房地产企业来说形同虚设，更不用考虑一二级市场联动性的问题。总之，我国在房地产金

融的二级市场建设和制度设计方面，还缺乏明确的思路和政府支持，不利于房地产金融体系的市场化发展。

4.2.4 配套环境不完善

我国通过房地产信贷政策，在一定程度上优化了信贷结构，抑制了房地产投机，引导资金配置到实体经济，但监管、调控的政策仍缺乏效率。首先，房地产金融政策的颁布与市场情况变化不对应；其次，房地产金融政策的出台具有滞后性；最后，房地产金融政策交替变化，缺乏战略性。从 1992 年至 2012 年，我国房地产政策抑制与激励交替反复，反映出国家对房地产市场调控缺乏长远考虑，没能匹配房地产行业实际情况，具有应急性、盲目性。

法律和制度不完善。我国缺乏完整科学的法律体系来规范房地产金融，专门针对房地产金融的法律很少，留有很多法律空白。已制定的法律法规缺乏协调性，有的不适应实际情况。房地产金融体系需要统一完善的法律来规范。

房地产金融体系缺乏配套的监管措施和政策。首先，多头监管，相互分割，监管缺乏协调一致性，影响监管效率。房地产金融监管涉及的监管机构包括银保监会、证监会、城乡建设部等，各监管机构协调成本高，监管相互割裂，缺乏有效配合。其次，地方政府同时担任市场监管者和“土地批发商”，地方政府往往不顾监管者的身份，以获得政绩为目标，与开发商共谋利益，而缺乏对市场的有力监督。最后，房地产金融体系中的中介机构（如房地产经纪公司），担保、评估等机构更是缺少监管。

4.3 我国房地产金融体系对房地产市场的影响

近年来，在国家政策引导下，我国房地产金融业务快速发展，增势强劲，对改善居民居住条件、促进城市建设、扩大内需、推动国民经济发展起了重要的作用。但由于我国房地产金融体系是在房改制度的基础上形成的，从总体来看，现阶段我国房地产金融体系仍存在结构失衡、市场化程度低等问题，现有金融体系下的金融供给与房地产市场的金融需求不匹配、不适应，资金支持不稳定，金融服务不到位，给房地产市场的稳定健康发展带来不利影响。

4.3.1　房地产投融资渠道不畅通

我国金融体系中的融资方式日渐多元化，但也面临着机构设置僵化、金融工具单一、投融资对接困难的问题。

在我国现行的金融体制下，房地产金融组织机构体系中虽包括住房储蓄银行、非银行类房地产金融机构、住房公积金管理中心等，但仍以商业银行为主导，其他机构种类虽有所增加，但各自的发展并不充分或仅处于起步阶段，尚未有效发挥各自独特的作用。

无论是房地产开发企业还是普通购房需求者，融资工具都非常有限，主要靠商业银行贷款。房地产企业的融资需求与大众的投资需求很难有效匹配。目前我国的社会资金非常充裕，但是资金配置效率不高，一方面开发商存在投资机会但很难融资，另一方面存在大量闲置资金却找不到合适的投资机会，这就产生了渠道制约。就其他融资工具来说，从开发商角度看，信托融资受到的国家监管比较严格，加上创新不足，使原本灵活性巨大的信托融资受到抑制。房地产基金、股票、债券也因我国资本市场不完善而受限。从购房者角度看，根据现行央行个人住房贷款管理办法的规定，我国有资格办理个人住房贷款的机构仅仅是商业银行；公积金抵押贷款融资规模有限，并且也通过银行代发；住房储蓄贷款的覆盖范围比公积金更小，融资规模有限，不能成为银行贷款的替代融资方式。

房地产金融体系的直接融资渠道严重受阻，房地产行业不得不依赖商业银行间接信贷，资金来源受政策影响极大，限制了房地产业的发展。

4.3.2　房地产金融不能满足房地产流动性需要

目前，我国房地产金融主要集中在一级市场，二级市场尚未真正建立，并且一级市场也以银行主导的直接融资为主，风险过度集中于一级市场，房地产企业难以获得长期资金。我国亟待建立完备的二级市场来提高流动性、分散一级市场的风险，为房地产企业提供长期资金。目前我国证券化仍处于初级发展阶段，相对全国1.9万亿元的住房抵押贷款，住房抵押贷款支持证券仅有几十亿或上百亿元，需要进一步扩大试点证券规模和机构范围。大量的房地产企业抵押贷款和大量产业地产如何运用金融工具实现融资和流动性问题也亟待研究和制度创新，尤其在我国新型城镇化战略实施中涉及很多地产项目，如何解决资金问题成为“瓶颈”，现有的房地产金融体系难以提供匹配的金融支持和融资服务。目前房地产企业抵押贷款证券化程度还十分薄弱，产业地产融资证券化更是遥遥无期。究其原因，主要是政策支持力度不大和人们对证券化的认识不足等，因此，需要大力发展房地产资产证券化，提高我国房地产金融体系的流动性。

4.3.3 房地产金融风险过度集中于银行

房地产金融风险是指经营房地产金融业务的金融机构，由于决策不当或管控不力造成投资损失的可能性。我国以商业银行为主要融资渠道的僵化、单一的房地产金融体系，势必会使大量金融风险集中于银行。从开发商角度来说，在现有房地产金融体系框架下，房地产开发从取得土地到销售的每个阶段都靠银行信贷资金的支持，银行参与房地产资金链的各个环节，房地产产业链中任何一个环节出现问题，都会牵连到银行。在实际中，又常常出现房地产开发项目用流动贷款获得的信用证作抵押来申请开发贷款，然后再去偿还流动贷款的现象，很多商业银行出于短期利益考虑，会默许这些违规操作行为的发生，一旦房地产市场走向低迷，杠杆就会产生很大的作用，大量的房地产泡沫就会涌现，给银行带来很大的风险。

从购房者角度来说，我国个人信贷业务发展比较晚，个人信用系统还不够完善，商业银行对个人资信状况的把控也存在不足，因此，会存在很大的市场风险。

4.3.4　加剧房地产业周期性波动和市场的不稳定性

我国房地产市场高度依赖贷款，房地产业发展直接受制于银行，同时，房贷作为银行的重要资产，房地产业的健康程度直接关系到银行体系的安全。单一融资渠道、不完善的市场体系使风险过度集中于银行，也会直接传导至房地产业，加剧房地产市场发展的不稳定性，金融与房地产市场的风险双向积累。在房地产市场景气的时候，人们预期投资房地产会有较高的收益，银行就会加大对房地产市场的贷款力度。由于土地资源的稀缺性使住房的供给弹性小于需求，这将产生供不应求，从而拉升住房价格。住房价格的上涨又使投资者容易获得更多贷款，从而增加了对房地产的投资。从银行角度来说，价格上涨降低了银行贷款的风险，这两者的共生作用同时也会促进房地产泡沫的形成。一旦出现突发情况，泡沫破灭，投资者违约率上升，银行将收不回贷款。于是，银行开始缩减信贷，同时监管者也会采取相关措施阻止信贷资金继续流入房地产市场，这将使房地产市场面临进一步的下跌。从以上分析来看，在信贷集中的情况下，金融与房地产市场容易产生风险的双向积累，目前的房地产金融体系会加剧房地产业的周期性波动和市场的不稳定性。

4.4　本章小结

从总体上看，我国房地产金融体系结构失衡，工具单一，创新不足，使得投融资渠道不畅通；二级市场建设落后，造成房地产金融体系流动性不足；房地产金融体系整体问题使得风险过度集中于银行；整体市场化程度低，导致政府调控几近失灵。房地产行业是产业资源分配的平台，房地产、金融与产业三者的结合是促进经济资源合理配置，提高经济运行效率的重要途径。现阶段我国房地产金融体系的情况不能满足未来房地产与产业的结合，需要进行重构来解决存在的问题。

参考文献

[1] 郭衍远．基于房地产金融制度的我国房地产行业宏观调控政策研究[D]．昆明：云南大学，2010.

[2] 王俊程．浅析房贷政策与城市经济社会发展的几大关系 [J]．经济问题探索，2009（4）：160-164.

[3] 李超，张超．高房价收入比形成原因及对中国城市人口集聚的影响：理论与实证 [J]．华南师范大学学报（社会科学版），2015（1）：116-123，191.

[4] 阙传佳，易晏．政府对房地产市场调控的政策述评 [J]．经营管理者，2012（13）：72.

[5] 蒋震．对“土地财政”问题的理论思考 [J]．公共经济与政策研究，2015（1）：15-21.

[6] 刘清娟．新疆住房信贷发展研究 [J]．吉林农业，2010（11）：223-252.

[7] 魏万青，段志平．都市青年住房压力的类型识别 [J]．当代青年研究，2015（3）：13-18.

[8] 王哲夫．社会保障性住房的战略定位思考 [J]．劳动保障世界，2015（S1）：79-81.

[9] 谭禹．公共住房制度与中低收入者住房难题的解决 [J]．经济论坛，2015（6）：99-102.

[10] 高小丹．我国房地产金融政策及实效研究 [D]．长春：东北师范大学，2007.

[11] 徐靓．利率水平对我国城镇住房需求影响的实证研究 [D]．成都：西南财经大学，2012.

[12] 罗杨秋璐．论中国房地产金融体系构建 [D]．长春：东北师范大学，2008.

[13] 常永胜．论我国房产金融体系中的住宅合作社 [J]．财经研究，1996

(9)：34-38.

[14] 赵茜莹．住房公积金贷款风险与防范对策研究 [J]. 财经界（学术版），2015 (9)：119.

[15] 严祥，房婧，蒋星星．商业银行贷后管理的环节分析 [J]. 东方企业文化，2014 (15)：342.

[16] 王青．我国城镇居民住房负担能力的研究 [D]. 西安：西安建筑科技大学，2010.

[17] 程建胜．关于完善我国房地产金融体系的思考 [J]. 中国金融，2007 (9)：41-43.

[18] 赵鹏．试论中国当代典当业的生存发展创新 [J]. 中国农业银行武汉培训学院学报，2006 (2)：74-76.

[19] 齐晓玲．新形势下房地产企业融资渠道探析 [J]. 商业经济，2011 (18)：91-92.

[20] 丁洁．房地产企业财务风险管理研究 [D]. 沈阳：沈阳建筑大学，2013.

[21] 田毅鹏．作为"共同体"的单位 [J]. 社会学评论，2014 (6)：14-25.

[22] 李玉琼．中国住宅金融市场研究 [D]. 长沙：湖南大学，2002.

[23] 区家彦. 人民币房地产基金研究报告 [EB/OL]. [2014-07-04]. http：//www. p5w. net/stock/news/gsxw/201407/t20140704_660856. htm.

[24] 戴必晶 .2012 人民币房地产基金报告 [EB/OL]. [2012-12-20]. http：//www. p5w. net/news/gncj/201212/t4643106. htm.

[25] 史啸虎．推行住房合作社实现居者有其屋 [EB/OL]. [2017-01-21]. http：//www. aisixiang. com/data/12926. html.

[26] 李冬梅．我国房地产金融体系建设研究 [D]. 北京：首都经贸大学，2005.

第 5 章　国外房地产金融体系及借鉴

为了满足住房需求、改善住房条件，各国政府都努力发展本国的房地产市场。由于房地产是资本密集型产业，这就需要构建与之相适应的房地产金融体系，各国政府都试图建立一个与本国房地产市场发展相适应的房地产金融体系，并且一直在根据房地产业的不断发展，对房地产金融体系进行调整。不同国家的房地产金融体系各有不同，也各有利弊，本章选择有不同特点的代表性国家的房地产金融体系予以梳理和总结，以为我国房地产金融体系的重构和完善提供有益的借鉴。

5.1　美国房地产金融体系及借鉴

5.1.1　美国房地产金融体系的沿革

根据第 3.1 节对美国房地产市场发展的梳理和总结，20 世纪 30 年代大危机以后，为了促进经济复苏，推动房地产市场发展，实现“居者有其屋”的国家计划，美国政府主导构建了房地产金融体系来支持房地产市场发展和国家住房战略的实施。美国房地产金融体系大致经历了互助融资模式为主时期，一级市场完善、二级市场萌芽时期，二级市场迅速发展时期，次贷产品迅速发展时期四个阶段。目前美国房地产金融体系具有机构体系健全、投融资工具丰富、一二级市场联动等特点，在世界房地产金融体系中独占鳌头。

5.1.2　美国房地产金融体系的构成

5.1.2.1　美国房地产金融体系的主要金融机构

金融机构是房地产金融体系的主体，房地产供给者（生产者、建造者）和房地产需求者（购房者）都需要金融机构提供金融支持。美国政府在主导构建房地产金融体系的过程中，围绕着给房地产供给者和需求者提供金融支持发展了不同的金融机构。

（1）资金支持的机构。

1）商业银行。商业银行主要为开发商提供 1~3 年的短期建设贷款，用于项目的初始土地租赁和初期建设资金。之后开发商再寻求长期贷款机构介入，替换商业银行的短期贷款。商业银行给开发商提供的贷款价值比一般在 60%~80%，并且，大部分开发项目都由本地商业银行提供建设初期的贷款，全国性的大银行较少介入地区性小规模项目。

2）储蓄与贷款机构（Savings and Loan Institution，S&L）。20 世纪 80 年代，S&L 是开发商最基本的资金来源，但在 80 年代后期由于 S&L 出现流动性危机，该类机构在开发商融资市场上所占份额就越来越小了。联邦政府出台的新的法规也不再允许 S&L 与开发商合资，将其业务仅限制在住房贷款方面。

3）退休基金。退休基金的投资特点是追求长期、稳定的回报，因此，具有长期稳定收益性的房地产项目是退休基金重点选择的对象。在退休基金分散化的投资组合中，房地产投资占的比例越来越高。退休基金规模大，投资期长，是开发商重要的资金来源，尤其是大型项目，开发商实力雄厚，项目综合预期收益稳定，退休基金既可以提供建设期贷款，也可以提供长期贷款。退休金贷款的审核非常严格，要获得退休基金的支持通常需要较长的时间和经历复杂的程序。

4）辛迪加（Syndication）和 REITs。公众辛迪加和 REITs 是房地产开发商获得直接性权益融资的主要金融支持机构。在 1986 年美国税法改革之前，公众辛迪加方式融资可以获得税收优惠，是房地产开发项目主要的权益资金来源；但是，税法改革后，优惠被取消，公众辛迪加融资地位下降。只有合资或有限责任制的私人辛迪加仍然是中小开发商直接权益融资的重要来源。

美国拥有全球最发达的 REITs 市场，REITs 在房地产开发融资中发挥的作用越来越重要。REITs 的特点在于把众多投资者的小规模资金聚合成大规模资金，为购买地产项目或其他各类房地产项目提供长期的权益性融资支持。

（2）贷款担保机构。

美国政府为了促进房地产市场发展，支持民众贷款买房，成立了政府机构性质的贷款担保机构。通过为低收入购房者提供购房贷款担保，一方面扩大了贷款购房者规模，解决了更多民众的购房问题；另一方面为贷款发放机构提供了保障，一旦借款者还不上贷款，由政府担保机构负责偿还。

1）FHA。1934 年大萧条后，美国政府一方面为了稳定房地产市场，促进经济增长；另一方面为了长期促使美国中低收入家庭买得起房，实现“居者有其屋”，成立了 FHA。FHA 的主要职责是为中低收入家庭提供购房贷款信用保险，经过 FHA 保险的抵押贷款，如果出现借款人无力偿还或者房屋贬值造成的贷款损失，FHA 将承担全部责任。也就是说，对贷款人来说，FHA 保险的抵押贷款可视为零风险。这有力地促进了房地产金融体系的资金供给。

2）美国退伍军人事务部（United States Department of Veterans Affairs，VA）。1989 年，美国政府为了给退伍军人及家属提供服务伤残赔偿、养老、教育、住房贷款、人寿保险等服务和支持，成立了 VA。在房地产金融体系中，VA 负责为退伍军人及其家属的住房抵押贷款提供保险，有力地支持了退伍军人群体的房地产信贷发展。

（3）流通性支持机构。

在美国政府的鼓励和支持下，商业银行和储蓄—贷款机构发放大量的房地产项目贷款和住宅抵押贷款，这类贷款共同的特点是数额大、期限长，随着金融市场多元化发展的冲击，无论是储蓄贷款机构还是商业银行，都面临流动性困难问题。为此，美国政府主导构建了房利美、房地美以及吉利美，对房地产抵押贷款提供流动性支持。

1）联邦国民抵押协会（房利美）。1938 年，美国政府根据《国民住宅法》成立了联邦国民抵押贷款协会，简称房利美。房利美的主要任务是，从贷款机构购买由 FHA 和 VA 担保的抵押贷款，并将其证券化，在二级市场进行变现、交易，为银行等房地产贷款机构提供流动性支持，通过证券化将抵押贷款在二级市场变现交易，获得更多的资金来支持房地产业的发展。房利美的成立连接起房地产金融一级市场和二级市场，推动了美国房地产金融市场的发展，在美国房地产金融体系中占据重要地位。

2）联邦住房贷款抵押公司（房地美）。1970 年，美国成立联邦住房贷款抵押公司，简称房地美。房地美也是美国房地产金融体系中重要的流通性支持机构，主要负责从银行和其他放贷机构购买一般性商业抵押贷款，也就是购买无政府机构（FHA 和 AV）担保的抵押贷款，向这些金融机构提供流动性支持。

3）政府国民抵押贷款协会。1968 年美国政府从联邦国民抵押贷款协会分拆出美国政府国民抵押贷款协会，也称吉利美。吉利美作为美国政府独资拥有的企业，隶属于住宅和城市发展部附属部，其信用完全由美国政府担保，其主要业务是为有联邦政府机构提供保险或担保的 MBS 提供保证，成为美国房地产金融二级市场的担保机构和流通性支持机构。

5.1.2.2　美国房地产金融的市场体系

美国房地产金融活动通过明确的一级市场和二级市场来完成。一级市场是资金出借市场，是房地产资金实际需求者和资金供给者交易的市场。交易主要在商业银行、储蓄贷款机构等资金供给机构和开发商、购房者等资金需求方之间进行。在美国政策的支持下，美国房地产一级市场发展迅速，金融供给机构多元化，贷款有政府机构担保或保险，流动性也能获得房利美、房地美等二级市场的支持，美国抵押贷款一级市场相对健全发达。

美国拥有全球最发达的房地产金融二级市场，主要是指住房抵押贷款证券化市场和 REITs 市场。如图 5-1 所示，一级市场产生住房抵押贷款后，放贷机构（商业银行或储蓄机构）可以将住房抵押贷款通过转卖或证券化的方式出让给其他机构（一般是投资银行、房利美、房地美），后者购买放贷机构所持有的贷款，以贷款为抵押发行证券获得资金。在证券化的过程中，抵押贷款证券的发行者为了保证抵押证券的顺利发行，还会再对抵押贷款进行结构化设计、担保等信用增级，以降低证券的风险。

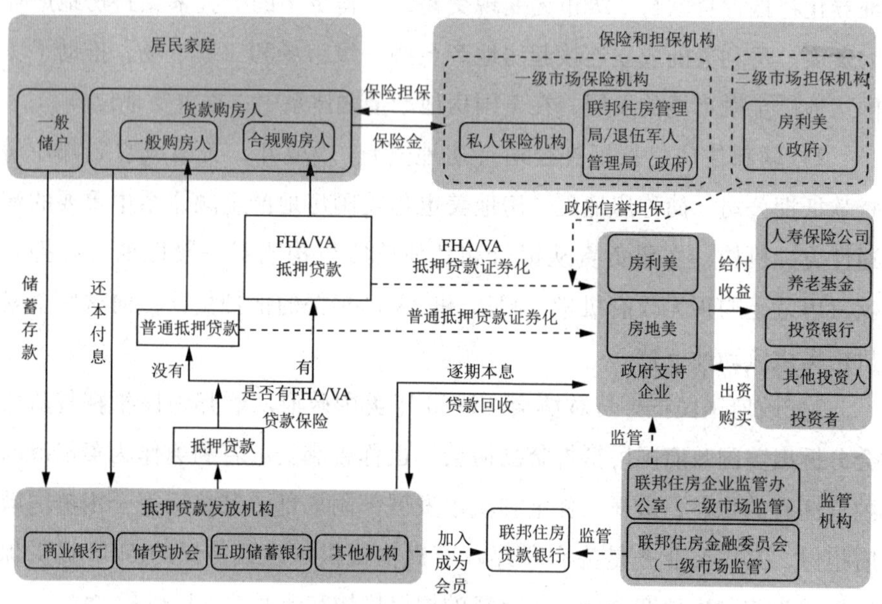

图 5-1　美国金融体系

5.1.2.3　美国房地产金融市场的融资工具

美国房地产金融市场不仅拥有众多的参与机构，也有着多元化的融资工具。不同的金融工具满足了房地产金融体系各方的资金需求。

（1）贷款类工具。

房地产金融体系的一级市场主要是指住房抵押市场。美国形成了成熟的抵押贷款体系，抵押贷款种类丰富，最常用的工具是标准固定利率抵押贷款、可变利率抵押贷款和可调整利率抵押贷款。标准固定利率抵押贷款要求借款人在贷款期限内以固定利率分期等额偿还贷款本息，特点是前若干年归还利息多于本金，而后若干年则是本金多于利息。可调整利率抵押贷款是指金融机构可以根据市场的供求情况调整贷款利率、还款金额、还款期限等。随着金融创新的不断推出，适合青年人薪资逐渐增加的递增还款抵押贷款以及大额付款的抵押贷款、增值分享抵押贷款和“一揽子”交易抵押贷款等也被创造出来。不同贷款工具适合不同的资金需求者。

（2）直接融资类工具。

1）MBS。在美国房地产市场上直接发行、交易、流通的证券化房地产金融工具中，最基础、最主要的就是 MBS。大量的一级市场抵押贷款经过证券化处理后成为公众可以公开购买、投资的房地产金融工具。MBS 在美国房地产金融市场上占有重要地位，推动证券化市场的发展。当然，随着美国住房贷款证券化市场的发展，20 世纪 90 年代出现了次级抵押贷款及其证券化产品，由于经济形势的变化以及监管不力，最终导致了影响世界经济的次贷危机。

2）MBS 衍生产品。在 MBS 的基础上，美国金融机构围绕住房抵押贷款证券化进行了大量创新，根据对现金流的预测和分割，推出了多样化的衍生产品，如 CDO、房产抵押贷款债券（Collateralized Mortgage Obligation，CMO）、仅付息证券、仅付本证券等，在为投资人提供多元化的投资渠道、增加收益的同时，也强化了金融机构的资金使用效率，转移了不确定性风险。

3）REITs。REITs 是美国最重要的一类房地产投融资工具。这类产品借助于信托的法律结构构造出适宜普通大众投资房地产的金融产品，既解决了房地产项目资金需求量大、周期长、风险大的问题，也为公众专业化投资房地产项目提供了机会和产品。目前，美国是全球最大的 REITs 市场，有几百只 REITs 产品上市交易，在房地产金融中占有重要地位，尤其是 2008 年次贷危机后，住房抵押贷款证券化受到一定打击，REITs 的优势更加得以彰显。

5.1.2.4 美国房地产金融监管体系

（1）美国房地产信贷体系监管。

针对商业银行、储蓄贷款机构等房地产信贷体系，美国成立了联邦住房贷款银行体系实施对这类机构的监管。美国将全国分为12个区域，相应建立了12家联邦住房贷款银行，联邦住房金融委员会直接监管12家联邦住房贷款银行，对一级市场实现间接监管。

（2）美国房地产证券化市场体系的监管。

联邦住房企业监管办公室是二级市场的主要监管者，其职责是对二级市场进行全面监控，保持住房抵押贷款二级市场的安全和稳定。美国政府对房地产金融体系的调控主要体现在二级市场，对二级市场的监管更加集中，干预力度也更大。其中“两房”就处于联邦住房企业监管办公室的直接监管之下，直接体现政府的干预意愿。

5.1.3 美国房地产金融体系的特点

通过对美国房地产金融体系的介绍，美国房地产金融体系的总体特点是金融机构多元化，形成了商业银行、REITs以及各种基金和贷款公司并存的市场格局；丰富的金融工具为房地产供给者和需求者提供了充足的资金保证；发达的一二级市场为金融的发行和流动提供了有利的环境；其高度市场化的房地产金融体系为房地产的快速发展提供了有力的支持，但同时，由于其过度市场化，使得参与主体的风险约束意识弱化，过度追求高额利润，在监管不到位的情况下，最终导致了次贷危机的发生。

5.1.3.1 机构完善，各司其职，侧重于住宅金融

美国房地产金融市场的机构众多，不仅为房地产业的健康稳定发展提供了充足的资金服务，同时避免了风险过度集中于个别机构的情况，最大限度地满足了开发商和购房者的需求。根据所处市场的不同，包括一级市场的金融机构，例如，商业银行、S&L、退休基金、辛迪加和REITs、FHA和VA，其中商业银行、辛迪加和REITs是开发商资金的主要供给者，退

体基金、FHA、VA 等均是住宅金融服务机构，为住宅需求提供资金支持。二级市场的金融机构包括房利美、房地美、联邦住房企业监管办公室、吉利美，这些机构为一级市场的住宅金融机构提供流动性支持，分散一级市场的风险，更好地满足人民的住宅需求。

5.1.3.2　融资工具多元化，金融创新层出不穷

金融创新首先体现在金融工具的创新上。美国房地产金融体系融资工具丰富，能够根据资金需求者、资金供给者等各方的需要不断创新金融工具，既有适宜一级市场各类投融资主体的各种贷款工具，也包括适合二级市场广大公众投资者、机构投资者的各类证券化产品，还有为了规避各种房地产金融风险的衍生工具。

5.1.3.3　房地产金融市场构造完善，结构清晰，发展成熟

美国不仅有包括银行间接金融和市场信用在内的一级市场，还有以证券化为主要方式的二级市场。美国房地产一级市场中涉及两大类机构：一是贷款发放机构；二是保险机构。借款人在各个银行或储蓄社等金融机构得到房地产融资，贷款发放机构的贷款资产获得 FHA 与 VA 的担保后，实现了信用增级，从而便利其在二级市场上的转卖以及证券化。为了向一级市场提供流动性以及分散风险，美国建立了以证券化方式为主的二级市场，具体指将住房抵押贷款通过证券化方式出让给其他机构（一般是投资银行、房利美、房地美），后者购买放贷机构所持有的贷款，使得一级市场的流动性得到补充。

5.1.3.4　监管体系出现漏洞，监管不够全面

联邦住房金融委员会在 12 个地区性商业银行的基础上对一级市场进行间接监管，导致约 16%的房地产贷款发放机构未受到联邦住房金融委员会的监管，而这 16%的金融机构发放的贷款后来被证明大多是次级贷款。更重要的是，未受到监管的 16%的金融机构发放的次级贷款，其资产证券化业务由于并非由政府的两房运作，这就使其在二级市场的业务同样不受联邦住房企业监管办公室的监督。此外，除了房利美和房地美外，对于私人

机构开展的抵押贷款证券化业务，联邦住房企业监管办公室同样不履行监督义务。一二级市场的监管缺位，不仅刺激了私人证券化机构从事高风险抵押贷款的证券化业务的动机，还使高风险贷款在违约时影响到优质房贷衍生出来的一系列市场业务，造成正常业务的损失。

5.1.4 美国房地产金融体系的经验及启示

5.1.4.1 政府主导、政府担保，推动房地产金融体系建设

回顾大萧条以来美国房地产金融体系的发展，最深刻的感受是，美国政府在清晰地认识和发展战略的指导下，以各种法律、法令来规范、指导、支持美国房地产金融体系的构建。当今美国房地产金融体系的架构是在美国政府的主导下一步步推进、建设起来的。美国政府的顶层设计，使美国房地产金融体系的发展脉络清晰、架构合理，有力地支持了美国房屋自由化率以及美国房地产市场的发展。美国政府在主导房地产金融体系的发展中，也提供了强有力的政府保障，成立了政府担保机构 FHA、VA 等以及房利美、房地美、吉利美等流动支持机构和担保机构。在兼顾公民居住权的尊重和房地产业发展的双重目标时，政府的付出是支持房地产市场发展和金融体系建设的先决条件。这一点对我国房地产业健康发展具有重要借鉴意义，特别是对我国政府如何认识房地产业地位和国计民生的关系以及房地产金融市场化发展问题具有借鉴价值。

5.1.4.2 市场体系健全，一二级市场联动，房地产金融属性才能得到有效利用

美国构建了一二级联动的房地产金融体系，特别是二级市场发达，不仅为一级市场提供了流动性，可以有效地推动一级市场的发展，同时，也有利于把不动产的金融属性发挥出来，以证券化方式实现融资，突破了不动产仅用于银行抵押贷款的局限，与更多的金融工具相结合，以更多的金融方式实现不动产的流动和融资需要。特别是 MBS、REITs 等依托于房地产的证券化产品不仅有效地聚集社会闲置资金，为房地产市场提供了多元

化和选择性的资金来源，还通过产权分割、收益重组等，实现分散和转移房地产风险，避免风险过于集中在房地产金融体系的一级市场。

5.1.4.3 房地产金融体系机构完善，工具丰富，融资渠道要多元化

美国房地产金融机构类型多，房地产业的资金来源颇为丰富：房地产信贷、房地产抵押贷款基金、REITs、房地产债券（包括产业债券、抵押收益债券、公司债券、市政建设债券）和捐赠基金。众多的金融机构纷纷参与房地产，避免了房地产业的资金需求过于依赖银行信贷所产生的风险累积。

5.1.4.4 对房地产金融市场监管不力会引致双重危机

美国房地产金融体系发达，市场化程度极高，有效地支持了房地产市场的快速发展，但过度的市场化、监管缺位也导致了2007年的次贷危机。美国房地产金融体系一级市场上，联邦住房金融管理局对房贷银行会员之外的银行与储蓄机构在一级市场上发放住房抵押贷款不实施监管；二级市场上，不受监管的住房抵押贷款在私人机构手中进行证券化业务。在监管缺失的情况下，当上游借款者出现提前偿还或者违约时，一级与二级市场的相关投资者都会产生损失。与此同时，担保机构的参与使这种损失的波及面进一步放大，使得优质住房抵押贷款也受到影响，从而演变成房地产金融体系乃至整个金融系统的危机。

5.1.4.5 启示

对我国而言，美国房地产金融市场最重要的借鉴在于其体系构建的方式以及吸取其监管漏洞所带来损失的教训。第一，房地产金融体系是产品、市场交易机制、监管、参与者等各种要素进行有机配合、综合作用的一个系统。现实情况下，我国的房地产金融体系中融资产品过于雷同，机构过于单一，融资方式过于依赖银行，造成这种情况的重要的原因就在于没有新型产品所需要的配套的市场交易机制，也就是二级市场流通机制，以及权责分明、布局完善的房地产金融监管体系。第二，房地产金融体系

建立的指导思想要明确，要维持房地产市场的健康稳定发展，而不是盲目地满足居民的住房需求来实现利润或是“居者有其屋”的口号。第三，我们要吸取美国房地产金融系统监管不完全的教训，使我国房地产金融业的参与者都处于监管体系之中，避免次贷产品的出现。

综上所述，虽然美国的房地产金融体系还有弊端，但不可否认的是，就其多元化的产品、强大的市场化交易系统、担保系统与二级市场的强大流通功能而言，美国的房地产金融市场代表着世界领先水平，其一级市场与二级市场的总体构成是具有科学性以及合理性的。

5.2 德国房地产金融体系及借鉴

5.2.1 德国房地产金融体系的沿革

“二战”后，德国政府为了解决住房问题，实施了一系列独特的住房政策和金融政策。德国并没有把房地产业作为国家重要的支柱产业来定位发展，而是以解决住房问题为要旨。而在解决住房问题上，德国政府以“所有平民有足够的住房”为目标，鼓励、提倡民众根据自己的收入和消费能力适度购房或租赁房屋，而非鼓励不切合收入能力的购房行为。基于这样的定位和政策目标，德国政府以房地产市场稳定发展为前提，实施了抑制住房过度需求的系列政策和制度，以此构建了有别于美国等西方国家的房地产金融体系。

从实施效果看，德国的房地产金融制度体系保证了德国房地产市场的稳定发展，同时，也解决了民众的居住问题。房地产市场发展平稳，合理的住房需求基本得到有效的满足。20 世纪 70 年代初期，德国人均住房建筑面积达到 30 平方米，平均每人拥有 1.7 间住房。德国房地产市场保持了平稳发展，未出现大的房地产泡沫，即使是在 2008 年美国次贷危机波及全球的情况下，德国房地产市场依然保持了平稳运行的状态。

5.2.2　德国房地产金融体系

5.2.2.1　德国房地产金融机构

德国房地产金融机构具有多元化特点，按性质可以分为三类：第一类是合作性质的房地产金融机构，包括合作银行和建房信贷协会；第二类是政府政策性住房金融机构，包括住宅与储蓄银行等；第三类是私人性质的金融机构，包括私人商业银行、抵押银行等。不同性质的房地产金融机构，在资金来源、服务对象以及运行特点上各有差异。住房合作性金融机构在德国有很长的历史，主要是民众基于互助性需求而成立的金融组织，“二战”以后，其逐步演化。建房信贷协会就是居民合作建立的民间住宅金融机构，资金来源主要来自参与的会员，会员要先储蓄、后贷款，一般储蓄额要达到所需贷款的 40%~50%才能获得贷款。这是德国典型的住房储蓄模式，存贷款都以低于市场的固定利率进行，受到金融市场波动的影响较小。

政策性金融机构主要执行国家住房金融制度，按照德国的规定，低收入家庭要贷款购买房屋，首先需要跟抵押银行等政策性银行签订储蓄合同，只有当储蓄达到一定额度，才可以用低于市场的利率申请贷款购买房屋。一般政策性金融机构只提供购房款总额的 50%贷款，购买者自己要提交 30%，其余 20%可以向私人商业银行申请贷款。储蓄银行是地方政府公有的银行，体现政府对住房信贷的政策要求。资金主要来源于当地居民的储蓄，主要服务于当地的中小企业和个人。

抵押银行通过发行债券获得资金来源，专门经营中长期固定利率抵押贷款。近年来，其被私人银行收购，市场份额下降。私人商业银行是综合性金融机构，业务多元化，房地产信贷只是其中的一部分业务。对于购房者来说，一般获得合作银行或政府银行的贷款后，商业银行再给补充贷款 20%左右。

按照业务范围分，德国房地产金融机构又分为综合性和专业性两类。据德意志联邦银行统计数据，截至 2008 年，综合性房地产金融机构达到

2368家，占整个银行数量的97%；专业性金融机构（抵押银行、建房信贷协会）共69家，占比3%。在住房融资银行中份额最大的是储蓄银行，占住房贷款的32%；其次是商业银行和合作银行，分别占到25%和17%；第三是抵押银行和建房信贷协会，分别占到10%。在全国银行贷款总额2.3万亿欧元中，用于建房和买房的房地产开发贷款和个人购房贷款1.1万亿欧元，占比47%（李世宏，2011）。

5.2.2.2 德国房地产金融市场

整体来看，德国房地产金融体系主要以多元化的信贷类机构为主，解决直接融资渠道和流动性问题的公开市场相对单一，主要是以潘德布雷夫债券发行和交易的市场，这类债券与美国住房抵押贷款证券化产品有很大区别。

潘德布雷夫债券是一种全担保债券（Covered Bond），因此也简称为CB债券，是欧洲和德国市场最主要的一种债券市场。潘德布雷夫债券起源于德国，有200多年的历史，目前是德国以及欧洲各国进行住房建设和公共事业建设融资的重要手段，CB市场也成为欧洲最大的债券市场。

从担保资产来看，潘德布雷夫债券涉及范围很广，包括船务债券、航空债券、公共债券和抵押债券。房地产金融市场主要指以房地产资产作为担保抵押资产发行的潘德布雷夫债券。该类债券由拥有住房抵押贷款资产的银行发行，为抵押银行、私人银行解决流动性问题，为房地产一级市场的抵押贷款提供流动性支持和拓展融资渠道。

在发行市场上，潘德布雷夫债券参照国际惯例，以投标方式进行拍卖发行；发行价格也通常按照国际惯例以固定价格再报价方式确定；承销团队由国内或国际银行共同承担。公开发行的潘德布雷夫债券可以选择在国内市场交易，也可以到国外市场交易，交易市场一般采用做市商制度。德国对发行潘德布雷夫债券实施严格监管。2005年德国专门制定了《潘德布雷夫债券法》，2009年又进行了修订，德国联储金融监管局（BaFin）对该市场进行特别监管。

5.2.2.3 德国房地产金融的融资工具

(1) 贷款类工具。

1) 固定利率贷款。由合作性质的住房储蓄协会提供的低于市场利率的贷款的一般期限为 6~18 年，平均期限为 11 年，主要是会员较低的储蓄利率。

2) 可调利率贷款。主要由抵押银行和储蓄银行提供，属于商业贷款，利率可以调整，期限较长，多为 20~30 年，银行往往拥有抵押资产的第一处置权。

3) 浮动利率的短期抵押或无抵押贷款。由商业银行和保险公司提供的短期贷款，主要用于购房者前两种贷款不足的部分，利率随行就市，不需要抵押和担保。

4) 低息、无息贷款。由政府抵押银行和储蓄银行向低收入者、残疾人、多子女家庭提供的救济性金融支持，需要满足国家救济政策。

(2) 证券类工具。

德国房地产金融证券主要是 CB 债券。这种债券与美国 MBS 类债券有很大区别:

第一，对证券化入池资产有严格限定，主要是低风险房地产抵押资产，明确规定了进入资产池资产的质量标准，对债券发行机构的信用等级的要求也非常高。

第二，CB 债券发行后，入池资产依然要保留在发行银行资产负债表内，这是德国抵押资产证券化与美国证券化最大的不同。这种结构安排对发行银行构成制约，抑制发行银行通过证券化技术转嫁风险给 CB 投资者，有利于将资产证券化纳入监管体系。

第三，CB 债券投资者拥有双重追索权，一是对 CB 资产池抵押品有优先追索权；二是对发行机构其他资产有一般追索权。在发行银行违约或破产时，CB 抵押资产池的资产将被隔离，优先清偿 CB 债权人，使投资者本金受到更全面的保护。

5.2.2.4　德国房地产金融的监管

德国从事住宅信贷的金融机构很多，主要包括储蓄银行、抵押银行、住房与互助储蓄银行、信贷合作社、保险公司、商业银行和特别信贷银行等。在初级市场上，德国没有像美国一样设立单独的房地产金融体系的监管机构，德国政府通过联邦金融监督管理局、中央银行、社会经济审计公司以及社会信用体系对所有从事住宅金融业务的机构实施监管。

二级市场上，德国由行业组织——潘德布雷夫银行协会对潘德布雷夫债券的发行进行统一管理。2009 年修订《潘德布雷夫债权法》后，德国联储金融监管局对此类债券市场进行特别管理。

5.2.3　德国房地产金融体系的特点

5.2.3.1　房地产金融机构多元化，房地产金融供给分层化

德国从事房地产金融业务的金融机构很多，既有商业银行，也包括合作性金融组织和政府政策性金融机构。各类金融机构在向房地产资金需求者提供资金支持时，形成既分工，又联动的金融供给机制。按照德国的政策要求，购房者不能从任何一家金融机构获得全部贷款，因此，在购房者满足一定的储蓄额度后，可以分别从不同类别的金融机构获得不同比例的贷款，形成多个金融机构的分层供给。这种贷款机制既满足了房地产企业和个人的资金需求，又有利于金融机构分散风险，避免贷款过于集中。

5.2.3.2　房地产金融工具利率固定化，房地产金融供求平稳

在德国，无论是政策性房地产金融机构还是私人的商业金融机构，所提供的住房地产贷款利率都是相对稳定的。政府抵押银行和民间合作金融机构都直接以固定利率提供抵押贷款，即使是私人金融机构提供的不动产抵押贷款，其利率波动也不会很大。因为德国实施严格的房地产价格评估制度和价格管控制度，抵押资产评估以贷款时为准，在贷款期限内，抵押资产价值不允许有大的波动。从房地产需求角度看，德国政府一方面严格控制购房的贷款杠杆，一方面控制房价上涨，因此，只有真实、合理的住

房需求者才有动机购房，抑制了住房投资者的存在。从房地产供给角度看，因为需求不足，房价上升很慢，所以开发商也不会盲目扩大投资、增加供给。因此，房地产市场供求平稳，价格合理，房地产金融的供给和需求也自然平稳，市场利率波动也相对较小。

5.2.3.3　房地产金融二级市场控制严格，过度的融资需求得到有效抑制

德国对开展房地产抵押贷款证券化业务非常审慎，对二级市场的管理非常严格。德国采取不同于美国的资产证券化结构设计和监管方式，强调以“信用”为基础开展住房抵押贷款资产证券化。为防止信贷抵押贷款脱离实际需求而导致资本市场盲目扩张，要求银行对债券的证券化操作不能作为表外业务处理，通过这种方式，银行不得不更加重视资产的安全和质量，从而对该种债券的评估变得更加谨慎。正是这种谨慎，即使在市场环境恶劣的情况下，潘德布雷夫债券的变现能力依然很强，其安全程度几乎可与国债媲美。这种做法很好地控制了房地产业的过度的、不合理的融资，保证了金融体系的安全。

5.2.4　德国房地产金融体系的借鉴

长期以来，德国房价始终保持较低水平，德国的名义房价每年仅上涨 1%，而德国物价水平平均每年涨幅达 2%，也就是说扣除物价因素，德国的房价实际上在以每年 1%的速度缩水。德国房价 10 年不涨，甚至在金融危机时仍继续保持平稳，这与德国及早有效地采取一系列房地产金融政策、平抑房地产价格波动密不可分，值得我们借鉴。

5.2.4.1　先储蓄、后贷款的储贷合同融资模式支持了合理的住房需求

德国实行独特的住房储蓄合同贷款模式，民众要想买房，首先，购房者要与银行签订购房储蓄合同，当购房者的储蓄达到未来需要购房贷款额的一定比例时，可以按低于市场利率的价格获得购房贷款。按储蓄者对住

房储蓄的贡献来确定获得贷款资格。住房储蓄合同的贷款金额大约占到德国房贷总额的一半，另外20%的部分来自家庭储蓄，剩余约30%的住房贷款来自商业贷款。这种以储蓄为基础的房贷模式不仅能够帮助居民形成理性、有计划的住房消费理念和消费行为，还可以较好地防范信用风险。

5.2.4.2 多元化的住宅融资机制能有效分散风险，最大限度地满足住房需求

德国住宅金融体系实施多元化金融供给体制，以“储贷合同”契约型融资为基础，发展了多种金融机构参与的商业性储蓄融资。德国住房抵押贷款融资的一个显著的特点是，居民需要从多家金融机构获得购房所需的全部贷款，通常，居民购房贷款的50%左右来自抵押银行或储蓄银行，15%来自住房互助储蓄银行，20%来自商业贷款，其他来自家庭积累。这种多元化的融资安排，不仅为住房资金需求者提供了多元化融资渠道，也分散了各类金融机构参与房地产市场的风险。德国住房金融另一个显著特点是，德国住房储蓄计划采用封闭循环的资金运作方式，利率不变，居民享受固定且低于市场水平的利率，与金融市场隔离，有效地抵御了市场风险，保证了房地产金融体系的稳定。

5.2.4.3 房地产金融体系的配套制度健全，保证了房地产市场稳定发展

德国政府为了保证房地产价格的稳定，抑制不合理的住房需求，保证合理的住房需求，建立了一系列的房地产金融市场的配套制度。最重要的制度就是，德国建立严格的房地产价格评估机制，制定“基准价格”作为政府指导价，通过严格监管落实执行。建立房价预警制度，对于房价年涨幅高于经济增长或收入增长的，通过征收高税费等进行价格干预，遏制不合理的住房需求以及炒房投机行为。

对弱势群体的金融扶持是德国房地产金融政策的重要组成部分，救济弱势群体，提高社会福利水平始终是政府的重要工作。借鉴德国经验，我国应该对低收入者购房实行贷款优惠；对保障性住房建设项目，提供低息

或无息贷款，给予基础设施配套建设和税费减免等优惠政策，用金融手段实施扶持政策。

5.2.4.4　严格审核购房者的偿贷能力，防范房地产市场风险与金融风险交叉传染

德国购房贷款资格审查非常严格，银行侧重考察购房目的、收入情况等。投机性购房、缺少首付和收入支撑的借款者是难以通过银行审查的，这就从源头上控制住了住房抵押贷款的风险。而美国以及我国银行则更看重抵押品价值，对贷款申请人收入、还款能力的审查不够。借鉴德国对房地产贷款的审核方式，将有助于从源头切断投机性购房对房地产市场造成的冲击，也有助于提高抵押贷款质量，降低不良资产比例。

5.2.4.5　抑制不合理的住房需求，树立正确的购房观

德国年度人均 GDP 高达 35000 美元，但其住房自有率仅有 43%，租赁住房率高达 57%。从德国房地产金融的政策支持倾向可以看出，德国鼓励有能力的合理购房观，而不是盲目追求住房自有率。发展租赁市场，既能解决民众的居住问题，也不会给房地产市场造成巨大压力，导致房地产市场非理性发展。从我国实际国情出发，更应该大力发展租赁住房，以多元化住房供给产品来满足居民的合理需求，一方面控制房价的过快增长，另一方面避免过度信贷支持下的住房抵押坏账率的上升。

5.3　日本房地产金融体系及借鉴

5.3.1　日本房地产金融体系发展沿革及现状

20 世纪 80 年代，日本由于信贷支持过度、结构失衡（主要表现为贴现率过低、货币供应及信贷量快速增加、信贷过度集中于房地产业），房地产泡沫持续膨胀，最终于 20 世纪 90 年代破裂，房地产市场进入衰退期，房地产金融也一度停滞。经历房地产市场泡沫后，日本不断总结和改进，

房地产金融结构和市场体系发生很大变化，私人金融机构的作用得到更大发挥，二级市场得到较快发展，房地产金融过度集中于银行的情况得到改善。现阶段日本房地产金融属于典型的混合型，包括完备市场型和基金后盾型两种类型。完备市场型是指以私人金融机构为主体、多种信用形式相配合、市场充分发挥作用、政府参与和调节的一种住房金融模式；基金后盾型是指在初始资金匮乏的情况下，住房遭受严重破坏的条件下，通过建立住房基金发展住房金融市场。日本民间金融机构在住房信贷方面非常活跃，民间与官方相互结合，使日本住房问题很快得到解决，也在一定程度上避免了房地产金融风险过于集中的情况。

5.3.1.1 日本的房地产金融市场机构

（1）政府性质的住宅金融机构及其改革。

长期以来，日本公共住宅制度由四大国有性质的机构来运行，即“公营”“公团”“公库”“公社”。20 世纪 90 年代后，日本政府逐步进行市场化和私有化改革，逐渐降低政府介入程度，缩小补贴面，改革公有住房金融机构。首先，保留了“公营”，但降低了保障比例。根据 1996 年《公营住宅法》，降低国家财政补贴力度，保障对象比例从之前的 33%下降到目前的 25%。其次，2004 年将都市基盘整备“公团”改组为独立法人都市再生机构，国家不再对其进行任何形式的补贴和补助，资金主要来源于房租收入以及城区土地开发收益两个方面。最后，2005 年将住宅金融公库改组为独立行政法人住宅金融支援机构，不再进行直接贷款业务，而成为资产证券化的支持机构，资金来源主要靠发行财投机关债、政府保证债、财投债等资产证券化形式向社会筹措资金；业务范围由原来对住宅建设和购买的直接资金支持，转变为为金融机构的住宅贷款提供流动性支持。

改革前，从住宅建设到购买住宅融资，从住宅租赁到住宅买卖，各个环节都有政府参与。20 世纪 90 年代通过一系列改革，政府对公共住宅的政策重心转变为“保障弱势”，即政府主要负责低收入群体、高龄者、残疾人的住房保障问题，提供保障性住宅的模式也仅限于提供租赁住宅，针对收入较高的群体则主要通过市场来满足其对住宅的需求。

（2）民间金融机构及其发展。

20 世纪 90 年代房地产泡沫后，日本民间金融机构在住房信贷方面非常活跃，民间与官方相互结合，不仅使日本住房问题很快得到解决，也有效地避免了房地产金融风险过于集中的情况。

1）银行金融机构。日本的银行分为五类：一是长期信贷银行（3 家）；二是信托银行（7 家）；三是城市银行（11 家）；四是地区银行（64 家）；五是地区银行的二级会员行（68 家）。20 世纪 80 年代前期，银行机构的最大客户是制造业，20 世纪 80 年代后期，由于经济低迷，制造业贷款需求大幅减少，银行机构将业务重心转向居民抵押贷款、不动产业贷款。在宽松货币政策的支持下，这种转移促进了房地产业的非理性发展，使房地产金融风险集中于银行体系，为日后房地产泡沫破灭以及金融体系危机埋下了隐患。

2）非银行金融机构。非银行金融机构包括从事不动产担保融资业务的不动产担保融资机构；以普通消费者为对象的金融公司，主要从事消费者的担保贷款、无担保贷款和住宅融资等。

3）其他金融机构。日本还有大量住宅金融专业公司、住房社团等民间金融机构从事住房金融业务。

5.3.1.2　日本的房地产金融市场

日本房地产金融一级市场主要指银行信贷市场。20 世纪 90 年代以前，日本房地产金融市场与我国房地产金融市场有相似之处，即主要依靠一级市场融资，房地产企业资金主要来源于银行。由于当时货币政策宽松，利率和贴现率都很低，房地产金融偏重于银行的房地产金融体系，使一级市场风险过于集中到银行，最终导致了房地产业和银行业的双重危机。

日本房地产金融二级市场主要指信贷资产证券化市场。二级市场在 20 世纪 90 年代以前发展缓慢，直到 1996 年房地产泡沫破灭后，日本政府为了复苏经济，采取了一系列发展房地产金融二级市场的措施，促进了二级市场的发展。

5.3.1.3 日本的房地产金融工具

（1）银行信贷。

在20世纪90年代以前，日本政府对房地产建设、购买都提供财政资金投入、补贴等各种形式的支持。但是，房地产泡沫破裂后，房地产建设、购买的资金大部分来源于开发商的银行信贷投入。银行信贷在很大程度上促进了日本房地产业的发展，当然，也给日本房地产金融业的危机埋下了伏笔。

（2）房地产投资信托基金。

日本是亚洲第一个成功发行REITs的国家。2000年11月，日本修改了《投资信托法》，允许投资信托基金进入房地产市场，并于2001年3月在东京证券交易所建立了REITs上市系统，同年9月推出第一只REIT，11月在东京证券交易所上市。经过10年的迅猛发展，日本已成为继澳大利亚之后亚太地区REITs发展最快的国家。这有力地扩展了房地产资金来源渠道，并使金融体系的风险分散化。

5.3.2 日本房地产金融体系的特征

5.3.2.1 日本房地产金融体系转型特点突出

20世纪90年代以前，相对于美国以及德国的房地产金融体系来说，日本房地产金融体系最大的特点就是市场化程度低，以银行为主导的间接金融占主导，政府介入多，“应管尽管”。但随着房地产泡沫的破灭，房地产金融体系进行转型，呈现出明显的市场化转型特点，从政府主导向市场主导转变，从间接金融向直接金融转变，从银行为主的一级存量市场向证券化主导的二级市场转变。20世纪90年代以后，逐步建立起以资产证券化为核心的房地产金融市场，房地产金融体系结构趋向平衡。

5.3.2.2 房地产金融机构正在向多元化转变

日本政府在治理房地产泡沫的过程中，逐步调整了房地产金融体系的发展思路，打破了原来银行一统天下的局面，房地产领域实施的主银行制的弊端在日本经济衰退时期凸显，促使日本政府转变房地产金融发展思路，推动房地产金融机构多元化发展，除了银行以外，推动了国有住宅金融机构的改革，鼓励民间金融机构积极参与房地产投融资活动，同时，通过改革、设立证券化支持机构推动房地产金融二级市场的发展，从而形成多种金融机构并存的多元化发展局面。

5.3.2.3　房地产金融市场结构日趋合理，一二级市场共同发展

20世纪90年代以前，由于过低的贴现率和利率，日本房地产金融一级市场融资量很大，风险过于集中于银行体系，最终导致了房地产业和银行业的双重危机。房地产泡沫破灭后，日本政府为了复苏经济，采取了一系列发展房地产金融二级市场的措施，极大地促进了二级市场的发展。1993年，全日本资产证券化交易总额为4.7亿美元，1998年增长到25亿美元。近年来，资产证券化发展更为迅速，目前东京三菱银行、三和银行等纷纷发行贷款支持债券。日本已经成为亚洲地区资产证券化发展最迅速的国家。

5.3.3　日本房地产金融体系的经验借鉴

5.3.3.1　以银行为主导的房地产金融体系蕴含巨大风险

日本的房地产金融体系变革，是日本从惨痛的房地产泡沫破裂中吸取经验教训的结果。由于日本在房地产泡沫前长期实施的是以主银行制为主导的金融体系，银行和实体经济关系过于密切，一旦实体经济出现问题，直接牵连到银行，银行又牵连到更多的企业、产业。房地产领域尤为突出。中央银行货币政策的调整主要通过银行体系向实体经济传递，由于房地产业的高资本密集特点，其对货币政策调整的反应最为敏感。因此，日本20世纪80年代中期宽松的货币政策和80年代末期紧缩的货币政策，直接引发了房地产市场的剧烈波动，从而导致了系统性风险的发生。这是我国特别需要借鉴的地方，因为目前我国房地产金融体系仍以银行为主体，如何在改革房地产金融体系的同时，避免房地产市场的剧烈波动，是复杂

的系统工程。

5.3.3.2 金融货币政策调整需要兼顾对房地产业以及相关实体产业的影响

日本房地产业的发展、繁荣、膨胀以及走向衰退和泡沫破灭都与日本的货币政策紧密相连。1985 年“广场协议”后，在日元升值、出口减少的形势下，为了防止经济衰退，刺激内需，日本多次大幅降低法定利率，宽松的信贷环境造成了房地产业虚假繁荣，引来大量游资，促使房地产泡沫的形成。但从 1989 年 12 月开始，日本银行为了抑制房地产投机，开始收紧货币政策，1989—1990 年，日本央行连续 5 次提高贷款利率。同时，大藏省出台不动产贷款总量控制政策，对商业银行施加压力，限定或停止其对房地产企业及股票投机者贷款。这使房地产企业成本大大增加，资金链紧张，有力地抑制了房地产投机行为，也刺破了房地产泡沫，最终引发了实体产业的大面积衰退。

日本的经验提示我们，刺激房地产和抑制房地产的货币政策都要谨慎行使，房地产和金融紧密相关，也和实体诸多产业相关，在银行主导的金融体系下，货币政策的任何松紧变化都将产生连带效应，房地产市场能否健康稳定发展与货币政策紧密相关。所以，一方面要调整房地产金融体系的结构，调整银行、房地产以及相关产业的联系路径和机制，另一方面要改善货币政策的审慎操作。

5.3.3.3 发展直接融资的资本化市场是房地产金融体系改革的方向

日本房地产金融发展的经验告诉我们，直接融资、多层次、多主体的房地产金融体系符合房地产业特点和属性需要，是房地产金融发展和体系改革的方向。日本前车之鉴的代价是巨大的，越早意识到这个问题，越早进行房地产金融体系调整，越有机会将房地产金融的系统性风险分散掉、化解掉。这是我国房地产金融体系迫切需要进行的重大改革。

5.4　新加坡房地产金融体系及借鉴

5.4.1　新加坡房地产金融体系的沿革

新加坡房地产金融体系采取非常特殊的二元结构，在政府完全主导的情况下，不论是住房自有率还是居民对住房情况的满足程度，都高于以市场机制运行房地产金融体系的国家。

5.4.1.1　1955 年：中央公积金制度开始实施

1955 年 7 月 1 日，中央公积金制度正式建立并实施。最初只是一个强制性的储蓄计划，用于保障员工退休或伤残后的基本生活。在发展中，新加坡政府在原有储蓄计划的基础上，又推出了一系列公积金计划，保障范围除养老保险外，还包括住房、医疗、教育、投资增值等多个方面。

5.4.1.2　1960—1964 年：成立建屋发展局，实施“居者有其屋”计划

1959 年以前，新加坡一直处于英国殖民主义统治之下，有近 40%的人口挤在破旧、肮脏的棚户区，居住问题严重。独立后，新加坡成立建屋发展局，负责建造公共组屋，解决中低收入居民的住宅问题，开始大规模兴建住宅。1964 年，政府实施“居者有其屋”计划，1968 年推出“公共组屋”计划，鼓励中低收入阶层购买政府建造的组屋，满足中低收入者对于自有住房的需求。

5.4.1.3　房地产金融体系逐步完善，政策效果显现

20 世纪 60 年代，新加坡政府通过中央公积金制度、“居者有其屋”计划构建政府主导的金融体系，到 20 世纪 90 年代中期，建屋发展局已建成 70 万套国民住宅，87%的人口购买了组屋，拥有了自有住房。其后，新加坡政府对中央公积金制度进行了 40 多次修改，使其成为住房建设重要的资金支持。除专业性住房金融机构——新加坡中央公积金局以外，非专业性

住房金融机构——商业银行、住房金融担保、保险中介公司也得到了完善和发展，共同构成新加坡房地产金融体系。公积金制度和住房抵押贷款相结合，有力地支持了新加坡房地产业快速平稳发展，目前新加坡住房自有率高达 91%，未出现房地产过度投机和风险积聚。

5.4.2 新加坡房地产金融体系现状

中央公积金局、商业银行、住房金融担保公司以及保险中介公司等构成新加坡房地产金融体系的重要组成部分，为新加坡房地产政策的实施提供了保障。

5.4.2.1 新加坡房地产金融机构

（1）新加坡中央公积金局。

中央公积金局是执行中央公积金社会保障制度的专门机构，1955 年成立，担负着为广大中低收入家庭购买组屋提供资金支持的公积金管理工作。

（2）邮政储蓄银行。

新加坡邮政储蓄银行成立于 1887 年，储蓄存款是其主要资金来源，超过 95%的新加坡成年人拥有其储蓄户头。其职责主要是向中高收入者提供住房贷款，并受政府及法定机构委托，发放公务员和法定机构雇员的住房贷款。

（3）房地产投资信托基金。

房地产投资信托基金 REITs 是一种以发行收益凭证的方式汇集不特定投资者的资金，由专门投资机构进行房地产投资经营管理，并将投资综合收益按比例分配给投资者的信托基金。REITs 一为中小投资者以较低门槛参与不动产市场投资提供机会，二为房地产开发提供资金来源。新加坡的 REITs 发展最为迅速，有力地促进了新加坡房地产市场的发展。新加坡已推出嘉茂信托、腾飞信托、置富信托、嘉康信托以及新达信托和枫树信托等数只 REITs。

（4）金融公司。

金融公司受金融公司法管制，根据 1968 年《金融公司法》注册。其主要业务是吸收活期存款，通知存款和定期存款，发放房屋购买贷款、汽车分期贷款、厂房抵押贷款、机器抵押贷款以及消费信贷分期贷款，等等。

（5）住房金融担保公司。

住房金融担保公司为房地产贷款债务人承担担保责任，这类机构的设立有利于分散房地产金融产品风险，完善房地产金融体系。

5. 4. 2. 2　新加坡房地产金融产品

对于购房者来说，新加坡房地产金融体系的融资产品包括两大类：一是公积金；二是抵押贷款。因此，一级市场的产品包括公积金以及储蓄银行等金融机构的贷款。对于投资者和开发商来说，最重要的一级市场产品就是 REITs。REITs 为房地产开发商提供了重要的融资渠道。

5. 4. 3　新加坡房地产金融体系的特点

新加坡房地产金融体系的突出特点是公积金制度和住房抵押贷款相结合。对于中低收入家庭（住宅市场），主要通过公积金的支持来购买政府提供的组屋，组屋住房占住房总量的 85%以上；对于高收入家庭（商品房市场），主要通过银行等金融机构贷款来购买商品住房，商品房在住房总量中的占比不足 15%。

5. 4. 3. 1　政府主导房地产金融体系

新加坡解决国民住房问题的核心政策是推行住房公积金制度，将国家建房后的低价出租转变为居民分期付款购买。在新加坡房地产金融体系中，政府发挥主导作用。中央公积金局作为政府成立的专业性住房金融机构，负责向低收入家庭提供购买、租赁组屋的资金支持，同时，也向建屋发展局或开发商提供建造房屋贷款，新加坡住房构成中 85%以上是中央公积金支持的组屋。而中央公积金的收取、使用以及保值增值都由政府掌控。

5.4.3.2 政策性金融和商业性金融定位清晰，分层服务

新加坡的房地产金融体系既有政策性金融机构，如公积金管理局，又包括商业性住房金融机构，如商业银行、邮政储蓄银行等。两类金融机构的服务对象界定清晰，业务相互补充，低收入购房者和组屋建造资金由政府性质的公积金管理局负责；高收入者购买商品房以及商品房建造开发商的资金支持大多来自商业银行和邮政储蓄银行。清晰的房地产金融支持体系推动了新加坡房地产业的平稳发展，住房问题也得到较好的解决。

5.4.3.3 商业性物业开发建设依赖发达的证券化金融支持体系

对于有收益的商业性物业的开发建设，新加坡形成一套完善的证券化金融支持体系。大型开发商或专门的投资机构通过开发后持有或收购大型商业性物业构建资产池，发行资产支持证券，在二级市场流通交易，实现资金的筹集、交易和流通，有力地支持了新加坡商业性物业的发展。新加坡是亚洲 REITs 最发达的国家之一。

5.4.4 新加坡房地产金融体系的经验借鉴

5.4.4.1 公积金体系的有效管理和运行为房地产业发展提供了重要的资金保障

新加坡公积金制度覆盖面广，运行好公积金就能解决房地产市场大部分问题。新加坡通过立法保障了公积金强有力的执行，从公积金的缴存，到公积金的使用、发放，在政策定位的基础上，公积金发挥了重要的资金支持功能，无论是购房者还是建造者，都能得到公积金的资金支持。相对而言，我国住房公积金的广度、深度还远远不够，私人企业和外资企业缴存比例很小，自由职业者和个体经营者被排斥在公积金体系外。地区间公积金运行体系隔离，公积金保值增值的投资管理制度、水平都存在差距，致使公积金难抵通货膨胀压力。公积金贷款利率低于商业贷款，有些地方住房需求旺盛，公积金贷款难以满足合理住房贷款的需要，而有些地区住房公积金大量沉淀，使用效率低。借鉴新加坡经验，创新运行机制，提高

我国公积金使用效率和运营管理水平。

5.4.4.2　发展房地产投资信托基金，形成多元化房地产金融机构

目前我国房地产企业过度依赖银行信贷，房地产市场和金融市场的风险双向积累，潜在风险大。我国应借鉴新加坡经验，发展 REITs 市场，分散银行机构的风险。加快 REITs 市场试点，积累 REITs 经营以及监管经验，开辟房地产直接融资、大众化投融资的新渠道，促进房地产市场健康稳定发展。

5.4.4.3　二元化住房制度，二元化房地产金融供给体系

二元化住房体制在新加坡经济和社会发展中发挥了重要作用，同时，二元化的金融体系设计也满足了不同购房、建房的资金需求，有力地推动了住房问题的解决，也引导了合理的住房需求，使房地产市场平稳发展。我国在房地产金融体系制度设计上，应借鉴新加坡这一做法，明确切分政策性房地产金融和商业性房地产金融，该政府管的，归政策性金融解决；商业性的项目采取市场化运作，减少行政干预。

5.5　国外房地产金融体系的总结与借鉴

综合来看，上述几个国家的房地产金融体系的经验对我国房地产金融体系建设具有借鉴意义。

5.5.1　实行二元化的住房制度，合理区分不同的住房需求

住房是百姓生活的根本，不能完全把住房作为商品推向市场，在依靠市场机制的同时，政府必须保障合理的住房需求。二元化住房制度将住房分为两种，分别实行不同的配置机制：商品住房由市场机制发挥资源配置作用，价格由市场供求关系决定。公共住房由政府直接提供或帮助实现，用于满足中低收入家庭基本居住需要，价格由中低收入者的支付能力决定。日本、新加坡通过实施二元化住房制度，较好地解决了商品房市场的

高房价与中低收入者的住房难矛盾。

5.5.2 机构方面：打破银行主导，促进金融服务机构多元化

房地产业作为资本密集型产业，行业运行的各环节都离不开大额资金的支持，究其服务对象，房地产金融体系可以分为供给者（开发商）金融和需求者（消费者）金融，两者各有不同。

对于开发商金融体系来说，商业银行和房地产开发基金两类机构是房地产开发商取得资金的主要渠道。在实践中，商业银行出于经营安全性的目的，大多采取由开发商所在地商业银行提供短期贷款的方式经营，一方面使银行能更好地监管贷款的使用，保证贷款安全；另一方面，也避免了房地产价格波动的风险。房地产开发基金采用发行收益凭证的方式汇集特定多数投资者的资金，由专门投资机构进行房地产投资经营管理，并将投资综合收益按比例分配给投资者。它提供的资金时间可长可短，既可以在房屋建成后出售，资金回笼；又可以在建成后以租赁等形式继续经营。总的来说，开发商所需的资金主要是靠市场进行配置的，投资者承担风险，享有收益。

对于消费者金融体系来说，可以由多个机构提供支持，如商业银行、储蓄与贷款机构等，还有担保机构，如美国的FHA、新加坡的住房金融担保公司等，还有政府背景的资金提供机构，如美国的VA、美国联邦国民抵押贷款协会、日本的住宅金融公库、新加坡的中央公积金局等。这些机构不仅为消费者直接提供住宅贷款，还通过贷款或在二级市场发行证券等方式为直接贷款机构提供流动性，解决其资金错配的问题。

在我国的房地产金融体系的构成中，应该针对不同的服务对象，设立不同的房地产金融机构，以多元化的金融机构满足不同的房贷需求。

5.5.3 产品设计方面：推出国外成熟的房地产金融产品

为了满足不同需求，各国都有创新的房地产金融产品可供我国借鉴，如美国的多种住房抵押贷款，逆向抵押贷款、递增偿还的住房抵押贷款、

可变利率抵押贷款等。各国的房地产资产证券化产品，都是我国可以借鉴的成熟的房地产金融产品。目前，我国房地产企业过度依赖银行，产品种类少，缺乏灵活性、对应性更强的房地产金融产品。

资产证券化也是各国房地产金融重点发展的领域。在这一方面，德国的做法值得我们借鉴。德国的按揭贷款证券化操作强调以“信用”作为基础，为防止信贷抵押贷款脱离实际需求而导致资本市场盲目扩张，要求银行对证券化资产并不从银行直接分离出去、将其作为表外业务处理，而是将其包含在资产负债表中。这种方式促使银行更加重视资产的安全和质量，从而对该种债券的评估变得更加谨慎。正是这种谨慎，即使在市场环境恶劣的情况下，德国房地产金融债券的变现能力依然很强，其安全程度几乎可与国债媲美，从源头上控制信贷资产质量的做法值得我国发展证券化市场借鉴。

5.5.4　房地产金融市场方面：加快发展二级市场，完善市场体系

作为一套完整的房地产金融体系，多元的房地产金融产品还要有发达的二级市场来配合才能发挥作用。美国房地产金融体系所需资金主要通过资本渠道获得，为了推动资产证券化的顺利进行，美国通过具有政府背景的机构担保房地产抵押贷款证券化金融产品，使得这类产品具有类似于政府债券的信誉。同时由于二级市场这类产品相对于政府债券具有更高的收益率，因此受到了投资保险、养老基金等的中长期投资者的欢迎，使得资产证券化迅速发展，为房地产金融体系提供了大量的流动性。从美国的实践可以看出，成熟的房地产金融体系不仅需要具有一定规模的一级市场，还要求有一个发达的证券化二级市场作为支持，这样才能保证房地产业的稳定发展，满足人民的合理住房需求。通过债权证券化、股权证券化这种途径，实现了一级市场各种抵押产品的证券化，为房地产市场的发展提供了有效的资金来源，同时有效地分散了银行体系的风险，避免了风险过度集中于银行的情况。与美国相比，我国房地产金融体系不仅缺乏房地产抵

押贷款二级市场，也缺乏商用房地产二级市场。房地产金融体系特别是二级市场的缺乏，使得我国房地产贷款的流动性无法提升，金融机构由于惧怕风险而不敢大规模投资于房地产，影响了我国房地产业的健康平稳发展。因此，对于我国来说，健全房地产金融体系，特别是发展二级市场刻不容缓，但在这一过程中要吸取美国次贷危机的教训，借鉴德国的经验，审慎地进行资产证券化。

5.5.5 监管方面：完善信用体系，控制还款风险，保证系统安全

借鉴国外经验，完善个人信用体系，建立全部居民在银行体系的信用记录，保证合理的住房需求。监管当局要求银行在发放房地产抵押贷款时，对贷款人的信用、纳税、财产、收入状况和家庭开支等情况必须严格审核，着重关注贷款人的购房目的和第一还款来源，如果贷款人没有稳定的工作或未来收入波动较大，不能批准贷款申请。这种体系的设置，一方面可以对住房的投机需求进行监督，抑制房地产投机行为；另一方面，可以有效地防止不适当的住房需求，有效地抑制住房贷款乃至房地产金融体系的风险。

参考文献

[1] 李玉．借鉴美国经验构建我国房地产融资模式［J］．中国集体经济，2008（3）．

[2] 吴曦．借鉴美国经验完善我国房地产的融资渠道［J］．金融经济，2007（14）．

[3] 陈静文．德国房地产开发程序对我国的借鉴意义［J］．德国研究，2007（3）．

[4] 李静．德国房地产缘何能够独善其身［J］．域外传真，2011

(20): 48.

[5] 吴铁稳，林珊华．日本20世纪80年代房地产泡沫探析及启示——论政府在其中的作用［J］．经济与社会发展，2012（3）．

[6] 张君．日本金融政策演变与日本房地产泡沫［D］．沈阳：辽宁大学，2011.

[7] 雷超．新加坡REITs市场分析及启示［J］．东南亚，2006（2）．

[8] 武为群．新加坡的金融机构及其特点［J］．中国银行国际金融研究所，1983（8）．

[9] 周婷．新加坡房地产投资信托基金发展模式的经验借鉴［J］．时代经贸，2007（3）．

[10] 万若谷，胡茂频，刘耀峰．新加坡和香港经验对我国发展本土REITs的借鉴［J］．财务与会计，2006（7）．

[11] 郑思齐．美国房地产项目融资渠道一览［N］．中国房地产报，2006-01-02（14）．

[12] 马晶．我国房地产业金融风险问题研究［D］．太原：山西财经大学，2009.

[13] 张绍云．发达国家防范房地产金融风险的经验及其借鉴意义［J］．中国市场，2007（31）：60-61.

[14] 张宇，刘洪玉．美国住房金融体系及其经验借鉴——兼谈美国次贷危机［J］．国际金融研究，2008（4）：4-12.

[15] 蒋欢．美国住房金融体系研究及启示［J］．商场现代化，2005（30）：163-164.

[16] 唐秋月，仲跻华．美国房地产业融资模式研究［J］．黑龙江科技信息，2007（23）：140.

[17] 胡星．住房金融风险防范：国外的经验及启示［J］．河南金融管理干部学院学报，2003（2）：61-62.

[18] 张军．混业模式下城市商业银行中小企业授信管理研究［D］．厦门：

厦门大学，2006.

[19] 刘华，王艳．德国房地产金融政策介评［J］．银行家，2011（1）：99-100.

[20] 杭东．德国房地产金融政策启示［J］．上海房地，2011（6）：47-48.

[21] 王春华．发达国家房地产市场体系建设［J］．上海房地，2011（10）：16-18.

[22] 朱真真．中国房地产发展问题研究［D］．开封：河南大学，2013.

[23] 王春华．发达国家房地产市场体系建设启示录［J］．中国房地产金融，2012（3）：41-44.

[24] 张宇祥，曾赛星．国外房地产市场体系建设的经验与启示［J］．宏观经济研究，2007（4）：60-63.

[25] 孙淑芬．日本、韩国住房保障制度及对我国的启示［J］．财经问题研究，2011（4）：103-107.

[26] 汪利娜．德国住房储蓄与我国住房公积金的比较研究［J］．中国房地产金融，2000（6）：4-9.

[27] 谭禹．二元化住房制度：日本、新加坡、中国香港的实践模式与启示［J］．甘肃社会科学，2010（3）：184-187

[28] 刘鑫野．土地财政对公租房建设资金的支撑浅析［J］．经济视角，2013（8）：162-164.

[29] 郝祥生．美国次贷危机及警示［D］．上海：上海交通大学，2009.

[30] 傅波．资产证券化：我国农户小额信贷可持续发展的或优选择［J］．经济导刊，2011（3）：14-15.

[31] 叶林良．金融衍生品及其风险管理——基于美国次贷危机视角［J］．企业经济，2011（5）：31-33.

[32] 朱启文．深化改革视角下住房公积金管理模式与运作机制的创新设计［D］．苏州：苏州大学，2014.

[33] 朱丹，刘盛，祝和国，等．德国潘德布雷夫债券的发展和特色

[A] //中国证券业协会，上海证券交易所，深圳证券交易所，等. 创新与发展：中国证券业 2013 年论文集 [M]. 北京：中国财政经济出版社，2013：7.

[34] 曹建海，徐晓春．德国房价为何平稳 [J]. 山西青年，2010 (9)：78.

[35] 金姬．房地产基金全球走秀 [J]. 新民周刊，2013 (18)：34-37.

[36] 郭安丽．破解保障房“钱荒”房地产信托基金将试点 [N]. 中国联合商报，2014-12-15 (1).

[37] 金鉴中．房企何以推进“产融结合”[J]. 上海国资，2014 (8)：63-64.

[38] 刘哲婧．发达国家房地产金融产品创新对我国的借鉴 [J]. 经济论坛，2007 (2)：114-115.

[39] 李世宏. 德国房地产市场及房地产金融的特征分析 [J]. 西南金融，2011 (5)：41-44.

第6章　基于共生理论的房地产与金融关系重构的分析①

金融与房地产市场之间有着天然的密切关系，一方面，房地产业从开发建设到流通消费，庞大的资金需求都需要银行资金的支持；另一方面，不动产良好的资产属性契合了银行等金融机构贷款的需要和盈利动机，二者在利益驱使下形成一种长期的合作关系。然而，大量的研究表明，过度的金融支持会导致房地产市场价格波动和泡沫的产生；同时也有研究表明，房地产市场的价格波动和泡沫的存在又是引发金融系统风险的重要因素。房地产和金融是国民经济重要而又十分敏感的两个部门，任何一个市场出现问题，不仅影响房地产业和金融业的健康发展，也直接影响宏观经济的稳定与发展。因此，如何处理和平衡房地产业和金融业的关系，不仅是房地产业和金融机构自身的决策和选择问题，也是政府宏观调控关注的重点问题。近年来，我国房地产业和金融业之间一直处于一种非协调状态，一方面，房地产业快速发展需要大量资金，却越来越难以获得银行资金的支持；另一方面，银行等金融机构虽然偏好于不动产的抵押属性，也参享房地产业增长所带来的收益动机，但是，迫于内部风险防控和外部宏观调控的压力，又不得不收缩房地产信贷。金融部门收缩房地产信贷的结果是进一步加剧了房地产业的资金短缺。房地产业的资金需求与金融机构不动产抵押偏好的属性使二者具有协调合作的基础，实际上二者却处于矛盾的纠结之中。二者的这种关系状态不利于它们的健康持续发展，也直接

① 本章内容主要基于本书研究的阶段性成果。

影响宏观经济的稳定，如何平衡和改进我国房地产业和金融业的关系成为十分迫切的问题。

目前国内外学者主要从房地产周期论和泡沫论的角度研究房地产业与金融部门的关系，侧重于宏观外在因素的直接影响，没有从房地产业和银行等金融机构内生互利角度及影响机制层面揭示二者的关系，难以解释房地产业和金融机构对宏观政策的反应效果。20 世纪 90 年代从生物学引进的经济共生理论为研究房地产与金融内外在复杂的关系结构提供了新的研究视角。本章将运用共生理论分析我国房地产业与金融部门（银行）的关系及存在的问题，并对二者的合作效果进行检验，从利益内生角度揭示房地产业和银行合作的内在逻辑和动机，为改进房地产金融调控政策、优化二者关系、提升合作效果提供依据和建议。

6.1　共生理论与共生要素

在生物学中，两个或两个以上的独立主体，在相互需要的动态需求中所形成的既竞争又合作的关系被称为共生关系。“共生”一词源于希腊语，是生态学的一个概念，最早是由德国真菌学家德贝里于 1879 年在研究真菌时提出来的，是指生物之间的一种生态关系，即“互利共生”，暗示了生物体某种程度的永久性的物质联系，而不仅仅局限于人们所熟知的生物之间那种寄生、竞争、捕食和原始合作的关系。从理论上讲，共生是指“两个不同物种的有机体密切地结合在一起，在共同的生活中双方均获得利益，但彼此不能分开单独生存”。“共生”的含义主要包括三个方面：一是在共生中有合作、有竞争，在合作中竞争，又在竞争中加强合作；二是共同存在两个以上的独立主体；三是这种共同存在是动态的、相互需要的。共生一般使双方更能适宜环境，促进生物的进化过程。共生单元、共生模式、共生环境是共生的三要素。

6.1.1　共生单元

共生单元作为共生体形成的基本物质条件，是构成共生关系或共生体的基本能量生产和交换单位。对共生单元的描述使用两类参量：一类是象参量，描述共生单元的外部特征；另一类是质参量，描述共生单元的内在性质。对所有的共生单元来说，存在一组共同决定共生单元内部性质的质参量，这组质参量中往往存在一个起主导作用的质参量，即主质参量。它在共生关系的形成中有着至关重要的作用。一个共生单元往往存在一组象参量，分别从不同角度反映共生单元的外部特征。每一个共生单元都同时具有象参量和质参量，象参量的变化一般不引起共生单元的突变，而质参量的变化往往引起共生单元的突变。质参量和象参量两两相互作用，是共生关系形成和发展的基本条件和内在依据，也是共生单元存在和发展的基本动力。

6.1.2 共生模式

共生模式也称为共生关系，是共生单元之间相互结合的形式或作用的方式。既反映共生单元间的能量互换关系，也反映共生单元间的物质和信息的交流关系；既反映共生单元间相互作用的方式，也反映作用的强度。共生行为方式和组织程度结合，构成了一个完整的共生关系。在行为方式上，共生关系存在寄生、偏利共生、非对称互惠共生及对称互惠共生四种方式；在共生程度上，又有点共生、连续共生、间歇共生及一体化共生等多种情形。共生模式随共生环境的变化和共生单元性质的变化而变化。点共生可转变为间歇共生、连续共生甚至一体化共生模式，而寄生也可以转变为偏利共生或者互惠共生模式。

6.1.3 共生环境

共生环境是共生单元以外的所有因素的总和，是共生模式即共生关系存在以及发展的外部条件。比如，植物存在于大气及相关环境中；与植物共生的菌类存在于水环境或土壤环境中；企业共生体存在于社会和市场环境中。共生单元之间的关系是在一定的环境中发生的。

共生能量函数用共生单元、共生模式、共生环境相互作用的水平、效果以及共生系统的动态特征来描述。共生单元相互之间的接触方式以及机制的总和称为共生界面，它是共生关系形成和发展的基础。共生界面可分为很多种：有形界面和无形界面、单一界面和多重界面、单介质界面和多介质界面、内生界面和外生界面。对一种特定的共生关系来说，共生界面一般是多种形式的组合。

6.1.4　共生理论的特征

第一，合作是共生现象的本质特征之一，是双方关系良性循环与发展的基础。共生单元之间处于一种竞争型的生态系统中，这种竞争通过共生单元功能和内部结构的创新来提高其竞争能力，从而获得共同发展的相互作用关系。所以说共生并不排除竞争，而是单元之间的相互吸引和相互合作，并非单元之间的相互排斥，这与一般意义上的竞争不同。互利则共生，互损则俱灭，共生不是共生单元之间的相互替代，而是相互之间的补充和促进关系。共生同时包含了竞争和冲突，强调了从竞争中产生的创造性的、新的合作关系，这种融合、和谐的良性竞争导致弱肉强食，形成弱者赶超强者、强者带动弱者的局面，最终使得二者的竞争力共同提高，从而形成良性的互动循环关系。

第二，共生是多层次的、复杂的、开放的。共生包括社会系统的共生、生态系统的共生，以及社会系统与生态系统的和谐共生，而不是一个简单的、单一的存在现象。在这些系统中还存在各种层次的、高低不同的共生现象。另外，共生系统是开放的，生态系统与社会系统之间是相互依存、和谐互补的关系，两个系统内部及其相互之间进行信息、物质和能量的转化和交流。若任一系统或系统内某一环节遭到破坏，出现问题难以自我愈合，不能正常运转，必然会出现多米诺骨牌效应，从而有可能妨碍该系统其他环节或者另一系统有效发挥其功能。

6.2　共生理论在房地产业和银行关系中的适用性分析

共生理论致力于从宏观与微观结合的角度来研究系统内要素及系统之

间的共生规律，它适用于房地产业和银行之间的关系分析。

6.2.1 房地产业和银行满足共生关系的三要素

房地产业和银行的关系可以看作是两个共生单元以一定的共生模式在一定的共生环境中形成的相互依存的关系。房地产业和银行构成共生体的三个要素。

6.2.1.1 房地产业和银行是两个共生单元

在房地产业和银行体系中，房地产业和银行可以看作是两个共生单元。房地产业的规模、员工数量、产品的性质功能、员工学历水平等是质参量，从房地产业和银行共生的角度看，房地产业的主质参量界定为房地产业的利润和生产数量；银行的质参量有存贷款数量、资本充足率、各种业务服务、资产利润率等，从房地产业和银行共生的角度看，银行的主质参量为贷款数量。

6.2.1.2 房地产业和银行的共生模式

房地产业和银行的共生模式在组织程度上有点共生、间歇共生、连续共生、一体化共生四种情形，在行为方式上又有寄生、偏利共生、非对称性互惠共生以及对称性互惠共生四种模式。同时，房地产业和银行的共生模式随房地产业和银行这两个共生单元性质的变化及共生环境的变化而变化。

6.2.1.3 房地产业和银行的共生环境

房地产业和银行的共生环境是指房地产业和银行共生单元以外的所有因素的总和。影响房地产业和银行共生的主要环境是经济金融政策环境。房地产业和银行共生关系所存在的环境是多重的。按影响程度的不同，共生环境可分为主要环境和次要环境，并且主次会随时间和条件的变化而有所变化；按影响的方式又可分为直接环境和间接环境。

房地产业是国民经济的先导产业和基础产业，在国民经济中具有举足轻重的地位，其运行状态直接或间接地影响到几十个行业的市场变化。

因此，通过经济金融政策对房地产业实施调控是国家宏观管理的重要组成部分，是影响房地产业和银行非常重要的外部环境，尤其是在经济高涨和经济低速时期。当需要促进房地产业大规模和以较快速度发展时，可考虑降低对房地产开发项目和个人的贷款利率，扩大贷款规模，从而带动其他相关行业以及整个国民经济的发展，比如 2002 年我国颁布的《中国人民银行关于降低个人住房公积金贷款利率的通知》(银发〔2002〕57 号)、2008 年颁布的《经济适用房开发贷款管理办法》等；反之，当国民经济过热时，可考虑提高对房地产业的贷款利率，降低甚至控制贷款规模，从而起到收缩国民经济规模的作用，比如 2007 年颁布的《中国人民银行　中国银行业监督管理委员会关于加强商业性房地产信贷管理的通知》（银发〔2007〕359 号）以及 2010 年颁布的《中国人民银行　中国银行业监督管理委员会关于完善差别化住房信贷政策有关问题的通知》(银发〔2010〕275 号）等。

表 6-1 列出了我国近年来出台的主要经济金融政策，这些金融政策是国家根据当时的宏观经济形势所颁布的。

表 6-1　我国部分经济金融政策

年份	文件名称	主要功能
2001	《中国人民银行关于规范住房金融业务的通知》(银发〔2001〕195 号)	规范商业银行及借款人的行为
2002	《中国人民银行关于降低个人住房公积金贷款利率的通知》(银发〔2002〕57 号)	降低个人住房公积金贷款利率
	《中国人民银行关于加强住房公积金信贷业务管理的通知》(银发〔2002〕247 号)	加强商业银行的住房公积金信贷管理
2003	《中国人民银行关于进一步加强房地产信贷业务管理的通知》(银发〔2003〕121 号)	规范商业银行的信贷行为
2005	《中国人民银行加强房地产市场引导和调控的八条措施》	加强对房地产贷款和个人住房抵押贷款的信贷管理

续表

年份	文件名称	主要功能
2007	《中国人民银行　中国银行业监督管理委员会关于加强商业性房地产信贷管理的通知》(银发〔2007〕359 号)	严格住房消费贷款管理
	《中国人民银行　中国银行业监督管理委员会关于加强商业性房地产信贷管理的补充通知》(银发〔2007〕452 号)	
2008	《中国人民银行　中国银行业监督管理委员会经济适用房开发贷款管理办法》(银发〔2008〕13 号)	鼓励金融机构加大对经济适用住房开发的金融支持力度
2009	《中国人民银行　中国银行业监督管理委员会关于进一步加强信贷结构调整　促进国民经济平稳较快发展的指导意见》(银发〔2009〕92 号)	加大对自住型和改善型住房消费的信贷支持力度
2010	《中国人民银行　中国银行业监督管理委员会关于完善差别化住房信贷政策有关问题的通知》(银发〔2010〕275 号)	加强商业银行对消费性贷款的管理

资料来源：中国人民银行网站，http：//www. pbc. gov. cn。

6.2.1.4　房地产业和银行共生三要素的关系

房地产业和银行共生单元、共生模式以及银行共生环境作为房地产业和银行共生的三要素，其相互之间的关系非常重要。这种关系反映了房地产业和银行共生的性质、条件、特征、动态变化方向以及规律。在房地产业和银行共生关系的三要素中，房地产业和银行的共生模式是关键，基础是共生单元，共生环境是重要的外部条件。共生模式之所以是关键，是因为：一方面，共生模式反映和确定了房地产业和银行共生单元之间的交换和生产关系；另一方面，共生模式反映和决定了房地产业和银行共生单元对环境可能产生的影响，另外，它还反映房地产业和银行共生关系对共生环境及共生单元的作用程度。房地产业和银行共生关系的三要素之间的关系如图 6-1 所示。

图 6-1 中，U_1、U_2 分别表示房地产业和银行这两个共生单元。M_i 表示房地产业和银行之间的某种共生模式，其具体取向随着房地产业和银行的性质和环境的变化而变化。E_a 代表正向共生环境，激励共生体的形成；

E_n 代表中性环境，对共生体的形成没有影响；E_p 代表反向环境，抑制共生体的形成。这种激励或抑制的作用效果是通过对共生过程中能量、物质、信息的生产和交换的激励或抑制来实现的。反过来，共生体对环境的影响也分为三种：正向作用、中性作用、反向作用。与之相对应的分别为正向共生体、中性共生体、反向共生体。正向共生体对环境有积极作用，中性共生体对环境无影响，反向共生体对环境有消极作用。共生体与环境之间的组合关系如表 6-2 所示。

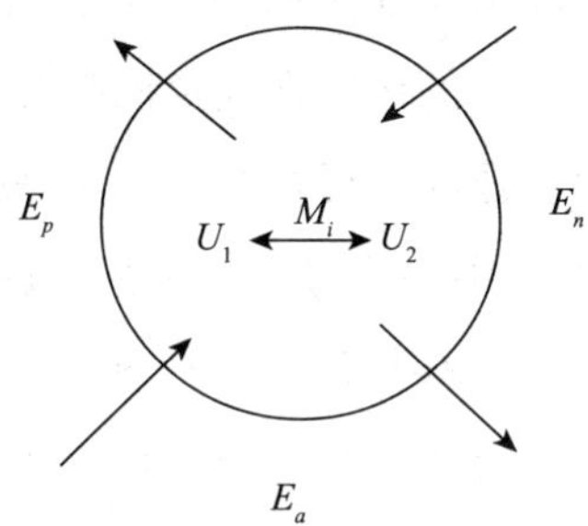

图 6-1　三要素关系示意图

表 6-2　房地产业和银行共生体与环境的相互作用

组合　环境 / 共生体	正向	中性	反向
正向	双向激励	共生激励	环境反抗，正向激励
中性	环境激励	激励中性	环境反抗
反向	共生反抗，正向激励	共生反抗	双向反抗

资料来源：袁纯清．金融共生理论与城市商业银行改革［M］．北京：商务印书馆，2001.

房地产业和银行共生三要素相互作用的水平和效果用共生能量来表示。经济主体存在与发展的动力是收益，因此，将房地产业和银行共生能量界定为房地产业和银行共生过程中给共生系统带来的收益。

6.2.2　房地产业和银行共生关系的作用机理

根据共生理论，共生关系结构由三个要素构成，即共生单元、共生模式和共生环境。共生单元是共生系统中能量生产和交换的单位，每一个共生单元都同时具有象参量和质参量，象参量从不同角度反映共生单元的外部特征，对于共生体中的所有共生单元，存在一组共同决定共生单元内部性质的质参量，其中有一个对共生关系的形成起主导作用的质参量，即主质参量。共生模式是共生单元间相互结合的形式或作用方式，反映共生单元间能量、物质和信息的交流互换关系。共生环境是共生单元以外的所有因素的总和，是共生模式存在及发展的外部条件。共生体的能量函数用共生单元、共生模式、共生环境相互作用的水平、效果及共生系统的动态特征来描述；共生单元相互之间的接触方式及机制总和生成共生界面。

在利益驱动下，房地产业和银行在合作中形成利益共生关系。在“房地产—银行”这一共生体系中，房地产企业和银行是两个共生单元，其中，房地产企业这个单元的质参量包括资产规模、产品性质、功能等，其中主质参量是利润和完成投资额；银行单元的质参量包括资本充足率、资产利润率等，其中主质参量被界定为贷款数量；房地产企业和银行以贷款为核心形成相互作用、相互影响的方式及途径，构成二者的共生模式；国家根据宏观经济形势颁布的各种房地产金融政策为二者提供共生环境。这三个共生要素相互作用的效果以共生能量表示，共生能量用房地产企业和银行在共生过程中为共生系统带来的收益来量度。

在二维共生体系中，共生单元通过共生界面相互作用而形成的共生体具有能量；共生单元通过共生界面进行物质、信息和能量的交流；在给定的时空条件下，共生单元能够积累对方的信息。这三个方面构成共生关系的充分条件。房地产业和银行通过相互合作，促进房地产投资额、开发量的扩大，产生共同收益：当出现房地产项目的投资机会时，银行向房地产企业贷出资金，获取利息；房地产企业将贷款用于项目投资产生收益，即“房地产—银行”共生体产生能量。房地产企业和银行在贷款政策、利率政策、税收政策等经济政策、法律制度下，交换融资渠道与投资机会，分享共同创造的收益。在项目合作中，银行通过贷款调查和评估获取房地产企业的财务状况、项目盈利性等关键信息，房地产企业获取银行的金融产品及服务等信息，双方在调查过程中不断累积这些信息。

构成共生关系还需要两个必要条件：①共生单元之间至少生成一个共生界面，且共生单元能在共生界面上自主活动；②至少有一组质参量在各共生单元之间兼容。国家制定的房地产金融政策是房地产和银行这两个共生单元间的共生界面。在项目合作中，二者拥有自由选择权——房地产企业自主选择投资机会和融资银行，银行自主决定是否贷款以及贷款的价格、数量和期限。在“房地产—银行”共生体中，净利润、所有者权益等质参量反映每一个共生单元的内部性质，且在各共生单元中兼容。

6.3　我国房地产业和银行的共生关系分析

6.3.1　我国房地产业和银行共生关系的特点

近年来，随着我国房地产业的快速发展，银行和房地产业以信贷资金为主质参量、以贷款为双方交互的共生模式，在房地产金融政策这一共生界面下，形成了紧密联系的共生关系。

首先，我国房地产企业在资金上高度依赖于银行信贷，银行贷款成为我国房地产企业的主要资金来源。目前，我国房地产金融体系不发达，房地产企业获取资金支持的渠道狭窄，房地产开发经营的资金来源主要局限于国内贷款、自筹资金、利用外资、外商直接投资及其他资金五项来源。在这五项来源中，根据对 2001—2017 年房地产开发企业资金来源的统计，如表 6-3 所示，有 18.3%直接来自国内贷款，34.4%的资金来自企业自筹资金，46.3%的资金来源于企业其他资金。其中，房地产企业的自筹资金主要来自商品房的销售收入，而销售收入又来源于购房者的银行按揭贷款，据统计，房地产企业约 70%的自筹资金间接地来自银行贷款。房地产企业的其他资金来源主要指“定金和预收款”，“定金和预收款”中大约有 30%的资金也源于银行信贷资金。如此算来，目前我国房地产企业的资金来源中，直接或间接来自银行的贷款占到了房地产企业资金总量的 55.5%

以上，表现出房地产企业的资金高度依赖于银行的信贷支持。

表 6-3　2001—2017 年我国房地产开发企业各项资金来源结构

年份	资金来源总计（亿元）	各项资金来源在资金来源总计中的占比（%）				
		国内贷款	自筹资金	利用外资	外商直接投资	其他资金来源
2001	7696.39	22.0	28.4	1.8	1.4	47.7
2002	9749.95	22.8	28.1	1.6	1.3	47.4
2003	13196.92	23.8	28.6	1.3	0.9	46.3
2004	17168.77	18.4	30.3	1.3	0.8	49.9
2005	21397.84	18.3	32.7	1.2	0.8	47.8
2006	27135.55	19.7	31.7	1.5	1.1	47.1
2007	37477.96	18.7	31.4	1.7	1.3	48.2
2008	39619.36	19.2	38.6	1.8	1.6	40.3
2009	57799.04	19.7	31.1	0.8	0.7	48.5
2010	72944.04	17.2	36.5	1.1	0.9	45.2
2011	85688.73	15.2	40.9	0.9	0.8	43.0
2012	96536.81	15.3	40.5	0.4	0.4	43.8
2013	122122.47	16.1	38.8	0.4	0.4	44.6
2014	121991.48	17.4	41.3	0.5	0.5	40.7
2015	125203.06	16.1	39.2	0.2	0.2	44.5
2016	144214.05	14.9	34.1	0.1	0.1	50.9
2017	156052.62	16.2	32.6	0.1	—	51.1
均值	67999.71	18.3	34.4	1.0	0.8	46.3

资料来源：由国家统计局年度数据整理得到。

其次，我国商业银行向房地产企业贷款的偏好倾向明显，房地产贷款成为银行的重要资产。由于房地产行业的高速发展，房地产贷款投资回报较高，且不动产作为抵押资产具有抗通货膨胀等特性，近年来，银行表现出明显地向房地产领域增贷的偏好，房地产贷款的增幅连年增大。据统计，2001—2011 年，银行投向房地产领域的信贷资金平均每年以 23.21%的增幅增长，远高于同期我国银行贷款总额平均 15.68%的增长幅度。在我国银行整体贷款规模呈现下降的趋势下，房地产贷款却依然是上升趋势。近 10 年来，剔除因 2004 年国务院通知提高房地产开发投资资本金比例、2008 年金融危机、2010 年国家对 16 个城市颁布限购令以及 2011 年国务院出台的“新国八条”房地产调控政策所引起的数据异常值后，图 6-2 反映出银行贷款总额和房地产开发贷款额增长的对比情况，房地产开发贷款的年增速显著高于银行贷款总额的年增速。与此同时的结果是，银行投向房地产领域的贷款已经占到银行资产的 20%左右，而且这一比例随着房地产贷款增幅的加大呈现逐年上升趋势。由此可见，房地产开发贷款在银行贷款中占有越发重要的地位，我国银行业信贷对房地产业的依赖性亦有增强态势。2001—2016 年我国银行贷款总额及向房地产业贷款额如表 6-4 表示。

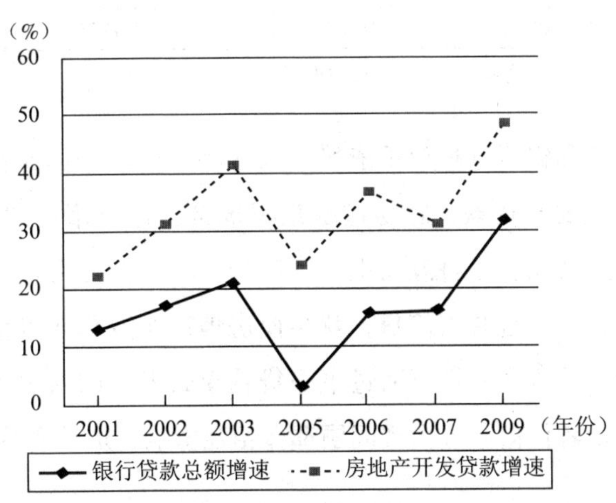

图 6-2　银行贷款总额及向房地产业贷款额的增速情况

注：此图剔除了 2004 年、2008 年、2010 年和 2011 年严厉调控政策产生的异常情况。

表 6-4　2001—2016 年我国银行贷款总额及向房地产业贷款额

年份	银行贷款总额（亿元）	增速（%）	房地产开发贷款（亿元）	增速（%）
2001	112314.7	13.03	1692.20	22.17
2002	131293.9	16.90	2220.34	31.21
2003	158996.2	21.10	3138.27	41.34
2004	189000.0	18.87	3158.41	0.64

续表

年份	银行贷款总额（亿元）	增速（%）	房地产开发贷款（亿元）	增速（%）
2005	194690.0	3.01	3918.08	24.05
2006	225347.2	15.75	5356.98	36.72
2007	261691.0	16.13	7015.64	30.96
2008	303395.0	15.94	7605.69	8.41
2009	399684.8	31.74	11293.00	48.48
2010	479196.0	19.89	12563.70	11.25
2011	526939.1	9.96	13056.80	3.92
2012	629909.6	19.5	14778.39	13.19
2013	718961.5	14.1	19672.66	33.12
2014	816770	13.6	21242.61	7.98
2015	939540.2	14.3	20214.38	-4.84
2016	1066040.1	13.5	21512.40	6.42
均值	405848.61	16.08	10527.47	19.69

资料来源：由中国人民银行年度数据整理得到。

我国房地产和银行这种双重依赖关系容易产生两个问题：一是银行大量向房地产企业发放贷款，容易过度累积来自房地产市场的系统性风险，房地产市场一旦波动，必将波及银行资产的安全；二是房地产企业过度依赖银行资金，银行一旦收缩信贷，就会使房地产企业陷入资金困境，从而进一步恶化银行的资产质量。通过单一贷款模式形成的共生关系，使银行和房地产企业二者任何一方出现问题都会相互影响，形成恶性循环。

6.3.2 我国房地产业和银行共生组织模式分析与检验

6.3.2.1 我国房地产业和银行共生模式现状

房地产业和银行这两个主体之间有两类共生模式，一类是共生组织模式，另一类是共生行为模式。表6-5描述了房地产业和银行共生模式的16种状态。

表6-5 房地产业和银行共生模式（M_i）的可能组合

	点共生	间歇共生	连续共生	一体化共生
寄生（P）	M_{P1}	M_{P2}	M_{P3}	M_{P4}

续表

	点共生	间歇共生	连续共生	一体化共生
偏利共生（C）	M_{C1}	M_{C2}	M_{C3}	M_{C4}
非对称性互惠共生（A）	M_{C1}	M_{C2}	M_{C3}	M_{C4}
对称性互惠共生（S）	M_{S1}	M_{S2}	M_{S3}	M_{S4}

资料来源：袁纯清．共生理论——兼论小型经济［M］．北京：经济科学出版社，1998.

目前，我国房地产业和银行的共生模式，从共生组织模式看有以下几种：①点共生。这种情况下，房地产业和银行只有一次相互合作，双方之间存在强烈的信息不对称，有可能合作一次后发现对方不能满足自己的需求而终止合作。②间歇共生。房地产业和银行有几次合作，但是不连续。由于各家银行提供的服务不尽相同，所以一段时间内房地产业可能由于业务关系与某家银行进行合作，而另一段时间可能转向别家银行。③连续共生，即房地产业和银行存在连续的合作关系，在这种模式下，双方保持一种长期、稳定、密切的合作关系。

从共生行为方式看有以下几种：①寄生。目前，我国房地产业的发展基本是在依赖国内银行金融支持的基础上形成的，房地产业通过向银行贷款的方式来维持自身的日常经营和开展业务。若没有银行的支持，则很难发展下去。所以，银行在某种程度上担当了寄主的身份，这种方式很容易造成银行的不良贷款，对银行不利。②偏利共生。这种共生模式与寄生有很大的相似之处。房地产业通过银行贷款获得投资机会和利润，而当借款到了偿还日之时，房地产业若故意拖欠不还所贷的款项，或者只偿还一部分本金和利息，那么产生的利润会绝大部分偏向于房地产业，银行付出了资金成本却没有获得相应的收益。③非对称性互惠共生。在这种模式下，房地产业和银行的相互合作产生了共同收益，房地产业获得了投资机会和收益，银行获得了一定的利息收益，对房地产业和银行而言，它们各自都得到了自身的利益，但是由于房地产企业的信用风险以及利率非市场化等，使得共同收益在二者之间的分配是互惠而非对称性的。虽然这种模式对房地产业和银行都是有利的，但是利益分配不均匀，社会资源没有得到最大限度和最有效的利用。

6.3.2.2 我国房地产业和银行共生目标模式分析

由表6-5可知，我国房地产业和银行的共生模式有16种状态。那么，什么样的共生模式对房地产业和银行都有利且能够使社会资源得到最有效的利用呢？理论上而言，在前面所讲到的房地产业和银行共生模式的16种可能的状态中，M_{S3}表示的连续对称性互惠共生是市场条件下最理想的共生模式。

之所以说连续共生模式是房地产业和银行最理想的共生组织模式，是因为：①共生界面特征。在房地产业和银行共生界面的形成上，连续共生模式的界面生成有其内在的必然性，而不是一些偶然的、随机的因素所导致的。所以其界面一般比点共生和间歇共生的稳定性更强，这种稳定性使得连续共生继续存在和发展。②分配特征。房地产业和银行连续共生模式内部的分配遵守稳定性的分配条件，而点共生和间歇共生模式都是不稳定状态的共生模式，因此它们无须严格遵守稳定性的分配条件，容易造成分配的不均匀。③共进化特征。共进化能够反映共生单元间的本质属性和内在关系，其水平和程度会随着共生的类型、共生单元的特性和共生模式的变化而变化。一般情况下，共生介质种类越多、功能越多，共生界面就越稳定、作用的时间也越长，共进化的水平和程度就会越高。而连续共生模式能促进共进化在较高水平上实现，因为在这种模式下，共生单元之间的关系在一定的时间段内具有连续性和稳定性。由此可知，连续共生模式的进化特征比点共生和间歇共生模式更明显。

之所以说对称性互惠共生模式是房地产业和银行最理想的共生行为模式，是因为：①房地产业和银行通过相互协作和专业化的分工，产生共同收益，物质、信息和收益的生产率和交换率也高。②在对称性共生模式下，实现了对称分配。在这种情况下，所有的共生单元都得到了进化，所有的共生单元得到相同的进化机会和成本，提高了其生存和繁殖能力，这为房地产业和银行共生单元之间形成新型的关系奠定了基础。③房地产业和银行共生过程中存在频繁的双边和多边的交流机制，极大地提高了房地产业和银行的共生收益，降低了其共生成本。共生收益广泛均匀地分配以及多边的交流机制，使得对称性互惠共生关系的功能创新及性状从总体上而言是所有共生行为模式中最高的。

6.3.2.3　我国房地产业和银行共生模式检验

在检验我国房地产业和银行的共生模式中，由于收集数据的有限性，在剔除数据信息不全面①的样本后，本书选取全国 70 家 A 股上市房地产公司作为样本，时间数据为 2009 年年末。通过查阅每家 A 股上市房地产公司的年度报告，可得知各家上市房地产公司与银行之间都有合作，比如向银行的借款金额，进而可得到这 70 家 A 股上市房地产公司在 2009 年向银行的借款占其自身资金来源的比例，从而判断两者的共生组织模式。通过天相投资分析系统的数据，可得知每家房地产公司在 2009 年的净资产收益率，进而可判断两者的共生行为模式。表 6-6 为样本有关参数。表 6-7 为所选取的样本公司共生模式状态。

表 6-6　样本有关参数一览表

指标	最小值	最大值	均值	方差
样本房地产公司的分配系数（K_A）	0.13%	27.22%	8.31%	36.67%
银行的分配系数（K_B）	4.37%	8.11%	5.99%	0.55%
样本房地产公司向银行借款的比例	13.63%	89.58%	45.28%	381.92%

资料来源：根据和讯网、天相投资分析系统相关数据整理得到。

表 6-7　所选取的样本公司共生模式状态②（户数）

	点共生	间歇共生	连续共生	合计
寄生	0	17	9	26
偏利共生	0	18	16	34
互惠共生	0	9	1	10

① 有的样本房地产公司 2009 年的年度报告中没有银行借款的数据，有的样本房地产公司有银行借款的数据，但是没有标注借款利率。本书剔除了这两方面数据不全的样本。

② 鉴于一体化共生模式在现实中很难存在，所以在本章的实证中不分析此模式。点共生：房地产公司向银行借款的比例 $k\leqslant10\%$；间歇共生：房地产公司向银行借款的比例 $10\%\leqslant k\leqslant50\%$；连续共生：房地产公司向银行借款的比例 $k>50\%$；寄生：$\Delta K_A<0$，且 $\Delta K_B<0$；偏利共生：$\Delta K_A<0$ 或 $\Delta K_B<0$；互惠共生：$\Delta K_A>0$，且 $\Delta K_B>0$。

续表

	点共生	间歇共生	连续共生	合计
合计	0	44	26	70

6.3.2.4 检验结论

由表6-8可知：①2009年我国房地产业和银行之间不存在点共生模式，即在2009年，上市房地产公司向银行借款的比例都在10%以上，说明房地产业和银行之间的合作十分密切，房地产业的发展离不开银行的信贷资金支持。②间歇共生模式的占比为62.86%，在所有的共生组织模式中占比最高的，偏利共生的占比为48.57%，在所有的共生行为模式中占比最高的，由此可知，在2009年，我国房地产业和银行的共生组织模式为间歇共生，共生行为模式为偏利共生。在间歇共生模式下，房地产公司和银行有短期合作，但是不连续、不稳定，不利于两者建立长期稳定的合作关系，从而不利于两者的向好发展。而在偏利共生模式下，房地产公司和银行产生的共同收益存在非对称的分配，利益偏向一方。因此，这两种共生模式都不利于房地产业和银行的共同健康发展，且与前面所讲到的共生目标模式连续互惠共生也有一定的差距。③寄生这一模式占所有共生行为模式的37.14%，这个比例略低于偏利共生的占比，说明银行在一定程度上担当了寄主的身份，这种方式很容易造成银行的不良贷款，这对银行不利。整体来看，说明目前我国房地产业和银行的共生模式不是很理想，需要在某些方面采取改进措施。

表6-8 所选取的样本公司共生模式状态

	点共生	间歇共生	连续共生	合计
寄生	0	24.29%	12.86%	37.14%
偏利共生	0	25.71%	22.86%	48.57%
互惠共生	0	12.86%	1.43%	14.29%
合计	0	62.86%	37.14%	100%

资料来源：根据表6-7整理而得。

6.3.3　我国房地产和银行共生效果检验

根据袁纯清（2004）的金融共生理论，理想的共生关系应该是房地产企业和银行通过一定物质、信息、能量的交互达到二者共同受益、相互促进、持续发展的状态。那么，目前我国房地产业与银行的共生效果如何？本书运用共生理论研究方法予以实证，以揭示二者共生关系的状态及存在的问题。

6.3.3.1　样本选取与数据来源

本书在实证检验中用到的相关指标和数据均来源于样本上市公司的财务报告。剔除数据信息不全面①的样本后，本书选择了我国131家A股房地产上市公司和15家上市银行作为最终样本，选择截面数据时间为2011年年底。

6.3.3.2　模型构建

本书从共生界面的角度考察我国房地产与银行共生关系的效果。共生界面是共生单元之间相互作用的媒介（利率、税收等经济、法律制度等），是决定共生系统效率和稳定性的核心要素。对于一个共生体中共生界面的测度，可以从信息传输、能量传输、阻尼特征等多个维度入手，其中，能量传输在“房地产—银行”的共生体中具体化为利益分配，是共生界面的核心维度。共生单元通过共生系统获得的新增能量及新增能量在共生单元间的分配，在本书研究中可具体化为，房地产企业与银行在项目贷款合作中所创造的价值与新增价值在二者间的分配，本书就从利益分配角度测度房地产与银行的共生效率。

何自力（2006）构建了一个银企共生界面测评与优化的数学模型 $\max U=f(K, \alpha, D, M, \lambda, Q)$，其基本思想是以每个共生单元通过共生系统获得的能量与所消耗资源之比评价共生效率，并通过引入共生效率的

①　有的样本房地产公司2011年的年度报告里面没有银行借款的数据，有的样本房地产公司有银行借款的数据，但是没有标注借款利率。本书剔除了这两方面数据不全的样本。

标准值考察共生系统的收益分配是否均衡。本书在此基础上针对中国房地产—金融共生体选取能够刻画每一共生单元投入产出效率的具体指标以及理想效率水平下的参考值，构建基于利益分配维度的量化测评模型：

$\max U=f(k,\ \alpha)$　　　　(6-1)　　　　$s.t.\ E_S=E_{SA}+E_{SB}$

$K_{si}=(1+\alpha)K_{sm}$　　　　(6-2)　　　　$E_C=E_{CA}+E_{CB}$

其中，模型（6-1）中的 U 为共生系统的效用，由参数 K 和 α 决定；K 为分配系数，是共生单元从共生系统中获得的利益（能量）与所消耗的资源的比值，反映了共生单元的投入产出效率；α 为非对称分配因子，反映了共生单元分配系数相对于理想激励水平的偏离情况。约束条件中的 E_S 为共生系统承载的总能量（利益），E_{SA} 和 E_{SB} 分别代表共生单元 A 和共生单元 B 在共生过程中获得的能量（利益）；E_C 表示共生系统中资源的占用或损耗，E_{CA} 和 E_{CB} 分别表示共生单元 A 和 B 对共生资源的消耗。模型(6-2)中的 K_{si}（$i=A,\ B$）为每一共生单元的分配系数，$K_{si}=E_{si}/E_{ci}$；K_{sm} 代表对各共生单元均具有理想激励的分配系数，具体取值参考环境系统中的优秀水平。若 $K_{si}=K_{sm}$，则 $\alpha=0$，此时，共生系统为对称分配。对称分配的经济学含义是：①共生系统各单元间实现了利益分配的均衡；②此均衡是一种在系统环境内的、优秀回报水平下的均衡。

在本书中，E_{SA} 和 E_{SB} 分别选取房地产和银行上市公司的净利润和房地产开发贷款利息收入，E_{CA} 和 E_{CB} 分别选择相对应的所有者权益和房地产开发贷款总额，那么，房地产企业和银行业的分配系数则以净资产利润率和贷款利润率衡量，用 K_A 和 K_B 表示，$K_A=E_{SA}/E_{CA}$，$K_B=E_{SB}/E_{CB}$。样本房地产公司和银行的 K_{sm} 统一用 2011 年度上市公司的股本收益率①优秀值来表

① 股本收益率=净利润（归属于母公司的净利润）/平均股本净额。K_{sm} 用上市公司的股本收益率来表示，是因为：第一，用全部的上市公司数据，考虑范围更加全面，更能说明整体情况；第二，股本收益率揭示了上市公司净资产中的股本获取收益的能力，突出反映了股本与报酬的关系，对房地产业和银行均具有激励作用。

示，为 73.5%。① 由此，再根据公式 $K_{si}=(1+\alpha)K_{sm}$，即可求出样本房地产公司和银行的非对称分配因子，分别用 α_A 和 α_B 表示。

6.3.3.3　实证结果与分析

（1）分配系数统计结果。

131 家样本房地产公司和银行分配系数 K_A 和 K_B 的统计结果如表 6-9、表 6-10 所示。

表 6-9　样本房地产公司分配系数（K_A）的统计结果

	Statistic
N	131
Range	0.67
Minimum	-0.13
Maximum	0.54
Mean	0.1038
Std. Deviation	0.09219
Variance	0.008
Skewness	0.701
Valid N（listwise）　N	131

表 6-10　样本银行分配系数（K_B）的统计结果

	Statistic
N	15
Range	0.02
Minimum	0.04
Maximum	0.06
Mean	0.0481
Std. Deviation	0.00569

① 摘自《中国上市公司业绩评价报告》，由中联研究院等编著，科学出版社 2012 年版。该书的业绩评价在考虑行业、规模等影响因素的基础上，进一步将评价标准分类细化，分为优秀、良好、平均、较低、较差五个档次。2011 年度中国上市公司股本收益率优秀值、良好值、平均值、较低值和较差值分别为 73.5%、61.2%、40%、13.3%和-0.1%。

续表

	Statistic
Variance	0
Skewness	-0.15
Valid N（listwise） N	15

根据表6-9和表6-10中样本房地产公司和银行分配系数的统计结果，我们可以分析并推导出以下结论：①样本房地产公司和银行的分配系数 K_A 与 K_B 的偏度系数分别为0.701（大于0）和-0.15（小于0），即样本房地产公司的分配系数为右偏态分布，样本银行的分配系数呈左偏态分布，均不服从正态分布。由此可以看出，我国"房地产—银行"共生体系的整体运行效率偏低，两个共生单元的投入产出效率（即利润回报和资本投入的比值）并没有按合理状态比例分布。对于我国银行业，其分配系数的均值小于峰值，说明银行在房地产合作项目中的资本投入效率多集中在较低水平。②样本房地产公司分配系数 K_A 的标准差为0.09219，略小于其均值0.1038；银行分配系数 K_B 的标准差为0.00569，小于其均值0.0481，这说明样本房地产公司分配系数 K_A 和样本银行分配系数 K_B 的波动性均较大，且房地产公司分配系数 K_A 的波动性更为显著，即在"房地产—银行"共生体中，双方收益的稳定性均较差。

（2）非对称分配因子统计结果。

样本房地产公司和银行非对称分配因子的统计结果如表6-11和表6-12所示。

表6-11 样本房地产公司非对称分配因子（α_A）的统计结果

	Statistic
N	131
Range	0.92
Minimum	-1.18
Maximum	-0.26
Mean	-0.8587

续表

	Statistic
Std. Deviation	0.12542
Variance	0.016
Skewness	0.701
Valid (listwise) N	131

表6-12 银行非对称分配因子（α_B）的统计结果

	Statistic
N	15
Range	0.03
Minimum	-0.95
Maximum	-0.92
Mean	-0.9346
Std. Deviation	0.00774
Variance	0
Skewness	-0.15
Valid (listwise) N	15

从表6-11和表6-12中可以看出，样本房地产公司的非对称分配因子的均值为-0.8587，而银行的非对称分配因子的均值为-0.9346，房地产公司的非对称分配因子的均值稍大于银行的非对称分配因子的均值。这表明目前我国“房地产—银行”共生体系的利益分配格局呈现出向房地产公司偏利而对银行不利的非对称分配，共生界面中所包含的激励机制、经济制度和政策等作用于“房地产—银行”共生体，并使共生体的运行倾向于房地产公司的发展。同时，我们可以关注到，我国银行和房地产公司的平均净资产收益率仅为我国上市公司优秀水平的6.54%~14.12%，两个行业在共生体系下的经营业绩均处于较低水平，这也可以和分配系数统计结果中显示的右偏态分布相印证。

6.4 本章小结

根据以上分析，我们可以得到如下结论：我国房地产业与银行之间是一种客观的共生关系，通过信贷合作形成互利共生的共同体。但是，房地产业和银行通过共生体获取的收益波动较大，缺乏稳定性；且共生体产生的收益呈现非对称分布，共生界面偏利于房地产企业，银行并未在共生过程中获得平等的利益分配。此外，我国房地产企业和银行在目前共生体系中的运行效率都偏低，离系统环境中的优秀水平还有较大差距。

对于造成我国“房地产—银行”共生效果不理想的原因，本书认为有以下几点：

6.4.1 房地产调控政策偏颇，共生环境不利于二者协调、均衡发展

宏观调控政策是房地产业和银行合作共生的外部环境，影响“房地产—银行”共生体的运行成本和效率，也对二者的行为模式和绩效分配产生影响。自2003年以来，我国房地产宏观调控从未停止过，10年间政府出台各类房地产调控政策多达43次，其中，房地产金融调控更是常规调控措施，每一次调控都伴随着房地产开发贷款的规模、审贷条件、贷款利率以及住房消费信贷的首付款比例、利率优惠限制等措施的出台。除了在2008年第三季度至2010年4月受国际金融危机的影响，调控政策是鼓励房地产投资和住房消费外，其余调控政策都是为了控制房价过快上涨和房地产投资增加，从而限制银行向房地产业放贷。政府实施房地产调控政策的逻辑前提是，我国房地产市场发展过快，房价过高，风险过大，因此，希望通过调控来抑制房价，挤压泡沫，控制房地产市场风险向银行传递；通过限制银行向房地产企业放贷，来控制房地产业的发展规模和速度，降低银行来自房地产市场的风险累积。然而，调控效果差强人意，10年间我国房地产年投资额增长了874.08%，房价平均上涨了16%以上，一线城市

的房价甚至涨了 10 倍；房地产信贷规模 10 年保持了 20%以上的增长率。

6.4.2　缺乏对房地产与银行本质关系的清醒认识

我国宏观调控政策既没能抑制房价上涨和房地产投资的增加，也没有控制住银行的房地产贷款，反而使“房地产—银行”共生体的效率下降，收益不稳定，而且银行在房地产信贷中没能得到对称的收益分配。究其原因，第一，忽视了房地产业与银行合作的内在共生性；第二，过度运用了行政性调控手段，没有从本质上认识房地产业与银行的关系，二者本质上是一种彼此需要的内在共生关系，而政府过度运用了行政性调控手段，从而宏观上产生了逆向的共生环境，微观上破坏了共生单元市场化选择的机制。银行选择房地产企业或项目进行放贷，是银行和房地产企业作为市场主体在利益机制驱使下的自主行为，调控政策利用行政手段人为切割和限制银行与房地产企业的合作，违背了客观的市场法则。现实中，我国房地产调控政策的行政性倾向愈加严重，从“限贷”“限利率”到“限购”“限价”，这些行政措施违背了市场选择性，破坏了银行和房地产企业之间正常的共生环境和竞合关系，使银行和房地产企业都在一定程度上失去自主选择的权利和机会，尤其是对银行向房地产项目贷款不加区别地实施额度限制和价格（利率）管制，让银行错失好项目的机会，从而就产生悖论，政策稍有放松，银行便会疏于筛选而增加房地产贷款。可见，在严厉的信贷政策限制下，银行在与房地产业的合作共生中不仅丧失效率，而且在利益分配中处于不利地位。此外，调控政策的频繁和不连贯造成了房地产业与银行的共生截面不稳定，从而导致二者合作的不稳定以及收益的波动。

6.4.3　房地产企业与银行合作方式单一、金融创新不足

在政策限制和制度约束下，我国房地产与银行主要通过贷款模式发生关系，银行仅仅局限于为房地产企业提供贷款，而缺乏更多的金融服务，如融资咨询、融资方案设计、借贷以及其他形式的资金支持等；房地产企

业仅以固定利息方式支付银行资金成本，其他的回报方式和合作模式有待开发。在贷款模式下，银行在项目合作中面临着由信息不对称引起的逆向选择和道德风险问题，银行向房地产项目出借资金，银行在获得项目收益固定索取权的情况下，可能承担着无限的风险。同时，贷款模式更容易受到共生环境的影响，国家宏观调控政策的重点措施就是直接对房地产贷款的限制，由此导致我国房地产企业和银行的合作呈现间歇性、短期化特点，合作关系不连续、不稳定，不利于二者建立长期稳定的合作关系，不利于两者的同时向好发展；同时，二者合作出现偏利性结果，利益偏向房地产企业，对银行产生不利，容易造成银行的不良贷款。整体来看，我国房地产业和银行间单一贷款方式的共生模式不理想，间歇性和偏利性不利于房地产业和银行共生效率的提升和长期合作、健康发展。同时，合作方式单一不利于分散彼此带来的风险，加剧了我国房地产业和银行两个共生单元的风险累积和风险传染。

近年来，银行加强对房地产贷款的风险管理和信贷控制，是银行应对与房地产企业偏利共生的一种措施选择；从政策层面看，近年来实施的一系列房地产金融调控政策，也是对房地产业与银行共生利益进行的不均衡纠正。但是，行政化和矫枉过正是我国房地产金融调控存在的主要问题。我国房地产金融调控政策有待深化，无论是银行还是监管部门，粗放的房地产金融调控虽然短期能控制房地产金融风险，从长期来看，无益于增进房地产业和银行的共生利益，有关部门应在调控政策的结构以及具体措施的针对性方面做些努力，让房地产业和银行在政策制度的牵引下选择更有效的共生模式，提高共生运行效率，对经济社会产生更大的正效能。

参考文献

[1] 何自力，徐学军．一个银企关系共生界面测评模型的构建和分析：来自广东地区的实证 [J]. 南开管理评论，2006 (4)：64-69.

[2] 葛红玲，聂晓曦．中国房地产业与银行共生关系——特点及效果检验 [J]. 经济与管理研究，2015 (5)：31-38.

[3] 李晴晴．我国房地产业和银行的共生关系研究 [D]. 北京：北京工商大学，2011.

[4] 袁纯清．共生理论及其对小型经济的应用研究 [J]. 改革，1998 (2)：102-105.

[5] 袁纯清．金融共生理论与城市商业银行改革 [M]. 北京：商务印书馆，2001.

[6] 刘荣增．共生理论及其在我国区域协调发展中的运用 [J]. 工业技术经济，2006，25 (3)：19-21.

[7] 鲍富元．城乡和谐型环城游憩带的构建分析——基于共生理论的探讨 [J]. 中南财经政法大学研究生学报，2008 (3)：66-70.

[8] 王宇露．银行共生机理、共生型和共生进化研究 [J]. 上海金融，2007 (12)：25-28.

[9] 周健，付嘉．商业银行与资本市场的关系：基于金融共生理论的分析 [J]. 福建金融管理干部学院学报，2008 (2)：9-13.

[10] 肖洪生，肖婕．金融企业共生的理论分析及共生能力评价 [D]. 山东：山东大学，2011.

[11] 龙昀光．基于共生理论的企业技术联盟发展研究 [D]. 兰州：兰州理工大学，2009.

[12] 陈欣欣．港口可持续发展中的共生关系研究 [D]. 大连：大连海事大学，2006.

[13] 黄河，李思莹，肖艳玲，等．构建集群共生网络产业集群发展新思

维［J］. 商业时代，2011（5）：121-122.

［14］周红．基于生态学的大型公共工程可持续能力研究［D］. 南京：东南大学，2006.

［15］何自力．我国银企共生关系与银企共生模式分析——基于广东地区的实证［J］. 企业家天地，2006（6）.

［16］Salmio. Eco-Efficiency and Industrial Symbiosis-a Counterfactual Analysis of a Mining Community［J］. Journal of Cleaner Production，2007，15（17）：1696-1705.

［17］Jensen P D，Basson L，E Hellawell E E，et al. Quantifying "Geographic Proximity"：Experiences from the United Kingdom's National Industrial Symbiosis Programme［J］. Resources，Conservation and Recycling，2011，55（7）：703-712.

［18］Handa J，Khan S R. Financial Development and Economic Growth：A Symbiotic Relationship［J］. Applied Financial Economics，2008（18）：1033-1049.

［19］GE Hongling，NIE Xiaoxie. The Symbiotic Relationship of Real Estate and Bank：Empirical Evidence from China［J］. The 2nd International Conference on Business Management and Electronic Information，2012（4）：73-77.

第7章　基于产业融合理论的房地产与金融关系重构的分析

近年来，随着我国居民收入的不断增加，消费者对于自身的居住需求也开始逐步提升，进而带来了我国房地产和房地产金融业的快速发展。特别是最近几年，随着房地产火爆需求的拉动，房地产业激烈竞争的推动，以及房地产金融创新和外资进入的促进，我国的房地产业和金融业的关系日益密切，并体现出产业融合的特点。而本章则正是基于产业融合理论，对房地产业与金融业的关系进行重新梳理，并对房地产业与金融业产业融合的动因、表现、模式和效应等方面进行理论分析和实证检验。

7.1　产业融合理论

产业融合作为一种经济现象，最早源于数字技术的出现导致的信息行业之间的相互交叉。从20世纪70年代开始，随着信息化进程的不断推进和经济服务化趋势的日益加深，很多发达国家在信息、金融、物流、能源等领域出现了产业融合的现象（张建刚等，2010）。现代产业在横向上不断地相互交融，使得我们很难判断一个传统产业的具体边界，以及企业在传统产业结构里的具体位置（林民盾、杜曙光，2006）。

产业融合作为一种新型的产业革命，正在显著改变着传统的产业结构，影响到个人、企业乃至国家等各个层面。产业融合日益成为社会生产力进步和产业结构高度化的必然趋势，并逐渐成为一种新的产业发展范式（孙永波、王道平，2009）。

7.1.1 产业融合的内涵与分类

7.1.1.1 产业融合的内涵

国内外学者针对产业融合的现象已经展开了非常丰富的研究，并从不同的研究角度对产业融合的概念和内涵进行总结。然而，目前的大部分研究都还只是对产业融合现象的描述分析，对于产业融合本身的内涵尚未形成一个统一的界定。

产业融合的研究最早是从技术视角展开的，美国学者 Rosenberg（1963）在对美国机械产业演化的研究中发现了同一技术向不同产业扩散的现象，并把这种现象定义为技术融合。此后，Gaines（1998）、Fai 和 Tunzelmann（2001）、Lind（2004）对产业融合的研究均沿用了 Rosenberg 的技术融合的思路。学者 Yoffie（1997）则从产品视角出发，将产业融合定义为采用数字技术后原来各自独立产品的整合。此外，也有学者从产业视角展开研究，美国学者 Greenstein 和 Khanna（1997）最早从产业变动的角度提出，产业融合是为了适应产业增长而发生的产业边界的收缩或消失。日本学者植草益（1988）则认为，产业融合就是通过技术创新和放宽限制来降低行业间的壁垒，加强行业企业间的竞争合作关系。欧洲委员会（European Commission，1997）的绿皮书则称，产业融合是技术网络平台、市场和产业联盟与合并三个角度的融合；该定义的出现使得产业融合的内涵得到了拓展性的表述，加上绿皮书中对相关产业融合管制问题的提及，也使得产业融合这一定义更加有意义和具有综合性。

国内学者周振华（2002）较早对产业融合的现象和本质进行了系统研究，在产业融合这一概念的界定上，他认为产业融合意味着传统产业边界模糊化和经济服务化趋势，是产业间新型的竞争协同关系的建立和更大的复合经济效应。厉无畏（2002）从产业发展的角度，认为所谓产业融合是指不同产业或同一产业内的不同行业，通过相互渗透、相互交叉，最终融为一体，逐步形成新产业的动态发展过程，其特征在于新的产业或新的增长点等融合的结果出现。马健（2006）试图将以上视角综合起来，将产业融合的定义概括为：由于技术进步和放松管制，发生在产业边界和交叉处的技术融合，在经过不同产业或行业之间的业务、组织、管理和市场的资源整合后，改变了原有产业产品和市场需求的特征，导致产业内的企业之间的竞争合作关系发生改变，从而导致产业界限的模糊化甚至重划产业界限。

7. 1. 1. 2　产业融合的类别

根据不同的研究目的，学者们对产业融合进行了不同角度的划分。从市场角度可以分为供给方面融合和需求方面融合，供给方面主要是技术融合，需求方面主要是产品融合。技术融合又可进一步分为技术替代融合与技术整合或补充融合。从产品视角可以分为替代型融合和互补型融合以及结合型融合（周振华，2004）。

马健（2006）根据产业融合的程度和市场效果，将产业融合分为完全融合、部分融合和虚假融合。聂子龙和李浩（2003）提出产业融合有四种主要形式：高新技术的渗透融合、产业间的延伸融合、产业内部的重组融合、全新的产业取代传统旧产业进行融合。胡汉辉和邢华（2003）将产业融合分为产业渗透、产业交叉、产业重组三种形式。胡永佳（2008）从产业融合的方向上，将其分为横向融合、纵向融合和混合融合；从产业融合的结果上可分为吸收型融合和扩展型融合。郑明高（2010）则将产业融合的类型划分为渗透型融合、互补型融合、重组型融合和替代型融合四类。

由此可见，国外主要从技术与产品两个层面来进行分类，并通过引进替代与互补两种作用机制，从技术融合与产品融合视角解释了产业融合的产生；国内学者主要从产业视角来进行分类，从宏观层面对产业融合现象进行了描述。

7. 1. 2　产业融合的发展动因

产业间的关联性和对效益最大化的追求是产业融合发展的内在动力。从当今世界产业融合的实践看，推动产业融合的因素有很多，但基本上可以概括为内在因素与外在因素两个方面（张建刚等，2010），内在因素包括技术创新、管理创新或战略联盟、企业基本组织原则的变革等，而外在因素主要有消费需求变化、全球化与自由化、产业管制政策的放松等（于刃刚等，2006；陈柳钦，2007）。

7.1.2.1 技术创新是产业融合的内在驱动力

学者 Lei（2000）提出，产业之间具有共同的技术基础是产业融合发生的前提条件，发生技术融合，才能够发生产业融合。技术创新开发出了替代性或关联性的技术、工艺和产品，然后通过渗透扩散融合到其他产业之中，从而改变了原有产业的生产成本函数，从而为产业融合提供了动力；与此同时，技术创新改变了市场的需求特征，给原有产业的产品带来了新的市场需求，从而为产业融合提供了市场空间。重大技术创新在不同产业之间的扩散导致了技术融合，技术融合使不同产业形成了共同的技术基础，并使不同产业间的边界趋于模糊，最终促使产业融合现象产生。

此外，Yoffie（1997）进一步提出，技术创新并不仅仅局限于生产技术的创新，而且还包括管理技术创新。基于现代信息技术的新型企业组织和管理技术在各类企业当中的不断应用和扩散，将更有利于各个企业之间的沟通与合作。

7.1.2.2 竞争的压力是产业融合的企业动因

企业在不断变化的竞争环境中不断谋求发展扩张，不断探索如何更好地满足消费者需求以实现利润最大化和保持长期竞争优势。当技术发展到能够提供多样化的满足需求的手段后，企业为了在竞争中谋求长期的竞争优势便在竞争中产生合作，在合作中产生某些创新而实现某种程度的融合。

产业融合化发展，可以突破产业间的条块分割，加强产业间的竞争合作关系，减少产业间的进入壁垒，降低交易成本，提高企业生产率和竞争力，最终形成持续的竞争优势。企业间日益密切的竞争合作关系和企业对利润及持续竞争优势的不懈追求是产业融合浪潮兴起的重要原因（孙永波、王道平，2009）。

7.1.2.3　市场需求的扩大是产业融合的推动力

随着人们需求的不断提高，人们追求更加方便、快捷、高满意度且低成本的满足需求的方式，这种无止境的需求使得人们不断谋求创新发展。随着技术不断创新和扩散，产业融合不仅出现在信息通信业，金融业、能源业、运输业的产业融合也在加速进行中。技术创新改变了市场的需求特征，给原有产业的产品或服务带来了新的市场需求，反过来，市场需求的扩大又进一步促进产品的创新，为产业融合提供市场空间，使产业融合在更大范围内出现（郑明高，2010）。

7.1.2.4　放松管制为产业融合提供了外部条件

不同产业之间存在着进入壁垒，这使不同产业之间存在着各自的边界，美国学者施蒂格勒认为进入壁垒是新企业比旧企业多承担的成本，各国政府的经济性管制是形成不同产业进入壁垒的主要原因。管制的放松导致其他相关产业的业务加入到本产业的竞争中，从而逐渐走向产业融合。为了让企业在国内和国际市场中更有竞争力，产品占有更多的市场份额，一些发达国家放松管制和改革规制，取消和部分取消对被规制产业的各种价格、进入、投资、服务等方面的限制，为产业融合创造了比较宽松的政策和制度环境。值得说明的是，技术进步加上放松管制并不一定就导致融合。产业的技术进步大多发生在本产业内部，而不是发生在产业边界，产生了被学术界称为“死尸融合”的现象。“死尸融合”迫使实业界对企业传统经营观念进行了创新，提出了企业重组、业务流程重组、虚拟企业等管理模式，并在20世纪90年代中期为促进产业融合开始直接进行管理创新的实践。将管理创新、技术进步、放松管制结合起来，使产业融合变为现实。正是美国政府放松了对电信业的经济性管制，使得电信业、有线电视业之间的产业边界模糊，导致了产业融合现象的出现。

7.1.2.5　全球化的发展为产业融合创造了条件

一般来说，只有超巨型的国际直接投资，才能形成并支持跨国生产经营的实力与能力。因此，在全球化发展的背景下，每一个跨国公司的产生和发展，实际上就是国际金融资本的融合、产业融合的发展史。跨国公司根据经济整体利益最大化的原则参与国际市场竞争，在国际一体化经营中使产业划分转化为产业融合，正在将传统认为的“国家生产”产品变为“公司生产”产品。可以说，跨国公司是推动产业融合发展的主要载体。

7.1.3 产业融合的演进过程

产业融合是一个动态发展的过程，在这个过程中会涉及技术融合、产品融合、企业融合、市场融合等阶段。

技术创新是产业融合的内在驱动力，而根据产业创新研究的权威Freeman（1997）的理论，产业创新的过程包括技术和技能创新、产品和流程创新、管理和市场创新三个主要阶段。在此基础上，Alfonso和Salvatore（1998）进一步将产业融合的过程概括为技术融合、业务与管理融合和市场融合三个阶段。他指出，这三个阶段可能前后相互衔接，也可能是同步相互促进的。但如果只有技术融合，而无业务融合特别是市场融合，产业融合就不会实现。

Stieglitz（2003）总结了各个阶段的特点，第一阶段存在两个从供给到需求都不相关的产业，融合的过程由外部因素（如新的技术发明、政府管制放松）所激发；第二阶段意味着市场结构和公司行为开始变化的产业发生融合；进入第三阶段，这两个产业从技术或产品市场的角度看具有相关性，并且市场发展趋于稳定化。此外，Richard（2003）认为，产业融合包括了基础技术融合、网络融合、设备融合、企业融合和管制融合五个维度的内容，而不是某单一方面的概念。

国内学者基本接受了产业融合要经过技术融合、业务与管理融合和市场融合三个阶段的观点。何立胜和李世新（2005）认为，产业融合是不同产业内的不同行业在技术与制度创新的基础上相互交叉、相互渗透，逐渐融为一体，形成新型产业形态的动态发展过程。胡金星（2007）认为产业融合的产生过程是一个自组织过程，是在开放系统中，不同产业企业主体之间非线性竞争与非线性协同相互作用打破了原有系统的线性关系而引起产业系统向有序化方向发展，即导致新兴产业出现与发展的过程。

7.1.4　产业融合的经济效应

随着产业融合在整个经济系统中越来越具有普遍性，它将导致产业发展基础、产业之间关联、产业结构演变、产业组织形态和产业区域布局等方面的根本变化，最终改变整个经济和社会的面貌（周振华，2003）。胡永佳（2008）总结，产业融合的不断发展从产业结构的宏观层面、市场结构的中观层面以及企业行为的微观层面三个方面产生重要经济效应。

7.1.4.1　产业融合对产业结构的效应

首先，在产业融合背景下，产业融合通过新兴产业部门与传统产业部门的渗透、新兴产业部门间的渗透等方式创造出新的商品和服务，并形成新的产业部门。因此，产业融合会引发产业门类的变化，并导致整个产业内在结构的不断演变。

其次，产业融合会带来产业结构的升级和产业效率的优化。一方面，随着原有产业的边界模糊或消失，不同产业部门的相对收益的变化，使生产要素在产业部门间发生转移，导致不同产业的扩张和收缩，从而促进产业结构的有序发展；另一方面，资金、劳动力等生产要素向生产率水平高的行业集聚，从而提升了整个产业的生产效率。

因此马健（2006）提出，产业融合是传统产业创新的重要方式和手段，有利于产业结构转换和产业升级，改变了一个国家的产业结构和经济增长方式，提高了一个国家的产业竞争力。

7.1.4.2　产业融合对市场结构的效应

产业融合的本质就是通过技术革新和放宽限制，来降低行业间的壁垒，加强行业企业间的竞争合作关系（植草益，1988）。因此，产业融合的发展将同样会对一个产业的市场结构和竞争环境产生重要影响。

一方面，随着产业融合的兴起与发展，技术革新促使原来不具替代性的产品或服务的替代关系越来越密切，同时，在政府放宽行业管制的刺激下，企业积极涉足发生融合关联的相关企业，之前处于竞争绝缘的不同产业的企业群在产业融合中就会处于相互竞争的状态。而且，在此过程中还有大量来自其他产业的新参与者进入，使竞争程度进一步加剧。无疑，这将导致大规模的企业倒闭与重组（周振华，2003）。而另一方面，在产业融合的过程中还会伴随着一系列的企业重大合并、收购和联合活动（Malhotra，2001），进一步塑造了新的市场结构。

7.1.4.3 产业融合对企业行为的效应

在产业融合过程中，企业的生产技术、竞争基础都会发生变革，这不仅导致了企业所处产业环境的变化，而且导致了企业所面临的市场环境的变化。企业为了在新生存环境中获得竞争优势，就必须调整其经营战略和市场行为，主要表现为企业的竞合战略和争夺标准战略的实施。

首先，竞合战略的实施是为了顺应专业化、精细化生产下的融合趋势。在产业融合后的竞争压迫下，很多企业摒弃了生产活动中不是最擅长的环节，围绕核心能力实施开放式专业化生产经营，着重发挥核心能力（Broring 和 Stefanie，2003）。在这一经营策略中，虽然企业之间仍然存在着要素竞争和市场竞争，但更多地表现为高层次的合作，企业借助日益发达的信息技术同外部关联企业建立开放合作的生产体系，从外部获取所需的其他资源，完善产品或服务。

其次，争夺标准战略的实施是为了顺应产业融合中市场竞争的白热化趋势。产业融合打破了企业原有的竞争格局，替代产品的涌现使得企业将面临更多的竞争对手。产业融合使得企业摆脱了生产标新立异、互不兼容的产品，转而生产具有广泛适用性的零部件或通用性的产品，标准化和模块化成为产品和生产的内在需求，产品标准也就理所当然地成为生产过程中的重要因素。随着网络、通信、融合技术的发展，统一标准也显得尤为重要，如果存在多重标准，则网络之间无法进行连接或者通信，并且缺少共同界面也将使产品难以被市场接受。在此背景下，谁提出了市场的主导标准，谁就将成为所在产业的管控者，因此标准竞争逐渐成为产业融合后市场竞争的高级形式。

7.2　房地产业与金融业的产业融合

7.2.1　金融业的产业融合

7.2.1.1　传统的产融结合

在现实经济生活当中，大量存在着金融机构与工商企业之间通过债权、股权和人事安排以及其他利益纽带紧密协作、相互融合的现象，这就是产融结合。产融结合，首先是资本的结合，即产业资本与金融资本相互结合，表现为相互的投资、参股、控股等关系；其次是在资本结合的基础上，进一步推进业务的结合和人员上的结合。

实际上，产业资本和金融资本的融合并不是什么新的经济现象，马克思主义经典作家对西方资本主义发展过程中的产融结合早有论述，集中体现为“金融资本”理论。马克思理论认为，自由竞争必然要促进资本积累，导致资本和生产的集中，资本集中达到一定程度，必然会导致垄断。在此基础上，拉法格（1985）进一步指出，“工业与银行，随着经济的发展有必要联合起来”，而这种银行与工业的结合，自然就形成了“金融资本”。作为金融资本理论的“集大成者”，列宁（1990）在前人研究成果的基础上，进一步指出，构成金融资本的三个主要因素是“大资本的发展和增长达到一定程度；银行的作用（集中和社会化）；垄断资本（控制某工业部门相当大的一部分，以致竞争被垄断所代替）随着银行业的发展及其集中于少数几个机构，银行由普遍的中介人变成万能的垄断者”。银行资本通过购买工商企业股票和开办新企业的办法，向产业资本渗透，而大工业资本家为了获得稳定资金来源并保持与银行的稳固交易，也为了不让自己丢失独立性，被银行控制，也通过购买银行股票和投资创办新金融机构等办法向银行渗透。

7.2.1.2　金融产业的产业融合

产融结合的关键是产业资本和金融资本之间的相互渗透，导致产融结合的根本原因，也正是资本的逐利性。但是，产业融合是产业边界的模糊化甚至消失，它的核心特征是两个或多个产业融合成了一个产业。因此，产业融合不能仅仅以不同产业的企业之间是否发生了投资关系和资本联系来衡量。尽管对于产业融合而言，企业间的资本联系是重要的甚至是必要的，但仅有资本联系远远不够，还需要有技术的、市场的、业务的联系和整合。

近年来，随着金融交易市场的发展和直接融资比例的扩大，金融产业中金融资产的证券化程度逐渐提高，金融资产的虚拟性、流动性、可交易性日益增强，转化成实物资产或知识资产越来越便利；而与此同时，工业产业的资产构成中，实物资产的比例正在逐步下降，知识资产的比例会逐步提高。因此，金融产业与工业产业的资产内容和结构正在逐渐趋同，并由一般的产融结合演化成产业融合（胡永佳，2007）。

实际上，在一些金融体系比较发达、产融结合历史比较悠久、经济的货币化和金融化程度较高、政府管制环境比较宽松的发达国家，已经出现了金融产业与某些工商实业的初步融合现象。在世界500强企业中，80%以上都有自己的财务公司或资本投资公司，不但为自身提供金融服务，而且也对外销售金融服务，有的工业企业的金融产品和服务在其总营业收入中还占据不小的比例。

7.2.2 房地产业与金融业的产业融合动因

近年来，房地产业和金融业日益成为我国经济的支柱产业，与此同时，房地产业和金融业在发展过程中相互依存、相互支持和相互促进，两个产业日益体现出产业融合的特点。而总结其动因，则主要包括市场、竞争、创新和国际化等几个方面。

7.2.2.1 旺盛的市场需求拉动了房地产业与金融业的产业融合

近年来，随着我国居民收入的不断增加，消费者对于自身的居住需求也开始逐步提升，再加上这几年房地产价格的快速上升，进一步刺激了消费者的购房需求。从购房的目的来看，房地产的市场需求可分为消费性需求和投资性需求。对于消费性的购房需求而言，当前我国的购房者大多属于改善性需求，且具有较强的价格弹性。当人们产生未来房价会快速上涨的预期时，很有可能将未来几年的改善性需求提前释放，甚至产生新的恐慌性需求。而投资需求也关心房价的未来走势。预期是影响投资需求的唯一因素，如果投资者预期价格会上涨就会买进，形成更多的市场需求（缪燕燕，2010）。

在当前房价高企的背景下，旺盛的房地产需求应运而生，消费者和投资者都需要借助金融渠道筹集更多的购房资金；与此同时，旺盛的需求又进一步拉动了房地产业的建设开发，房地产企业同样也需要金融体系提供大量的资金支持。因此，旺盛的市场需求导致房地产业在需求和开发两端都与金融业产生更多的依赖，进而拉动了房地产业与金融业的产融结合。

7.2.2.2　激烈的市场竞争推动了房地产业与金融业的融合

随着房地产市场需求的增加，我国房地产市场的竞争也日益激烈。一方面，房地产开发企业的数量越来越多，目前全国房地产开发企业有3.5万~4万家，一些上市公司也希望能进入此行业分一杯羹，因此，形成行业内大、中、小地产商并存的局面（尤望坡，2012）；而另一方面，我国房地产行业的准入门槛较低，只要拥有资金、土地资源就可以进入，因此，造成我国房地产企业除了要面临行业内现有竞争者的竞争外，还要面临众多潜在进入者的竞争威胁。

在激烈的市场竞争压力下，众多的房地产开发企业，特别是中小型房地产开发企业，为了获得更多的开发土地，抢占市场资源，往往都要依赖金融机构提供足够的资金支持。因此，激烈的市场竞争导致房地产企业与金融机构的关系更加密切，推动了房地产业与金融业的产业融合。

7.2.2.3　房地产的融资创新驱动了房地产业与金融业的产业融合

随着我国房地产业的发展，在房地产融资规模增加的同时，也出现了房地产融资市场和融资工具等方面的创新。例如，在房地产融资市场方面，建立了房地产二级抵押（再抵押）市场，方便了房地产抵押债权的流通和转让，实现了抵押金的再次分配，增强了抵押贷款资金的流动性；而在房地产融资工具方面，随着房地产证券化的不断推进发展，房地产可以发行长期债券，在资本市场上直接融资，也可以由类似于房地产投资信托机构的机构在资本市场上发行，如房地产信托（REITs），将分散的资金集中到房地产建设中来（汪春燕，2011）。

而房地产的融资创新，在为房地产业带来大量资金支持的同时，也为金融机构改善贷款资金流通性、提高融资规模、降低投资风险带来帮助。因此，房地产的融资创新，导致房地产业与金融业不再是原来简单的债务关系，而是更加深层次的相互促进和相互融合。

7.2.2.4 国外资金的进入促进了房地产业与金融业的产业融合

根据我国的WTO承诺，2006年我国的房地产业就开始实行全面的对外开放政策。近几年来，面对国际股票市场的低迷，拥有大量闲散资金的国际投资者必须寻找更好的投资领域，并开始涉足我国具有“暴利孤岛”之称的房地产业（阳欢芳，2011）。目前，国外资金通过直接投资和设立房地产基金等多种方式，开始大规模进入我国的房地产行业，据统计，2011年我国的房地产业直接利用外商投资268.8亿美元，比上年增长12.1%，外商投资的房地产开发企业达到1843家。① 此外，还有50多家国外房地产投资基金，参与我国房地产开发的项目运作、物业收购和不良资产处置等领域。

国外资金大量进入我国房地产市场，在为我国的房地产企业和金融机构带来压力的同时，也带来了很多借鉴意义。一方面，通过直接投资方式进入我国房地产市场的外资企业一般以其雄厚的资本投入、先进的施工技术和管理参与国内市场竞争，这会给我国房地产企业造成巨大压力；而另一方面，国外房地产基金既可以摆脱国内宏观政策的约束，也可以提供长期稳定的投资资金，为国内房地产企业提供了全新的融资渠道，这又会对我国的本土金融机构带来挑战。因此，在国外资金的压力和借鉴作用下，

① 资料来源：《中国统计年鉴》（2012）。

我国本土房地产业与金融业将会更好地发展与融合。

7.2.3　房地产业与金融业的产业融合表现

房地产业是国民经济中的一个重要产业部门，在我国经济高速增长的过程中发挥了积极的推动作用。房地产业的发展关系国计民生，但它的生产周期长，资金需求密集，资金供需存在时间差。解决这个时间差，就需要金融支持。因此，房地产业与金融业的关系一直都非常密切。

近年来，随着我国房地产市场环境和金融市场环境的不断发展变化，房地产业和金融业开始出现了显著的产业融合现象，并主要体现在资本融合、业务融合和市场融合等几个方面，具体如图 7-1 所示。

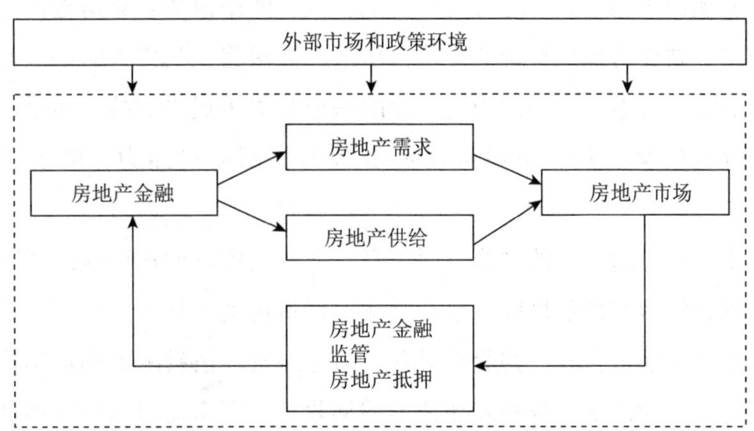

图 7-1　房地产业与金融业的产业融合

7.2.3.1　金融业显著影响房地产业的需求和供给

房地产业的发展关系国计民生，但房地产生产周期长，资金需求密集和最终消费者支付积累需要一个过程之间存在矛盾，即存在资金需求与供给的时间差。解决资金供求的时间差，就是一个金融问题。房地产金融在房地产投资和房地产需求两方面发挥了重要作用。

我国的房地产金融虽然起步晚，发展也不尽如人意，但是至今已初步建立起颇具中国特色的房地产金融体系，即以“住房公积金”为核心，以各大商业银行房地产信贷部为运行主体的一种房地产金融模式。这种房地产金融体系可以大致分为个人房地产金融和房地产开发金融两部分，前者给居民个人购房提供金融支持；后者则为开发商、投资商、建筑商的住房建设等提供融资。

首先，从房地产业的需求来看，金融业可以提供房地产消费基金信贷，带动房地产有效需求。住房商品和其他日用品不同，住房价格高，仅靠居民自身储蓄很难实现购房愿望。银行通过向居民发放住房消费贷款，使居民能够及时住上自己满意的房子，有了金融业的参与，居民的住房消费就可以提前。我国的房地产业当前正处于高速发展的时期，城市土地价格的持续高增长，使得商品房的平均销售价格和房屋的租赁价格都不断大幅上涨，超出了同期人们的人均可支配收入，使得消费者对房地产的需求受到压抑，缺少房地产金融的支持，房地产需求将受到极大影响。而金融产业中的个人房地产金融则为消费者的房地产需求提供支持。通过政策性或商业性的资金支持，可以提高消费者的长期支付能力，刺激房地产需求。

其次，从房地产业的供给方面来看，金融业可以增加房地产开发资金投入，支持房地产商品供应。地产金融不仅指房地产信贷，它还包括房地产发展的所有融资方式，如股本融资、债券融资、信贷融资和运用信托方式融资等。房地产业本身开发建造的周期较长，资金需求密集。因此，开发资金是影响房地产业供给能力的重要因素。特别是在我国房地产业高速发展的阶段，房地产开发需要大量的资金投入。而金融业可以发挥自身筹融资的功能，通过吸收社会闲散资金，并在房地产开发建设需要资金支持时，向其发放开发贷款，补充其建设资金的不足，使房地产开发建设项目能按计划完工，有效提高了房地产的供给能力，并促进房地产业的发展。

因此，金融业对于房地产业而言，可以在刺激住房消费、保障资金供给和拓宽金融空间上起到重大作用。在中国，房地产金融在金融总量中所占的比例也越来越高。据中国人民银行统计数据，2017 年年底我国商业性个人住房贷款余额为21.9 万亿元，占全部个人消费贷款的88.7%，占全部金融机构人民币贷款余额的18.2%；与此同时，我国房地产业的贷款余额达到32.2万亿元，占金融机构人民币各项贷款余额的26.81%。

7.2.3.2 房地产业影响金融业的经营

首先，房地产金融本身是金融业的重要构成部分，房地产业的发展对金融业的发展起到非常重要的支持作用，并主要表现在调整银行信贷资产结构、改善资产质量方面。个人住房消费贷款是当前中国商业银行质量最高、效益较好的信贷品种之一。从国外商业银行发展来看，商业银行信贷业务的重点通常放在流动性较强的中短期企业贷款上。但随着金融市场竞争的日益加剧，商业银行的业务逐步向包括个人住房贷款在内的非传统业务领域延伸，并逐步成为住房金融市场上的主要资金提供者。个人住房贷款使商业银行从长期以中短期贷款为主的资产结构，向短、中、长期贷款共同发展的方向转移，使资产结构趋于合理。同时，个人住房贷款以资产质量优良、效益良好成为各家银行竞争的焦点，个人住房贷款占商业银行总资产的比重通常在20%左右，有的甚至更高。

其次，房地产市场的行情变化，显著影响金融业的经营状况。房地产市场好转时，房地产价格上扬，金融机构自身拥有的物业的价值上升。金融机构自身拥有的房地产的规模通常较大，物业价值的上升，可以改善金融机构的财务状况，使金融机构的资本充足率提高，抗风险能力增强，进而提高了金融机构的放贷能力和放贷意愿。房地产市场的变动，还极大地影响了房地产抵押物的价值，使资金融通过程中金融交易的风险降低。抵押物价值的上升，还提高了以房地产为抵押基础的借贷能力。

最后，在房地产市场走势发生变化后，人们对房地产金融风险评估也发生了变化。当房地产市场好转、房价上升时，人们往往过于乐观，常常低估房地产金融的风险；而当房价下跌时，人们往往要高估房地产金融的风险，因而极力减少房地产金融的交易，使房地产更加向下发展。

7.2.3.3 房地产业和金融业面临着共同的外部市场和政策环境影响

首先，房地产业和金融业面临着共同的外部市场环境的冲击。外部市场环境是指来自房地产市场之外诱导房地产需求产生变动的因素，它区别于房地产市场运行中房地产价格等市场组成因素变动产生的房地产需求变动。导致房地产需求变动的外部市场环境，主要有经济基本面的变化，如经济景气指数上升导致对地产消费的增加，房地产市场管制的变化，等等。无论是在发达国家还是新兴发展中国家，外部环境的变化往往会同时对房地产业和金融业产生影响。其中一个典型表现就是房地产危机与金融危机的紧密联系。银行危机和房地产危机间存在的直接对应关系，说明两者间存在相互作用，这种相互作用使得两者之间互相约束、互相依赖，使得房地产金融资源的变化，成为制约和决定房地产市场走势的决定性力量。

其次，除了外部市场环境外，房地产业和金融产业还共同受到外部政策环境的影响，其中最主要的包括金融监管政策和货币政策两大方面。第一，金融监管政策的变动极大地影响金融机构的房地产金融行为。金融监管政策包括监管当局对房地产金融的条件规定，房地产金融业务在金融机构中的业务比重，房地产金融的从业收入和业务限制，等等，如中央银行对商业银行房地产按揭成数和年份的限制性规定，对房贷利率的管制，对房地产金融交易行为的规范，等等。第二，货币政策对金融机构的流动性有很大影响，通过选择性货币政策工具，货币当局可对金融机构的某些金融业务和经营行为进行调整和控制，从而实现对某些经济部门和某些经济行为的结构性调整。对房地产金融经营行为产生影响的货币政策选择性工具主要有对消费信用的控制和不动产信用控制等，如限制金融机构向客户提供房地产金融的业务类型和业务规模，规定房地产放款及金融业务的期限，规定房地产购买人进行房地产购置融资时的首次付款最低比率，等等。

7.2.4 房地产与金融产业融合的模式与方式

7.2.4.1 房地产与金融产业融合的模式

房地产业与金融业相互融合，在世界各国特别是西方发达国家已经成为一种非常显著的发展趋势。总结各国的房地产与金融的产业融合模式，大体可以概括为市场主导模式、银行主导模式和行业运作模式三种（李岚，2008）。

（1）市场主导模式。

市场主导模式，是指金融市场在社会储蓄的汲取以及向投资的转化过程中起着基础性作用。市场主导的房地产与金融产业融合模式在英国和美国比较普遍，任何金融中介包括商业银行、投资银行、保险公司等都是市场的积极参与者，不存在明显的融资成本优势或占据绝对的主导地位，这些金融中介机构都可以为房地产业提供资金支持。

（2）银行主导模式。

银行主导模式，是指以商业银行为主体的间接金融部门在社会储蓄向投资的转化过程中发挥主渠道作用。银行主导模式的房地产与金融产业融合在日本和德国比较普遍，原来的金融机构有不少挂靠在银行，这些金融机构需要与那些有效益、资产规模大的房地产企业联合，而房地产企业也正希望有金融机构来便利资金筹集和提高资金运营效益。因此，双方在产融一体化上联合了起来。

（3）行业运作模式。

行业运作模式是近年来发展起来的新型的房地产与金融产业融合模式，并以产业投资基金为主体。产业投资基金控制了房地产业发展过程和商业运营中的融资、实业运作等各种经营行为。最早出现于美国的 REITs 就是产业投资基金的典型代表，其通过发行股份或收益单位，吸引社会大众投资者的资金，并委托专门的机构进行经营管理，并将房地产销售和租赁等经营活动中所得的收入以派息形式分配给股东。

随着房地产行业专业化分工的日益深化，传统的“开发商主导”运作模式正在逐步转变为“投资商+发展商+建筑商”三位一体的运作模式，即投资商为项目提供资金但不参与具体项目的管理；发展商除了组织实施投资之外，还要负责项目的选择、评估、协调以及项目建成之后的运营管理；建筑商负责项目的规划与施工建造。如果不考虑资产证券化以及定向投资等其他因素，单从运作模式上看，这种三位一体的运作模式已经具备了不动产投资基金管理运作的基本雏形。

行业运作模式的转变可以说是房地产企业在行业竞争过程中走向分化的一个必然结果。随着行业竞争的加剧，房地产金融职能将得到不断强化，房地产业的运营重心逐步由地产项目运营向金融运作倾斜，房地产业的运作在很大程度上将会是一种金融运作，房地产行业的竞争最终将集中体现在投资管理能力与金融运作技巧方面的竞争。

7.2.4.2 房地产与金融产业融合的方式

（1）信用型产业融合方式。

信用型产业融合方式是指以信用为纽带，通过债权与债务关系相联系的房地产与金融的结合方式。信用型产业融合在推进产业经济发展方面具有不可忽视的作用。银行信贷是信用型产业融合方式的最基本的形式，银行对房地产业进行信贷的数量在一定程度上影响着房地产业发展的规模，信贷资金的结构变动会影响房地产的产业结构变动。由于信用型结合方式受国家信贷政策和利率政策的影响较大，在利率尚未市场化的条件下，以银行信贷为主的信用型产融结合方式仍是中国房地产与金融产业融合的较为稳定的方式。

（2）股权型产业融合方式。

股权型产业融合方式是指以股权为纽带的房地产与金融的结合方式，是房地产发展与证券市场相结合的产物。通过证券市场实现直接融资是其最基本的形式，不断发展与完善的证券市场为股权型产融结合方式的形成提供重要渠道。就中国而言，股权型的房地产与金融的产业融合方式主要有两大方向：一是扩大直接融资渠道，优化融资结构，通过证券市场优胜劣汰机制提高产业结合的效益；二是以上市公司为节点，利用证券市场资源配置功能，实现上市房地产企业的资产重组，并形成相互联系的经济协作网（李岚，2008）。

（3）咨询服务型产业融合方式。

咨询服务型产业融合方式是指房地产业与金融业之间以提供咨询服务

而彼此联系与结合的方式。随着知识经济的不断发展，现实经济生活中咨询服务型方式的作用越来越大。咨询服务型产业融合方式既不产生以资金为主的结合，也不发生股权的结合。在这种方式中，金融业以金融知识、金融信息、金融技术等无形资本形态向房地产业渗透，为房地产企业的发展提供各种金融咨询服务。随着资本市场和产权市场的发展，特别是 20 世纪 80 年代以后，在西方国家几度兴起的企业兼并与资产重组的浪潮中，咨询服务型产融结合方式对促进房地产业发展的作用日益显著。

7.2.5　房地产与金融产业融合的效应

房地产与金融的产业融合，可以充分利用金融功能促进房地产业的经济发展，同时房地产业的健康发展也进一步促进了金融产业的效益提高。概括起来，房地产与金融产业融合的效应主要体现在以下几个方面。

7.2.5.1　优化房地产与金融产业的资源配置

房地产与金融的产业融合，可以构成我国房地产和金融产业宏观调控的中间载体。通过房地产与金融的产业融合，可以形成一系列大型银企集团、金融控股公司以及其他一些利益集团。这些企业集团在自身内部控制和市场竞争机制下，为了追求自身经营的利益最大化，会选择那些满足市场需求的房地产生产规模扩张、产业结构调整及技术改造项目提供金融支持；而这些项目对金融的需求同时又是金融业赖以发展的市场需求，是金融业追求价值增值的条件。因此，在房地产与金融产业融合的条件下，所形成的产融集团在内部控制和市场调节的作用下，可以同时提高房地产和金融两个产业的运行效率，优化两个产业的资源配置。

7.2.5.2　实现房地产金融的规模效应

首先，通过房地产与金融的产业融合，可以实现房地产业的规模效应。通过房地产与金融产业融合而产生的大型产融集团，可以直接拥有或控制大量金融资本，不仅能够摆脱原有资金总量的束缚和外在的信用制度牵制，增加实业领域的资金投入、扩大生产规模，而且可以借助金融杠杆效应迅速扩大经营范围和规模，实现企业规模扩张。

其次，通过房地产与金融的产业融合，可以实现金融的规模效应。在产融集团的扩张过程中需要金融机构提供融资便利、财务咨询等一系列金融服务，这又为金融机构的业务扩展开辟了广阔的空间。不仅如此，由于产融集团的资金流量大，在资金周转中会有大量闲置资本存入金融机构，金融机构不仅获得了大量低成本资金，而且为进一步扩大交易量和业务范围提供了资金准备。

7.2.5.3 发挥房地产与金融的协同效应

通过房地产与金融的产业融合，可以充分发挥房地产企业和金融企业各自的信息、人才、资金等优势，使其相互协同发展，实现信息协同效应、财务协同效应、销售协同效应等。

首先，房地产与金融产业的融合，可以使房地产企业充分享有金融机构所具有的人才、信息优势，节约交易成本、信息成本、风险管理成本等各种费用，及时发现有利的投资机会，实现投资管理的规模经济效益。

其次，房地产与金融产业的融合，可以使房地产企业充分利用金融企业的融资、结算、发行便利，大大降低财务费用，而且当产融结合中的一方出现经营危机时，另一方将主动帮助危机企业渡过难关。因此，产融结合在客观上还为产融双方财务稳定提供了保障。

7.2.5.4 产融结合中的风险效应

尽管房地产与金融的产业融合已经成为各国经济发展的一种必然趋势，但也应注意到房地产与金融的产业融合也可能孕育着巨大市场风险。

首先，房地产业与金融机构的相互参股使得产融双方的关系由外部化转为内部化，这就使得两者发生内部交易的可能性大大增加。以二级市场交易为例，与上市公司存在股权关系的券商可以更迅捷地洞悉上市公司的重大经营事项，在这些内幕消息未公布前，采取各种措施吸收大量筹码，一旦消息明朗就可以获得暴利。同时，作为券商的股东，地产企业自然也会在时间、空间上与券商密切合作，从而实现产融双方的“双赢”。也就是说，市场信息的不对称性将导致产融双方的共谋行为增加，证券市场的风险也随之增加。

其次，房地产与金融的产业融合还具有风险外溢效应。产业融合为房地产企业和金融企业把产业风险和金融风险向金融领域和实业领域转嫁提供了便利，而这会造成风险进一步增加。

7.3　我国房地产与金融产业融合的实证分析

7.3.1　我国房地产与金融产业融合的发展现状

7.3.1.1　我国房地产金融的增长状况

从图 7-2 中可以看出，近年来，随着我国宏观经济的快速发展，我国的金融机构总贷款余额、房地产贷款余额和个人住房贷款余额都呈现出快速增长的态势。其中，金融机构总贷款余额的年均增长率为 20.31%，房地产贷款余额的年均增长率为 20.29%，个人住房贷款余额的年均增长率达到了 29.17%。

7.3.1.2　房地产金融贷款的比例状况

从表 7-1 中可以看出，近年来，房地产业在金融业贷款中已经占据了很高的比例，其中房地产贷款占金融机构全部贷款的比例一直在 20%左右；而个人住房贷款占金融机构全部贷款的比例出现快速增长，从 2007 年的 9.72%上升到了 2017 年的 18.23%。无论是房地产贷款比例还是个人住房贷款比例，都反映出我国房地产业与金融业日益融合的发展趋势。

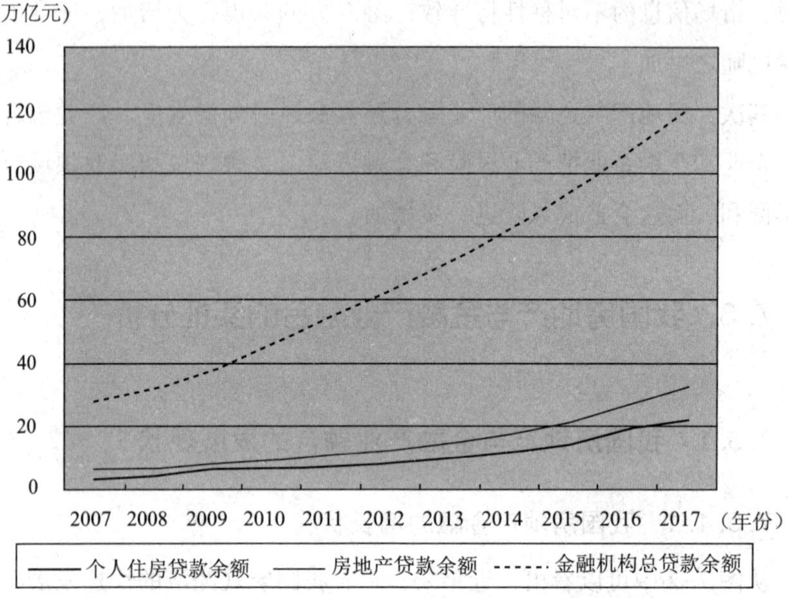

图 7-2 我国房地产相关金融贷款的走势

资料来源：国家统计局，全国年度统计公报。

表 7-1 房地产金融贷款的比例状况

年份	房地产贷款比例（%）	个人住房贷款比例（%）
2007	18.45	9.72
2008	17.66	10.31
2009	17.36	11.51
2010	18.50	12.76
2011	18.44	12.92
2012	19.23	12.86
2013	20.32	13.63
2014	21.27	14.10
2015	22.36	15.09
2016	25.03	17.95
2017	26.81	18.23

资料来源：《中国金融年鉴》。

7.3.1.3　房地产投资的资金来源结构状况

从表 7-2 中可以看出，近年来，我国房地产投资的资金来源也发生了显著的变化，其中房地产企业自筹资金的比例明显上升，从 2007 年的 31.4%上升到了 2017 年的 32.6%；而银行贷款比例从 2007 年的 18.7%下降到 16.2%；其他金融融资比例呈现出先下降后上升的趋势，从 2007 年的 48.2%最低下降到 2008 年的 40.3%，到 2017 年为 51.1%。自筹资金主要来自房地产企业利用资本市场的直接融资，如房地产上市公司通过发行股票和债券融资、房地产信托、房地产基金等，房地产直接融资快速发展、房地产与金融在资本市场的融合日益深化：目前在沪深两地交易所上市的房地产企业已经达到 136 家，① 不少上市房企从股票市场获得长期稳定资金。房地产企业债券融资也大规模增长，2017 年内地共发行与房地产相关债券 156 只，发行金额达 2208.74 亿元，同比大幅上升。②2012 年共有 20 家上市房地产企业发行了 25 笔境外债券，其融资规模超过 600 亿元。

表 7-2　我国房地产投资的资金来源结构

年份	自筹资金比例（%）	银行贷款比例（%）	其他金融融资比例（%）
2007	31.4	18.7	48.2
2008	38.6	19.2	40.3
2009	31.1	19.7	48.5
2010	36.5	17.2	45.2
2011	40.9	15.2	43.0
2012	40.5	15.3	43.8
2013	38.8	16.1	44.6
2014	41.3	17.4	40.7
2015	39.2	16.1	44.5
2016	34.1	14.9	50.9
2017	32.6	16.2	51.1

资料来源：国家统计局，《中国统计年鉴》。

①② 根据中国房地产业协会发布的 2013 年《中国房地产年鉴》的数据计算而得。

从表7-3中可以看出，房地产信托在信托资金中的占比较大且快速增长，不断成为房地产企业的重要融资渠道。2010年，我国房地产私募基金开始快速发展，新募基金41只，募集金额163.75亿元。2011年新募基金67只，募集金额712.316亿元。2012年新募基金94只，募集金额59.55亿美元。① 经历三年的蓬勃发展，进入2013年后，我国房地产私募基金的总规模高达2500亿~3000亿元。②

表7-3 2011年我国房地产信托余额变化

时间	房地产信托余额（亿元）	资金信托总余额（亿元）	占比（%）
2011年第一季度	4868	31247.83	15.58
2011年第二季度	6052	35787.98	16.91
2011年第三季度	6798	39419.27	17.24
2011年第四季度	6882	46408.12	14.83

资料来源：中国信托业协会。

7.3.2 金融产业对房地产业影响的实证分析

如前文所述，房地产金融在房地产投资和房地产需求两方面发挥了重要作用。我国的房地产金融体系可以大致分为个人房地产金融和房地产开发金融两部分，前者为居民个人购房提供金融支持；后者则为开发商、投资商、建筑商的住房建设等提供融资。

一方面，金融业可以提供房地产消费基金信贷，带动房地产有效需求。金融产业中的个人房地产金融则为消费者的房地产需求提供支持，通过政策性或商业性的资金支持，可以提高消费者的长期支付能力，刺激房地产需求。而另一方面，金融业可以为房地产发展提供各种融资方式，如股本融资、债券融资、信贷融资和运用信托方式融资等，补充房地产开发建设过程中的资金不足，使房地产开发建设项目能按计划完工，有效提高

① 根据中国房地产业协会的说明，该募集规模为披露金额的90只基金所募集的总数。

② 根据高通智库发布的2013年第四季度《房地产行业研究年报》所做说明，房地产基金行业是一个不具备完全统计数字的领域，业内的各种估算为2500亿~3000亿元。

了房地产的供给能力，并促进房地产业的发展。

因此，我们认为房地产的经营绩效受到了金融业的个人住房贷款和房地产贷款等方面的显著影响。为了对这一假设进行验证，本书分别以房地产业的主营业务收入（*REI*）和房地产业利润（*REP*）为因变量，以个人住房贷款额（*IHL*）、房地产银行贷款额（*RBL*）和其他金融机构贷款（*RFL*）为自变量构造回归模型，具体模型分别见式（7-1）和式（7-2）：

$$\ln(REI)=\beta_0+\beta_1\ln(IHL)+\beta_2\ln(RBL)+\beta_3\ln(RFL)+\varepsilon \quad (7-1)$$

$$\ln(REP)=\beta_0+\beta_1\ln(IHL)+\beta_2\ln(RBL)+\beta_3\ln(RFL)+\varepsilon \quad (7-2)$$

本书利用《中国统计年鉴》《全国年度统计公报》《中国金融年鉴》等，收集了2000—2011年的相关变量数据，并用最小二乘法对两个模型进行了实证检验，具体结果如表7-4所示。

表7-4　金融业对房地产主营业务收入影响的模型结果

自变量	非标准化系数	标准化系数	t统计量	P值
(Constant)	0.240***		5.072	0.001
ln（*IHL*）	0.150	0.268	1.463	0.182
ln（*RBL*）	0.236	0.125	0.534	0.608
ln（*RFL*）	0.244*	0.607	2.294	0.051
$R^2=0.995$，调整后$R^2=0.993$；F值=496.732，F检验P值=0.000				

注：***、* 分别表示在1%、10%的置信水平下显著。

从表7-4中可以看出，模型对样本数据的拟合程度非常理想，调整后的R^2值达到了0.993，且模型整体F检验的P值为0.000，表明模型整体显著。

从自变量的系数进一步来看，其他金融机构的贷款状况对我国房地产业的主营业务收入产生了非常显著的影响（T检验的P值为0.051），而个人住房贷款和银行贷款对房地产主营业务收入的影响则并不显著（T检验的P值分别为0.182和0.608）。这表明，当前我国房地产业的总体经营规模主要受其他金融机构贷款所带来的房地产供给的推动，而受个人住房贷款和银行贷款的影响较小。

从表 7-5 中可以看出，模型对样本数据的拟合程度非常理想，调整后的 R^2值达到了 0.969，且模型整体 F 检验的 P 值为 0.000，表明模型整体显著。

表 7-5　金融业对房地产利润影响的模型结果

自变量	非标准化系数	标准化系数	t 统计量	P 值
(Constant)	-8.775***		-9.299	0.000
ln (*IHL*)	0.879*	0.562	1.495	0.073
ln (*RBL*)	0.435	0.224	0.468	0.652
ln (*RFL*)	0.365	0.207	0.381	0.713
R^2 = 0.978，调整后 R^2 = 0.969；F 值 = 116.191，F 检验 P 值 = 0.000				

注：***、* 分别表示在 1%、10%的置信水平下显著。

从自变量的系数进一步来看，个人住房贷款状况对我国房地产业的营业利润产生了非常显著的影响（T 检验的 P 值为 0.073），而银行贷款和其他金融机构贷款对房地产营业利润的影响则并不显著（T 检验的 P 值分别为 0.652 和 0.713）。这表明，当前我国房地产业的经营绩效主要受我国个人住房贷款状况所带来的房地产市场需求的拉动，而受银行贷款和其他金融贷款的影响较小。

7.3.3　房地产对金融产业影响的实证分析

如前文所述，房地产业的发展反过来也会影响金融业的经营。一方面，房地产金融作为金融业的重要构成部分，房地产业的发展对金融业的发展起到非常重要的支持作用，并主要表现在调整银行信贷资产结构、改善资产质量方面。而另一方面，房地产市场的行情变化显著影响金融业的经营状况。较好的房地产市场环境带来了房地产价格上扬，金融机构自身拥有物业的价值上升。金融机构自身拥有的房地产规模通常较大，物业价值的上升，可以改善金融机构的财务状况，使金融机构资本充足率提高，抗风险能力增强，进而提高了金融机构的放贷能力和放贷意愿。

因此，金融业的经营状况会受到房地产业经营绩效的显著影响，为了对这一假设进行验证，本书以我国金融业的总贷款额（*TL*）为因变量，以我国房地产业的个人住房贷款额（*IHL*）、房地产银行贷款额（*RBL*）和其他金融机构贷款（*RFL*），以及房地产业的主营业务收入（*REI*）和营业利润（*REP*）为自变量构造回归模型，具体模型见式（7-3）：

$$\ln(TL)=\beta_0+\beta_1\ln(IHL)+\beta_2\ln(RBL)+\beta_3\ln(RFL)+\beta_4\ln(REI)+\beta_5\ln(REP)+\varepsilon \quad (7-3)$$

本书利用《中国统计年鉴》《全国年度统计公报》《中国金融年鉴》等，收集了 2000—2011 年的相关变量数据，并用最小二乘法对两个模型进行了实证检验，具体结果如表 7-6 所示。

表 7-6　房地产业对金融业影响的模型结果

自变量	非标准化系数	标准化系数	t 统计量	P 值
(Constant)	3.191**		3.086	0.027
ln（*IHL*）	0.515***	0.806	4.745	0.005
ln（*RBL*）	0.346**	0.463	3.572	0.016
ln（*RFL*）	−0.171	−0.251	−1.142	0.305
ln（*REI*）	0.483	0.651	1.508	0.192
ln（*REP*）	−0.274**	−0.678	−3.365	0.020
$R^2=0.999$，调整后 $R^2=0.997$；F 值=789.281，F 检验 P 值=0.000				

注：***、** 分别表示在 1%、5%的置信水平下显著。

从表 7-6 中可以看出，模型对样本数据的拟合程度非常理想，调整后的 R^2 值达到了 0.997，且模型整体 F 检验的 P 值为 0.000，表明模型整体显著。

从自变量的系数进一步来看，我国房地产业的个人住房贷款、房地产银行贷款以及房地产业自身的营业利润状况都会对我国金融业的总体经营产生非常显著的影响（T 检验的 P 值分别为 0.005、0.016 和 0.020），而房地产业从其他金融机构的贷款状况和房地产业本身的营业收入规模对金融业的影响则并不显著（T 检验的 P 值分别为 0.305 和 0.192）。这表明，当前我国金融业的总体经营状况受到了房地产业自身的需求拉动以及房地产业的盈利状况的显著影响，而房地产业从其他金融机构的融资规模以及房地产业自身的市场规模对于金融业的经营则影响较小。

7.4 本章小结

本章的研究从产业融合理论出发，并在此基础上对我国房地产业与金融业的产业融合关系进行了总结和实证检验。首先，本章对产业融合理论的概念与内涵、产业融合的动因以及产业融合的发展过程和经济效应进行了理论梳理；其次，基于产业融合理论，本章对房地产业与金融产业的相互关系进行了重新界定，并分析了房地产业与金融业产业融合的模式方式以及产业融合的效应；最后，基于相关的统计数据，本章总结了我国房地产业与金融业的产业融合现状，并对房地产业与金融业的产业融合关系进行了实证检验。实证研究结果显示，我国房地产业的经营规模受到金融业贷款的显著推动，房地产业的经营绩效则受到个人住房贷款的显著拉动；与此同时，我国金融业的经营状况又反过来受到房地产业个人住租房贷款以及房地产业经营绩效的显著影响。

参考文献

[1] Alfonso G, Salvatore T. Does technological convergence imply convergence in markets? Evidence from the electronics industry [J]. Research Policy, 1998, 27 (5): 445-463.

[2] Broring, Stefanie. Innovation strategies in converging industries: A resource based perspective [R]. Münster: Research Paper, Institute of Business Administration, University of Münster, 2003.

[3] European Commission. Green paper on the convergence of telecommunications, media and information technology sectors, and the implications for regulation [R]. Brussels: European Commission, 1997.

[4] Fai F, Tunzelmann V N. Industry specific competencies and converging technological systems: Evidence from patents [J]. Structural Change and Economic Dynamics, 1997 (12): 141-170.

[5] Freeman C, Soete L. The economic of industrial innovation [M]. 3rd ed. London: Printer Publishers, 1997.

[6] Gaines B R. The learning curves: Underlying convergence [J]. Technological Forecasting and Social Change, 1998 (57): 7-34.

[7] Greenstein S, Khanna T. What does industry mean? [A]. In Yoffie ed. Competing in the age of digital convergence, U. S. The President and Fellows of Harvard Press.

[8] Lei D T. Industry evolution and competence development: The imperatives of technological convergence [J]. International Journal of Technology Management, 2000 (19): 699-738.

[9] Lind J. Convergence: History of term usage and lessons for firm strategies [R]. Stockholm: Center for Information and Communications Research, Stockholm School of Economics, 2004

[10] Malhotra A. Firm strategy in converging industries: An investigation of U S commercial bank responses to US commercial investment banking convergence [D]. College Park: Maryland University, 2001.

[11] Richard H. Convergence and Regulation [C]. Melbourne: TIO Conference, 2003.

[12] Rosenberg N. Technological change in the machine tool industry: 1840-1910 [J]. The Journal of Economic History, 1963, 23 (2): 414-446.

[13] Stieglitz N. Digital dynamics and industrial convergence: The evolution of the handheld computers market in the 1990s and beyond [M]. M Jens Froslev Christensen, Peter Maskeu (ed.). The industrial dynamics of the new digital economy, Edward Elgar Publishing Limited, 2003.

[14] Yoffie D B. Competing in the Age of Digital Convergence [M]. Boston: Harvard Business School Press, 1997.

[15] 陈柳钦. 产业融合的发展动因、演进方式及其效应分析 [J]. 西华大学学报（哲学社会科学版），2007（4）：69-73.

[16] 何立胜，李世新. 产业融合与产业竞争力相关研究 [J]. 商丘师范学院学报，2005（3）：81-84.

[17] 胡汉辉，邢华. 产业融合理论以及对我国发展信息产业的启示 [J]. 中国工业经济，2003（2）：23-29.

[18] 胡金星. 产业融合的内在机制研究：基于自组织理论的视角 [D]. 上海：复旦大学，2007.

[19] 胡永佳. 产业融合的经济学分析 [D]. 北京：中共中央党校，2007.

[20] 胡永佳. 产业融合的经济学分析 [M]. 北京：中国经济出版社，2008.

[21] 中共中央马克思恩格斯列宁斯大林著作编译局国际共运史研究室. 拉法格文选 [M]. 北京：人民出版社，1985.

[22] 李岚. 中国房地产业产融结合研究 [D]. 上海：华东师范大学，2008.

[23] 厉无畏. 产业发展的趋势研判与理性思考 [J]. 中国工业经济，2002（4）：5-11.

[24] 中共中央马克思恩格斯列宁斯大林著作编译局. 列宁全集（第54卷）[M]. 北京：人民出版社，1990.

[25] 林民盾，杜曙光. 产业融合：横向产业研究 [J]. 中国工业经济，2006（2）：30-36.

[26] 马健. 产业融合论 [M]. 南京：南京大学出版社，2006.

[27] 聂子龙，李浩. 产业融合中的企业战略思考 [J]. 软科学，2003（2）：80-83.

[28] 孙永波，王道平. 产业融合及如何促进我国产业融合的发展 [J]. 北京工商大学学报，2009（1）：105-110.

[29] 于刃刚，李玉红，麻卫华，等. 产业融合论［M］. 北京：人民出版社，2006.

[30] 张建刚，王新华，段治平. 产业融合理论研究述评［J］. 山东科技大学学报，2010（1）：73-78.

[31] 郑明高. 产业融合趋势下的企业战略［J］. 中国流通经济，2010（6）：46-49.

[32] 植草益. 产业组织论［M］. 北京：中国人民大学出版社，1988.

[33] 周振华. 信息化进程中的产业融合研究［J］. 经济学动态，2002（6）：12-14.

[34] 周振华. 产业融合：产业发展及经济增长的新动力［J］. 中国工业经济，2003（4）：46-51.

[35] 周振华. 论信息化中的产业融合类型［J］. 上海经济研究，2004（2）：11-17.

[36] 张建刚，王新华，段治平. 产业融合理论研究述评［J］. 山东科技大学学报（社会科学版），2010（1）：73-78.

[37] 郑明高. 产业融合趋势下的企业战略［J］. 中国流通经济，2010（6）：46-49.

[38] 郑明高. 产业融合发展研究［D］. 北京：北京交通大学，2010.

[39] 陈柳钦. 产业融合问题研究［J］. 长安大学学报（社会科学版），2008（1）：1-10.

[40] 孙永波，王道平. 产业融合及如何促进我国产业融合的发展［J］. 北京工商大学学报（社会科学版），2009（1）：105-110.

[41] 程德冬. 基于物联网的物流产业融合研究［D］. 天津：天津商业大学，2012.

[42] 肖丽. 青岛市高技术产业与传统产业融合研究［D］. 青岛：山东科技大学，2009.

[43] 严奇春，和金生. 基于层次与过程的产业融合形式探讨［J］. 软科学，2012（3）：1-3，14.

[44] 周巍，李妍．产业融合理论综述［J］．经营管理者，2011（14）：41.

[45] 沙吉．基于开放式创新视角的文化产业融合研究［J］．市场周刊（理论研究），2013（11）：82-84.

[46] 李岚．中国房地产业产融结合研究［D］．上海：华东师范大学，2008.

第8章　基于自组织理论的房地产金融体系重构的理论依据及模型设计

8.1　房地产金融体系重构的理论基础——自组织理论

自组织理论属于系统论的范畴，研究对象是开放复杂系统，房地产金融系统就是一个开放的复杂系统，传统的研究方法并不能对该系统的非线性特征及行为做出良好解释，因而不能提出更为有效的政策建议。本章将从自组织理论的角度入手，论证房地产金融系统是自组织理论的研究对象，符合自组织的前提条件，继而研究房地产金融系统的自组织特征及演化行为，建立协同演化模型，找出支配系统演化过程的变量，为房地产金融系统的重构提供思路，目的是使房地产金融系统向更加有序和健康的状态发展，使房地产业与金融业的各主体和机构能够在竞争和协同中达到双赢。

8.1.1　自组织理论及其应用

8.1.1.1　自组织理论

自组织理论是20世纪60年代末建立并发展起来的系统理论，主要研究自然界和人类社会的复杂现象，探索复杂自组织系统的形成和演化的基本规律。所谓自组织系统，是指没有外界的特定干预，系统内部各要素按照某种规则，通过相互竞争和协调能够自动形成有序结构的系统。自组织理论主要包括耗散结构理论、协同学、突变论和超循环理论。

耗散结构理论提出了自组织系统演化的前提，该理论认为只有满足四个前提条件，才能实现自组织演化。系统能够实现自组织从而达到耗散结构，需要满足以下条件：系统是开放的；远离平衡态的；各要素之间存在强烈的非线性作用；系统中存在涨落。系统满足了这四个条件，就具备自组织的前提，通过与外界进行物质和能量的交换，当外界条件达到一定程度时，该系统就有可能自发地由原来的无序状态转变成有序状态。

协同学解释了系统从无序状态向有序状态演化的过程。该理论认为是系统内部各子系统之间的相互作用导致系统质变，从而使系统不断发生演化，序参量通过子系统的竞争和协同支配着整个演化过程，刻画系统的有序程度。役使原理和最大熵原理是协同学的两大基本原理。

突变论研究系统演化所采取的路径，是一种说明参数的连续变化引起不连续现象的理论，而超循环理论则认为相互作用和因果转化构成循环，并提出循环等级学说，认为系统以循环的方式演化发展。

8.1.1.2 自组织理论的应用

自组织理论在诸多学术领域中均有广泛应用，具体到经济领域，自组织理论的应用研究主要集中在以下几个角度：

(1) 经济系统的自组织特征研究。

周雷和张建坤（2008）探讨了房地产业系统是否具备耗散结构，是否具备自组织的条件，从而自发地从无序状态向有序状态演化，并建立耗散结构模型。郭云峰和郑垂勇（2008）应用自组织理论，着重对金融资源系统的自组织特征进行了深入分析，详细阐述了金融资源系统的自组织前提条件、诱因、量度、动力和结合方式。金雪军（2003）分析了证券市场的自组织特性。陈宁波（2008）考察了我国金融业自组织和他组织的双重特性。

(2) 经济系统的自组织演化及发展机制研究。

王佳秋、杜广环、付吉丽和高剑（2011）说明了房地产泡沫的动态演化过程就是一个不确定行为本质特征的复杂系统的自组织行为。赵洪江、夏晖（2009）分析了创业金融体系的构成及自组织特性，建立自组织演化动力学模型，认为创业金融系统具有内创生、自我演化、从无序走向有序、从低级走向高级，从而部分或者完全解决中小企业融资难的内在趋势。张中锦、杨永杰、纪明（2011）用自组织理论研究区域金融发展的自组织过程和趋向。初可佳（2008）以银保混业经营为例研究了金融机构网络关系的自组织演化机制。刘刚（2006）研究了经济增长不确定性的自组织机制。程肖芬（2011）重点分析了现代服务业集聚区自组织演化发展及动力机制。

在研究方法上，前人的文献主要集中在自组织数据挖掘方法（GMDH）、Logistic 模型、系统动力学（SD）等方面，建立实证模型，验证自组织理论模型，并为结论和政策建议奠定基础。在前人的基础上，本书研究房地产金融系统的自组织特征及演化行为，并用灰色关联度等建立实证模型，最终找出主导房地产金融系统演化的序变量。

8.1.2 自组织理论运用于房地产金融系统研究的可行性分析

8.1.2.1 房地产金融系统是一个开放复杂系统

房地产金融体系是指为满足房地产行业中各参与主体的资金融通需求而提供各种金融服务的资金支持系统。房地产金融体系是金融体系的一部分，涉及房地产业的全过程，从土地储备阶段、土地出让与开发阶段、房地产开发与建设阶段到房地产销售阶段，都离不开资金的支持。房地产金融系统是一个多层次、多方面、多要素相互作用的开放复杂系统。

房地产金融系统的构成要素众多，主要包括四个方面：一是作为参与主体的居民家庭、非金融企业和政府机构；二是作为资金流通中介的各类金融机构；三是作为资金载体的各类金融工具；四是作为资金流通场所的股票市场、债券市场及其他证券市场。房地产金融系统的要素很多，且要素之间具有或直接或间接的关系，且多表现为复杂的非线性关系。与此同时，房地产金融系统还受外界环境的影响，同外界环境具有物质、能量和信息等的交流，并不是封闭系统，外界的宏观经济环境、法律环境、信用环境、政策环境等均对房地产金融体系有一定程度的相互影响和作用。因此，房地产金融体系是一个开放复杂系统，是自组织理论的研究对象。

8.1.2.2 运用自组织理论的判断依据

依据前文的分析，可知房地产金融体系是一个开放复杂系统，不仅系统内部的各要素之间具有复杂非线性关系，而且系统自身与外部环境也存在相互作用。

根据耗散结构理论，系统要形成耗散结构需要具备以下条件：

（1）系统是开放的。

只有系统是充分开放的，才能与外界环境进行物质、能量和信息的交换，才有可能远离平衡态。开放性是系统演化的前提，也是系统稳定的条件。

（2）系统是远离平衡态的。

信息反馈的调控作用是影响系统稳定性的内在机理，负反馈强化系统的稳定性，正反馈使系统远离稳定状态，但正反馈能够推动系统的演化，打破原有的稳定性，使系统进入新的稳定状态。

（3）系统存在强烈的非线性作用。

只有系统内部各要素之间存在非线性反馈，才能使系统从无序状态向有序状态演化，相反地，系统内部若只存在线性反馈作用，那么系统将越来越无序，不会达到有序状态，最终将会崩溃。

（4）系统中存在涨落。

涨落即某变量的值与其平均值的偏差作用，代表系统的不稳定状态，微小的涨落通过系统内部的非线性反馈作用会引起更大的涨落，这种涨落作用触发了系统从无序向有序状态进行演化。

通过定性分析，房地产金融系统具备形成耗散结构的条件如下：

（1）房地产金融系统是一个开放的系统。

房地产金融系统并不是孤立而封闭的系统，而是金融系统的一个子系统，处在我国的宏观经济的大背景下，深受我国宏观经济、金融环境、政策环境等的影响，同时，房地产金融系统运行情况的好坏，也影响着我国整体的金融形势，继而影响到我国更宏观的经济形势。房地产金融系统无时无刻不与外界环境进行着物质、能量和信息的交流，与外界环境相互作用、相互影响，是一个开放的系统。

（2）房地产金融系统是一个远离平衡态的系统。

房地产金融系统并不是一个静态的平衡系统，而是动态的不断远离平衡态的系统。房地产业具有很强的地域差异性，随着我国国民经济的不断增长，各区域的房地产业发展情况是不尽相同的，各区域的金融支持环境和力度也是不同的，近年来，区域房地产金融的发展呈现出巨大的差异性，区域房地产金融系统是不平衡的。从时间角度来看，近年来，呈现出居民人均可支配收入增长率赶不上房价增长率的现状，居民的购房需求难以转变成实际需求，房地产业对银行信贷具有很大的依赖性，房地产金融风险在不断积累，可见房地产金融系统是远离平衡态的。

（3）房地产金融系统存在非线性的作用。

房地产金融系统是开放复杂系统，各要素之间并不是简单而直接的线性关系，这增加了房地产金融系统的研究难度，用线性模型模拟房地产金融系统往往不能取得很好的模拟效果，且不能把各要素割裂开来研究，而无视要素之间的复杂关系，例如，土地价格的微小变化，可能引起商品房价格的大幅度变化。房地产金融系统作为一个系统，应从整体的层面来考察，包含系统的各要素，也包含各要素之间的复杂关系。

（4）房地产金融系统内外存在着涨落。

房地产金融系统无论从时间序列的角度，还是从区域的角度来看，均处于不平衡的状态，且随着宏观经济和房地产金融形势的不断变化，这种不平衡状态也处于动态的变动之中，这种不稳定状态可视为涨落。

综上分析，房地产金融系统是一个开放的复杂系统，是自组织理论研究的对象，且具备耗散结构的条件，因而具备产生自组织行为的前提，为后文建立自组织理论模型和实证模型，分析自组织行为奠定了基础。

8.2 我国房地产金融系统的自组织演化研究

8.2.1 房地产金融系统的界定

房地产金融是指在房地产开发、建设、流通、经营和消费过程中，通过货币流通和信用渠道所进行的筹资、融资及相关金融服务的一系列金融活动的总称。其基本任务是运用多种金融工具，支持房地产业各个环节的资金需求，促进资金循环的正常流通，保障房地产业再生产过程的顺利进行。因而根据房地产金融概念的界定和基本任务，房地产金融系统应界定为：在房地产开发、建设、流通、经营和消费过程中，满足房地产行业中各参与主体的资金融通需求，促进资金良性循环而提供各种金融服务的资金支持系统。

8.2.2 房地产金融系统的子系统分析

房地产金融体系的参与主体有资金供给者、房地产企业和消费者，按参与主体划分，房地产金融体系可以分为资金供给者子系统、房地产企业子系统和消费者子系统；此外，房地产金融体系还不能缺少金融环境的支持，因此，还包括金融环境子系统，如图 8-1 所示。

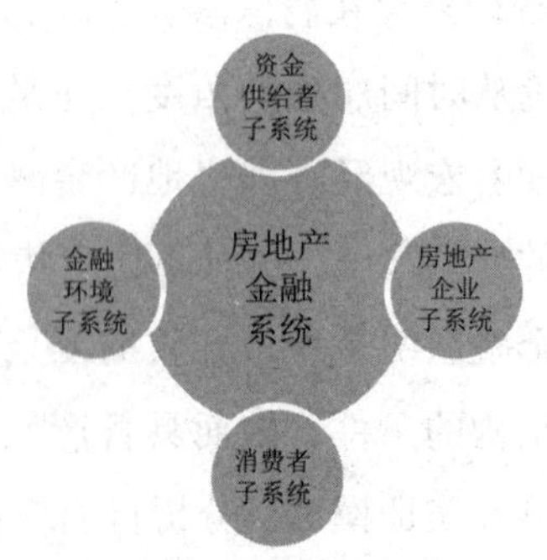

图 8-1 房地产金融系统的子系统划分

8.2.2.1 资金供给方子系统

由于房地产业不同于其他产业，具有自身的特点，如开发周期长、资金周转慢等，使得房地产业的发展离不开金融的支持。房地产企业的融资来源只有很小一部分是自有资金，更多的资金来自外部资金，如银行贷款、外资、消费者预付款、上市融资、信托融资、债券融资等，这些融资渠道均属于房地产金融系统中的资金供给子系统。2017 年房地产企业的资金来源如图 8-2 所示，由图 8-2 可知，外部资金来源占比达到 51%，是首要资金来源，其次是自筹资金，最后是国内贷款。

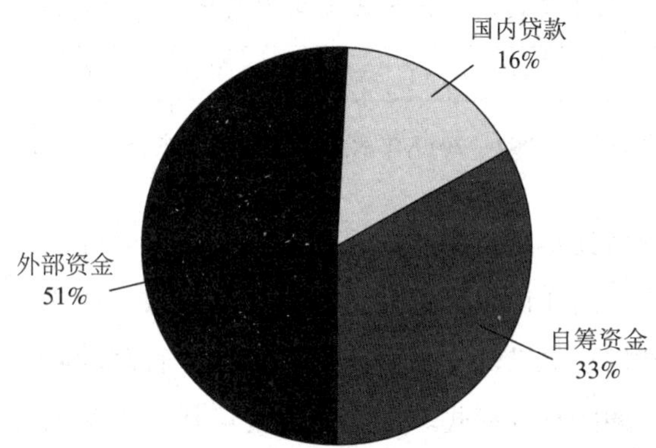

图 8-2 2017 年房地产企业的资金来源

1997 年以来房地产企业资金来源的变化情况如图 8-3 所示，由图 8-3 可知，近年来其他资金来源的增长速度是最快的，其次是自筹资金，再次是国内贷款，外资来源几乎没有增长。其他资金来源包括定金、预付款、信托融资、债券融资等，这种融资渠道已经成为房地产企业的首要融资来源。

银行贷款是指房地产开发企业从各种商业银行或者其他金融机构融入开发资金，并定期还本付息的融资行为。银行贷款一直以来是房地产企业的主要资金来源。银行贷款一方面能够为企业提供必要的资金支持，另一方面也能够使居民的闲置资金得到充分利用，增加资金的流动性。

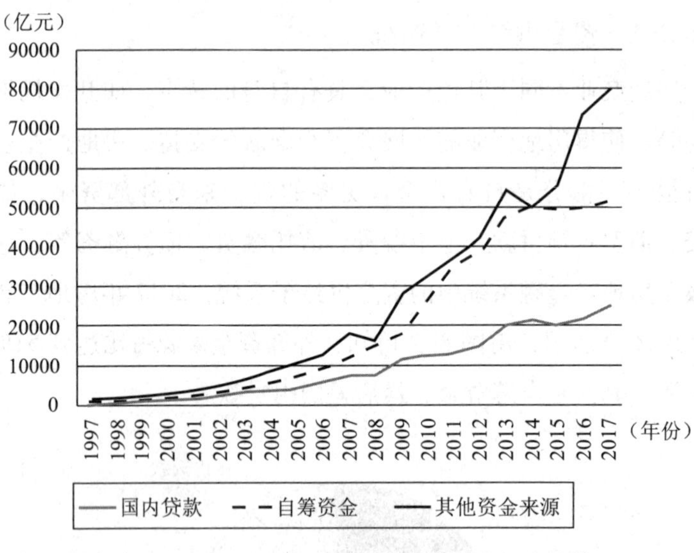

图 8-3 1997—2017 年房地产企业资金来源变化情况

房地产投资信托是以公司或信托基金的组织形式经营，基于风险共担的原则，由具有专门知识经验的人，将不特定多数人的资金运用于房地产买卖管理或抵押权贷款投资，并将获得的房地产管理的收益分配给股东或投资者的一种长期的投资形式。房地产投资信托可以降低房地产业整体的融资成本，节约财务费用，有利于房地产资金的持续应用和公司的发展。

股权融资属于直接融资，是指不通过金融中介，而是通过股票市场直接从资金盈余者手中筹集资金的手段，房地产企业可以通过上市进入股票市场融得资金。

债券融资是指房地产企业通过发行债券筹集资金，与债权人形成一种债权债务关系，到期还本付息的融资方式。债券融资的成本较股权融资而言更低，具有税盾效应，且债券资金的使用也较为灵活。

外资是指境外的房地产投资基金、风险投资基金或个人的资金直接投资于房地产行业，方式主要有购买土地、房产、项目合作或直接参股房地产公司等。

自筹资金即利用企业内部资金或其他企业的资金来满足资金需求，主要方式有联营、入股、职工或民间资金等。

8.2.2.2　房地产企业子系统

房地产企业在房地产金融系统中是资金的需求者，房地产企业通过不断调整其自身的资本结构，使企业价值最大化。房地产企业不同于一般企业，具有特殊的资本结构特征，由于房地产行业具有开发周期长、资金回收慢等特征，因此房地产企业普遍具有高的杠杆率，自有资金的比例很小。1997—2016 年房地产企业的资产负债率变化情况如图 8-4 所示，由此可以看出资产负债率均在 70%以上，显示出高的杠杆率。

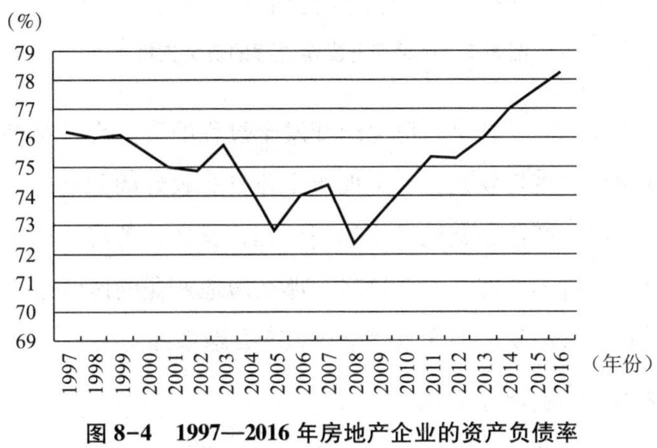

图 8-4　1997—2016 年房地产企业的资产负债率

此外，房地产企业开发的全过程均离不开资金的支持。从土地储备阶段、土地出让与开发阶段、房地产开发建设阶段到房地产销售阶段，均需要金融机构提供各种金融服务，为房地产企业提供资金，如图 8-5 所示。

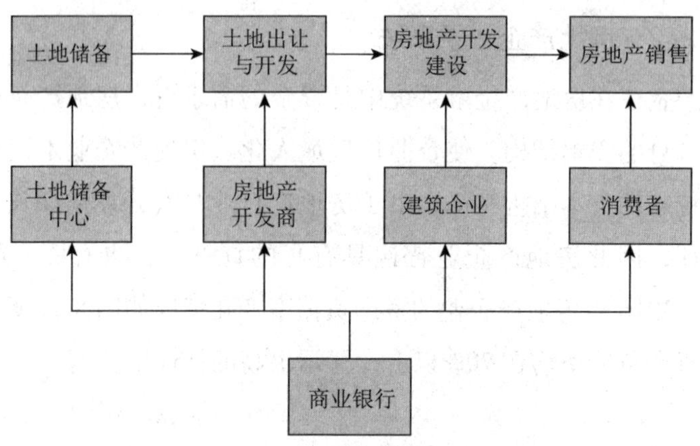

图 8-5　房地产开发全过程的资金支持

房地产企业的高杠杆率和房地产开发全过程的资金支持都凸显了房地产业与金融机构的密切联系，若房地产企业具有较好的盈利能力，房地产金融系统将使房地产业和金融机构达到双赢，反之，若房地产企业的资金链紧张，资本结构不合理，杠杆过高，那么房地产业的风险也将传递到金融机构，一旦危机爆发，将导致整个房地产金融系统受损。

8.2.2.3　消费者子系统

在房地产金融系统中，居民既是资金的提供者，又是资金的需求者。一方面，居民以直接或者间接的方式为房地产企业提供资金，成为房地产企业的股权人或者债权人，房地产企业的经营好坏直接关系到居民的投资收益是否能够实现。另一方面，居民作为房地产的消费者，当没有足够资金购房时，其又是资金的需求者，金融机构提供个人住房抵押贷款，能够弥补消费者的资金缺口，提前满足其购房的需求。

8.2.2.4　金融环境子系统

金融环境的宽松与收紧，都对房地产金融系统的运作产生巨大影响。当金融环境宽松、流动性增加、资金充足、信贷条件放宽、资金的使用成本降低时，此时流入房地产业的资金就会增加，房地产企业的资金充裕。当金融环境收紧、信贷额度缩小、信贷条件严峻、资金成本提高时，则流入房地产业的资金就减小，房地产企业的资金链紧张，不利于房地产业的正常经营，增加了房地产金融的风险，若房地产企业和居民不能按时还贷，那么金融机构就要面临较大的信贷风险。

8.2.3　房地产金融系统的演化

8.2.3.1　房地产金融系统的演化条件：开放和非平衡

根据耗散结构理论，系统能够实现自组织从而形成耗散结构，需要满足四个条件：一是系统是开放的，能够与外界进行物质、能量和信息的交流；二是系统要远离平衡态，正反馈能够推动系统演化；三是系统存在强烈的非线性作用，这种非线性反馈能够使系统稳定到耗散结构上；四是系统存在涨落，涨落促进系统演变。前文已经阐明房地产金融系统符合这四个条件，房地产金融系统是一个开放而非平衡的系统，具备自组织演化的条件，具备形成耗散结构的前提。

由熵变化原理可知，当房地产金融系统的总熵小于零时，房地产金融系统是一个开放系统。房地产金融系统的各子系统之间是相互密切联系的，任一单独的子系统都不能使整体房地产金融系统正常运转，各系统之间会有大量的物质、能量和信息的交流，这会使房地产金融系统远离平衡态。系统远离平衡态，各子系统与外界环境进行物质、能量和信息交流，对各子系统产生了负熵，当从外界环境带来的负熵大于内部产生的熵时，系统会朝着熵减少的方向发展，即朝着增加有序、降低无序的方向发展，这会使整个房地产金融系统由无序状态向有序状态发展，且随着负熵流绝对值的增长，有序度增长的速度也会变快。房地产金融系统从外界环境中吸收的负熵大多用来改善房地产金融系统的结构和功能，当达到结构最复杂、功能最完善、有序化程度最高时，系统所含负熵最多，总熵值最小。此时，整个房地产金融系统的自组织演化能力最强，在一定的条件下，系统就能自发地从无序状态向有序状态演化，形成新的有序结构。

8.2.3.2　房地产金融系统的演化动因：涨落

房地产金融系统从无序状态向有序状态演化，往往存在多种路径可能性，系统中各要素的竞争与协同推动着系统演化，但是不能确定演化的路径，根据自组织理论，决定系统进入某一自组织分支以及怎样进入自组织分支的是“涨落”。

房地产金融系统自组织的过程中存在着三种涨落，分别是随机内部涨落、异动性内部涨落和外部涨落。随机内部涨落是指房地产金融系统内部各要素的运行状况总会出现随机波动，这将对系统的运行效率和效果产生影响。在房地产金融系统自组织演化的过程中，如果仅存在随机波动，那么意味着所产生的结果大多处于中心值附近，也即处于标准统计控制状态，系统将达到最理想状态。异动性内部涨落是指当房地产金融系统的控制参数达到一定的临界值时，系统的行为将趋于向无限发散及存在外力约束的不稳定状态的方向发展，或趋于向一些完全随机的方向演化。引发异动性内部涨落的原因既有随机性也有系统性的影响。因此，应当注意房地产金融系统运行中异动性涨落带来的影响，尤其应关注影响房地产金融系统运行效果的负面涨落。外部涨落，在系统科学中又称环境噪声，指系统的外部环境中各种行为主体或各种行为与发展模式所产生的影响，这些影响由于房地产金融系统的开放性而通过竞争与协同的非线性方式作用于不同的子系统，从而促成资源配置行为的实现。

8.2.3.3 房地产金融系统的演化动力：竞争和协同

自组织理论认为，系统内部不同子系统间均存在竞争，竞争促使系统不断地发展。对于房地产金融系统来说，不同的子系统之间和各子系统内部的各主体之间都存在着竞争。房地产金融系统的开放复杂性也决定了各子系统之间及各子系统中的各主体之间的竞争难以消除，这种竞争是客观存在的，人们所能改变的只是竞争的条件、程度和手段，而不能改变竞争的本身及由此引发的自组织演化。因此，竞争是房地产金融系统的演化动力来源。但是，竞争并不是唯一的系统演化动力，单纯的竞争并不能产生自组织行为，不能促使房地产金融系统中的资源有效配置，不能导致有序状态的形成，房地产金融系统从无序向有序状态转化，还存在另一动力——协同作用。协同作用并不是各种子系统或主体之间以一种简单、线性关系相互作用，而是表现为一种复杂的非线性关系，呈现出不同于线性作用而是大于部分之间简单叠加的整体效应。在房地产金融系统中，当各资金供给渠道畅通，直接融资和间接融资渠道并行，各资金供给主体和房地产企业、消费者、金融环境之间相互协调、合作共赢，形成一个结构合理的系统时，这种协同作用将使各主体的作用加强并放大，产生更大的整体效应，这将推动房地产金融系统向着更有序的状态演化发展。

8.2.3.4　房地产金融系统的演化支配力量：序参量

序参量是协同学中的关键概念，由系统内各部分的协同作用而形成，在系统的演化过程中起支配性作用。涨落是产生序参量的重要因素。临界状态前，系统内各子系统之间均存在着竞争，当临近临界点时，竞争日趋激烈且产生协同作用，最终将促使某个变量起到支配作用，即形成序变量，且序变量的个数是不唯一的。下文的实证检验得出，房地产金融系统的序变量为广义货币量 M2、居民可支配收入和房地产企业资产负债率，说明随着房地产金融系统内部各部分的竞争和协同作用，到一定程度时达到临界点，广义货币量 M2、居民可支配收入和房地产企业资产负债率在房地产金融系统演化中起到支配作用，说明房地产金融系统发展首先受金融环境影响，其次是居民的可支配收入，再次是房地产企业的资产负债率。

在房地产金融系统中，序参量并不是由某一个子系统所决定的，也不是由政府部门制定的，而是由系统内各要素的相互竞争和协同作用所形成的，它一旦形成，就成为主导房地产金融系统演化的支配力量，其他变量在它的支配下协同作用，不断地从无序状态向有序状态转化。因此，序参量既是系统各要素协同效应的表征，又是系统整体的运动状态的度量。

8.3　房地产金融系统协同演化理论模型的构建

协同学是研究多种子系统如何通过它们之间的协同行动而导致结构有序演化的自组织理论。它把一切研究对象看作是由多个子系统构成的系统，子系统间通过物质、能量或信息交换等方式相互作用，产生协同效应，并由序参量支配过程。

协同演化模型就是想以量化的形式找出各个子系统间的协同关系，建立各个子系统自身及同其他子系统相互作用的模型，模仿房地产金融系统随时间的演化过程。

一个复杂系统的描述是多维度的。每个维度由一个状态变量表示，这些状态变量按其随时间变化的特点，可分为随时间变化快的变量和随时间变化慢的变量。根据 Haken 协同学伺服原理，系统演化时，慢变量决定了系统演化的过程与特点，快变量则服从于慢变量。因此，慢变量支配和主宰系统的演化，代表系统的“序”或状态，因而又叫作序参量。序参量是系统内大量系统集体运动的产物，序参量一旦形成，就起着支配和役使系统与子系统的作用，主宰着系统演化的过程。面对系统描述涉及的多个变量时，可采用绝热消去法消去快变量，找到系统的序参量，通过考察序参量的变化判断系统的有序程度以及演化方向。

因此，本部分首先确定可描述房地产金融系统的状态变量，然后建立系统各要素的协同演化模型，最后确定房地产金融系统的序参量。

8.3.1 房地产金融系统的状态变量

根据前文的研究，房地产金融系统分为资金供给方子系统、房地产企业子系统、消费者子系统、金融环境子系统四个方面，因此，在状态变量的选择也是分别代表了这四个子系统的运行。

8.3.1.1 资金供给方子系统的状态变量

资金供给方子系统中，选用了房地产开发贷款余额和房地产贷款余额/总贷款余额两个指标。

（1）房地产开发贷款余额。

房地产开发贷款余额指房地产企业用于房地产开发活动贷款的总额。当房地产市场趋于稳定，并且与国民经济发展协调时，房地产类贷款余额将是一个波动稳定或稳步上升的数值，但是当房地产市场投资投机现象严重（或住房消费不足）时，该指标必然会产生较大波动。

（2）房地产贷款余额/总贷款余额。

房地产贷款余额指房地产企业和消费者购房贷款的总和，其在金融机构总贷款余额中的比例，反映了房地产行业在金融机构贷款业务中的地位，此指标越高，说明房地产行业越繁荣，发展较快，但同时也增加了金融机构的风险，此指标越低，说明房地产行业萧条。所以，该指标也反映了房地产金融同国民经济金融的协调性，因此，该指标应该有一个合理的比例区间。

8.3.1.2　房地产企业子系统的状态变量

房地产企业子系统中，选用了房地产开发投资额、房地产企业非国内贷款/总资金来源、房地产企业的净资产收益率、房地产企业的资产负债率、商品房销售面积、商品房销售价格六个指标。

（1）房地产开发投资额。

房地产开发投资额从整体上反映房地产发展热度。一般而言，该指标越高，表明房地产行业越繁荣，房地产企业投资意愿高；该指标越低，表明房地产行业越冷清，房地产企业投资意愿低。

（2）房地产企业非国内贷款/总资金来源。

房地产企业的资金来源一般包括国内贷款、外资、自筹资金和其他来源。目前，房地产企业的外来资金主要来自贷款，该指标反映了房地产企业资金来源的多元化程度，该指标过低，则房地产企业资金来源集中，潜在风险较高；该指标高，则表明房地产企业资金来源途径较多，风险防范能力较强。

（3）房地产企业的净资产收益率。

该指标反映房地产企业的盈利能力，房地产金融的良好发展促使房地产企业和金融机构双赢，房地产企业是房地产金融系统的核心，若房地产企业盈利低甚至亏损，则房地产金融系统并不完善，而企业也会动荡，造成整个系统不稳定。

（4）房地产企业的资产负债率。

房地产行业的资本密集型特性决定了资金是企业生存的必备条件，因此企业必须有一定比例的自有资金，若资产负债率过高，一方面说明开发商预期未来市场可能过热，另一方面说明对贷款依赖度过大，行业的波动对整个金融市场的风险加大。资产负债率过低说明行业景气度比较低迷，行业回报率不高，企业不愿意过度借贷资金进行投资。因此，房地产企业自有资金比例应该有个合理的区间。2004 年 4 月国务院发出通知，将房地产开发投资自有资本金比例提高到 35%及以上。

（5）商品房销售面积。

商品房销售面积是同步指标中反映需求市场的核心指标，2005 年 7 月及以前，国家统计局对商品房销售面积的统计口径为：销售面积 = 现房销售+前期预售当期竣工的期房销售，自 2005 年 8 月国家统计局调整统计口径后，商品房销售面积 = 现房销售+期房销售。

（6）商品房销售价格。

商品房销售价格是房地产金融市场的关键指标，它既反映了市场消费需求，也包含了投机因素，该指标过高表明房地产金融市场投机严重。此指标与商品房销售面积共同反映了房地产企业的主营业务收入。

8.3.1.3　消费者子系统的状态变量

消费者子系统中，选用了房价/居民可支配收入和个人住房贷款余额两个指标。

（1）居民可支配收入。

城镇居民人均可支配收入是反映居民消费能力的指标，该指标过低说明房地产消费市场买卖能力较低，无法支撑商品房市场的需求；若该指标过高，则说明消费市场买卖能力高，房地产市场需求大，个人贷款需求也相应上升。

（2）个人住房贷款余额。

个人住房贷款余额从市场需求反映了房地产金融与国民经济的协调性，个人住房贷款余额包括个人按揭贷款和住房公积金贷款。当房地产市场投资投机现象严重时，个人消费提前，该指标比重会过大；当市场低迷时，消费者不愿购买房屋，导致该指标低于正常值。因此，个人住房贷款余额同样不宜过大或过小。

8.3.1.4　金融环境子系统的状态变量

金融环境子系统中，选用了存款利率和广义货币量 M2 这两个指标。

（1）存款利率。

利率是整个金融体系的根本，一国经济的稳定是利率平稳的前提，利率的高低对整个行业起着重要的作用，它不仅影响房地产开发企业和消费市场的资金使用成本，同样影响着金融市场的流动性。低利率刺激开发商投资和消费者的购买、投资需求，高利率则抑制需求。

（2）广义货币量 M2。

货币供给量是用来衡量整个国家金融体系的核心指标，但与房地产业同样息息相关。该指标过高表明市场需求大，未来通货膨胀压力高，容易催生资产泡沫。房地产金融市场是个易滋生泡沫的市场，又与国民经济息息相关，因此，该指标亦是房地产金融的核心指标。

综上所述，现确定的房地产金融系统的状态变量如下：*X*1：房地产开发贷款余额；*X*2：房地产贷款余额/总贷款余额；*X*3：房地产开发投资额；*X*4：房地产企业非国内贷款/总资金来源；*X*5：房地产企业的净资产收益率；*X*6：房地产企业的资产负债率；*X*7：商品房销售面积；*X*8：房价；*X*9：居民可支配收入；*X*10：个人住房贷款余额；*X*11：存款利率；*X*12：广义货币量 M2。

8.3.2　房地产金融系统的协同演化模型

8.3.2.1　数据处理

首先，将原始数据进行标准化处理，使不同单位的指标具有可比性。处理后的数据序列为 $x_i^{(0)}(t)$（$i=1$，2，3，…，12，$t=1$，2，3，…，14）。

然后，对序列 $x_i^{(0)}(t)$ 进行 AGO（累加生成）处理，处理后的序列为 $x_i^{(1)}(k)$（$i=1$，2，3，…，12，$k=1$，2，3，…，14），

其中 $x_i^{(1)}(k)=\sum_{t=1}^{k}x_i^{(0)}(t)$，（$k=1$，2，3，…，14）。

8.3.2.2 建立模型

$x_i^{(1)}(k)$ 在每一刻的变化率 $\nu_i=\frac{dx_i^{(1)}(k)}{dk}$，$\nu$ 取决于三种作用：

（1）系统中各要素自身发展与倒退的结果记为 $a_{ii}x_i^{(1)}(k)$，$b_{ii}(x_i^{(1)}(k))^2$，若 $a_{ii}x_i^{(1)}(k)+b_{ii}(x_i^{(1)}(k))^2$ 为正，则要素 i 本身处于发展的状态，若 $a_{ii}x_i^{(1)}(k)+b_{ii}(x_i^{(1)}(k))^2$ 为负，则要素 i 本身处于倒退的状态。

（2）系统中各要素相互作用后，协同与阻碍的结果记为 $a_{ij}x_j^{(1)}(k)$（j 要素对 i 要素的协同作用），若 $a_{ij}x_j^{(1)}(k)$ 为正，则要素 j 对要素 i 有协同作用，若 $a_{ij}x_j^{(1)}(k)$ 为负，则要素 j 对要素 i 有阻碍作用。

（3）系统的涨落，记为 $f_i(k)$。

$x_i^{(1)}(k)$ 总的变化率为：

$$\nu_i=\frac{dx_i^{(1)}(k)}{dk}=a_{ii}x_i^{(1)}(k)+b_{ii}(x_i^{(1)}(k))^2+\sum_{j=1,\ j\neq i}^{12}a_{ij}x_j^{(1)}(k)+f_i(k) \tag{8-1}$$

其中（$i=1$，2，3，…，14）。

令 $f_i(k)=0$，确定参数 a_{ii}，b_{ii}，a_{ij}。

由于 $\nu_i=\frac{dx_i^{(1)}(k)}{dk}=x_i^{(1)}(k)-x_i^{(1)}(k-1)=x_i^{(0)}(k)$，所以

$$x_i^{(0)}(k)=a_{ii}x_i^{(1)}(k)+b_{ii}(x_i^{(1)}(k))^2+\sum_{j=1,\ j\neq i}^{12}a_{ij}x_i^{(1)}(k)+f_i(k) \tag{8-2}$$

将 $k=2$，3，…，14 分别代入式（8-2），得

$$\begin{cases} x_i^{(0)}(2)=a_{ii}x_i^{(1)}(2)+b_{ii}(xi^{(1)}(2))^2+\sum_{j=1,\ j\neq i}^{12}a_{ij}x_j^{(1)}(2) \\ x_i^{(0)}(3)=a_{ii}x_i^{(1)}(3)+b_{ii}(xi^{(1)}(3))^2+\sum_{j=1,\ j\neq i}^{12}a_{ij}x_j^{(1)}(3) \\ \vdots \\ x_i^{(0)}(14)=a_{ii}x_i^{(1)}(14)+b_{ii}(xi^{(1)}(4))^2+\sum_{j=1,\ j\neq i}^{12}a_{ij}x_j^{(1)}(14) \end{cases} \tag{8-3}$$

式（8-3）合并整理后有

$$x_i = B_i P_i$$

其中，

$$B_i=\begin{bmatrix} x_i^{(1)}(2) & (x_i^{(1)}(2))^2 & x_1^{(1)}(2) & x_2^{(1)}(2) & x_3^{(1)}(2) & \cdots & x_{i-1}^{(1)}(2) & x_{i+1}^{(1)}(2) & \cdots & x_{12}^{(1)}(2) \\ x_i^{(1)}(3) & (x_i^{(1)}(3))^2 & x_1^{(1)}(3) & x_2^{(1)}(3) & x_3^{(1)}(3) & \cdots & x_{i-1}^{(1)}(3) & x_{i+1}^{(1)}(3) & \cdots & x_{12}^{(1)}(3) \\ \vdots & & & & & & \vdots & \vdots & & \vdots \\ x_i^{(1)}(14) & (x_i^{(1)}(14))^2 & x_1^{(1)}(14) & x_2^{(1)}(14) & x_3^{(1)}(14) & \cdots & x_{i-1}^{(1)}(14) & x_{i+1}^{(1)}(14) & \cdots & x_{12}^{(1)}(14) \end{bmatrix}$$

$$x_i = \begin{bmatrix} x_i^{(0)}(2) \\ x_i^{(0)}(3) \\ \vdots \\ x_i^{(0)}(14) \end{bmatrix}$$

$$P_i = [a_{ii} \quad b_{ii} \quad a_{i1} \quad a_{i2} \quad \cdots \quad a_{i(i-1)} \quad a_{i(i+1)} \quad \cdots \quad a_{i12}]^T$$

由于 B_i 为 13×13 的矩阵，且为满秩矩阵，故有

$$P_i = B_i^{-1} x_i$$

由原始数据求得 P_i，就可以得到系统的状态方程组即系统的协同模型：

$$\frac{\mathrm{d}x_i^{(1)}}{\mathrm{d}t} = a_{ii}x_i^{(1)} + b_{ii}(x_i^{(1)})^2 + a_{i1}x_1^{(1)} + a_{i2}x_2^{(1)} + \cdots + a_{i(i-1)}x_{i(i-1)}^{(1)}$$

$$+a_{i(i+1)}x_{i(i+1)}^{(1)} + a_{i12}x_{i12}^{(1)},\ i=1,\ 2,\ 3,\ \cdots,\ 12$$

最后，根据绝热消去法，各变量的一次项系数 a_i 是判断序参量的主要依据，弛豫系数较小的变量为慢变量，慢变量即为决定系统演化的序参量。

8.4　房地产金融系统协同演化理论模型的实证检验

8.4.1　数据选取

1998 年，我国取消了以住房实物分配为主体的住房体制改革，开始在市场经济条件下对商品房的建设予以支持与宏观调控，商品房建设经过二十几年，取得了巨大的发展。因此，本书选取了 1998—2011 年的 12 个状态变量的年度数据。数据来自国家统计局、中国人民银行及网络资料整理。

由于2011年房地产企业的资产负债率和净资产收益率数据缺失，本书计算了上市房地产企业2011年资产负债率和净资产收益率相对于2010年的增长率，并用这个增长率代替所有房地产企业这两个指标的增长率，估算出2011年房地产企业的资产负债率和净资产收益率。

另外，在收集存款利率时，若一年内利率发生变化，则取该年内各个时间段利率的加权平均值。

8.4.2 状态变量的灰色关联度

在前文初步选定的可能的状态变量的基础之上，我们需要用灰色关联分析方法确定各个状态变量之间的相互关联程度，进而判断各子系统之间的关系。

灰色关联度分析的基本思想是根据序列曲线几何形状的相似程度来判断其联系是否紧密。在系统发展过程的研究中，如果两个因素变化的曲线是一致的，即同步变化程度较高，则可以认为两者关联较大；反之，则两者关联度较小。因此，我们通过对状态变量之间灰色关联度的测量，就能判断出各子系统的关联性。

令序列 $X_i' = \frac{x_i}{x_i(1)} = (x_i'(1), x_i'(2), \cdots, x_i'(14))$，$(i=1, 2, 3, \cdots, 12)$

记 $\Delta_{1i}(k) = |x_1'(k) - x_i'(k)|$，

差序列 $\Delta_{1i} = (\Delta_{1i}(1), \Delta_{1i}(2), \cdots, \Delta_{1i}(14))$，$(i=1, 2, 3, \cdots, 12)$

两极最大差和最小差记为

$$M_1 = \max_i \max_k \Delta_{1i}(k), \quad m_1 = \min_i \min_k \Delta_{1i}(k)$$

关联系数

$\gamma_{1i}(k) = \frac{m_1 + \xi M_1}{\Delta_{1i}(k) + \xi M_1}$，$\xi \in (0, 1)$，$k=1, 2, 3, \cdots, 14$；$i=1, 2, 3, \cdots, 12$

灰色关联度为

$\gamma_{1i} = \frac{1}{n}\sum_{k=1}^{n} \gamma_{1i}(k)$，$i = 1, 2, 3, \cdots, 11$

表 8-1　状态变量原始值

年份	X1	X2	X3	X4	X5	X6	X7	X8	X9	X10	X11	X12
1997	2680	0. 0359	3614. 2	0. 7615	-0. 002	0. 761	12185. 3	2063	5425. 1	426. 16	5. 1	104498. 5
1998	2680	0. 0359	3614. 23	0. 7615	-0. 0023	0. 761	12185. 3	2063	5425. 1	426. 16	5. 1	104498. 5
1999	2972	0. 0462	4103. 2	0. 7682	-0. 0078	0. 761	14556. 53	2053	5854. 02	1357. 71	3. 02	119897. 9
2000	3281	0. 0670	4984. 05	0. 7691	0. 0119	0. 756	18637. 13	2112	6280	3376. 92	2. 25	134610. 3
2001	4203. 8	0. 0872	6344. 11	0. 7801	0. 0176	0. 75	22411. 9	2170	6859. 6	5598	2. 25	158301. 9
2002	6616	0. 11335	7790. 92	0. 7723	0. 0306	0. 749	26808. 29	2250	7702. 8	8253	2. 03	185007
2003	6657. 35	0. 116	10153. 8	0. 7622	0. 044	0. 758	33717. 63	2359	8472. 2	11779. 74	1. 98	221222. 8
2004	7810. 9	0. 1332	13158. 25	0. 8160	0. 0536	0. 741	38231. 64	2778	9421. 6	15922. 3	2	254107
2005	9141	0. 14146	15909. 25	0. 8169	0. 0564	0. 727	55486. 22	3167. 7	10493	18400	2. 25	298755. 7
2006	14100	0. 1633	19422. 92	0. 8026	0. 0729	0. 741	61857. 07	3366. 8	11759. 5	22700	2. 34	345603. 6
2007	18000	0. 1834	25288. 8	0. 8128	0. 0858	0. 744	77354. 7	3863. 9	13785. 8	30000	3. 15	403442. 2
2008	19300	0. 1618	31203. 2	0. 8080	0. 0857	0. 723	65969. 8	3800	15780. 76	29800	3. 98	475166. 6
2009	25278	0. 1823	36241. 8	0. 8034	0. 1048	0. 735	94755	4681	17174. 65	47600	2. 25	606225
2010	31325	0. 1966	48259. 4	0. 8278	0. 1069	0. 745	104764. 6	5032	19109. 44	62880	2. 75	725774. 1
2011	38379	0. 1844	61740	0. 8491	0. 1098	0. 7672	109946	5381	21810	68921	3. 29	827000

表 8-2 状态变量的灰色关联度

年份	X1	X2	X3	X4	X5	X6	X7	X8	X9	X10	X11	X12
1998	1	0. 6792	0. 9694	0. 4964	0. 8227	0. 5046	0. 8581	0. 7140	0. 7979	0. 9509	0. 6673	0. 9159
1999	0. 6969	1. 0000	0. 6870	0. 7099	0. 8054	0. 7089	0. 7750	0. 8011	0. 7905	0. 6967	0. 7940	0. 7338
2000	0. 9692	0. 6675	1. 0000	0. 4851	0. 8110	0. 4938	0. 8404	0. 6973	0. 7788	0. 9544	0. 6531	0. 8933
2001	0. 5881	0. 7627	0. 5795	1. 0000	0. 6931	0. 9342	0. 6504	0. 6629	0. 6400	0. 5972	0. 7918	0. 6094
2002	0. 8145	0. 7827	0. 8035	0. 6075	1. 0000	0. 6118	0. 8991	0. 8326	0. 8531	0. 8252	0. 7242	0. 8389
2003	0. 5771	0. 7477	0. 5688	0. 9291	0. 6816	1. 0000	0. 6377	0. 6458	0. 6255	0. 5867	0. 7730	0. 5973
2004	0. 8613	0. 7649	0. 8449	0. 5728	0. 9064	0. 5774	1. 0000	0. 8406	0. 8890	0. 8519	0. 7067	0. 9249
2005	0. 7583	0. 8228	0. 7448	0. 6269	0. 8659	0. 6271	0. 8648	1. 0000	0. 8963	0. 7590	0. 7750	0. 8052
2006	0. 8173	0. 7967	0. 8008	0. 5790	0. 8737	0. 5829	0. 8983	0. 8859	1. 0000	0. 8090	0. 7425	0. 8754
2007	0. 9490	0. 6704	0. 9529	0. 4993	0. 8275	0. 5074	0. 8432	0. 7076	0. 7824	1. 0000	0. 6563	0. 8946
2008	0. 6560	0. 7738	0. 6428	0. 7134	0. 7242	0. 7047	0. 6906	0. 7270	0. 7101	0. 6530	1. 0000	0. 6726
2009	0. 9188	0. 7248	0. 8976	0. 5278	0. 8511	0. 5346	0. 9256	0. 7733	0. 8656	0. 9019	0. 6909	1. 0000

状态变量原始值如表 8-1 所示。从表 8-2 可以看出，各状态变量之间有较强的灰色关联度，表示变量所代表的各个子系统间具有较高的关联性，同时也表明了各个变量之间并不是简单的线性关系，它们之间的作用是复杂的、非线性的和协同的。

8.4.3　房地产金融系统协同演化的实证过程

8.4.3.1　数据标准化

本书对原始数据进行标准化处理，使不同单位、不同数据级的指标无量纲化，设处理后的数据序列为 $x_i^{(0)}(t)$（$i=1, 2, \cdots, 12$；$t=1, 2, \cdots, 14$）。

$$x_i^{(0)}(t)=\frac{x_i(t)-\min\limits_t x_i(t)}{\max\limits_t x_i(t)-\min\limits_t x_i(t)}\ (i=1, 2, \cdots, 12;\ t=1, 2, \cdots, 14)。$$

标准化后的数据如表 8-3 所示。

8.4.3.2　房地产金融系统协同演化的实证过程

将标准化后的数据进行累加处理，得到序列 $x_i^{(1)}(t)$。

表 8-3　标准化后的数据

年份	$x_1^{(0)}$	$x_2^{(0)}$	$x_3^{(0)}$	$x_4^{(0)}$	$x_5^{(0)}$	$x_6^{(0)}$	$x_7^{(0)}$	$x_8^{(0)}$	$x_9^{(0)}$	$x_{10}^{(0)}$	$x_{11}^{(0)}$	$x_{12}^{(0)}$
1998	0	0	0	0	0. 0472	0. 8594	0	0. 0030	0	0	1	0
1999	0. 0082	0. 0640	0. 0084	0. 0773	0	0	0. 0243	0	0. 0262	0. 0136	0. 3333	0. 0213
2000	0. 0168	0. 1935	0. 0236	0. 0869	0. 1679	0. 7463	0. 0660	0. 0177	0. 0522	0. 0431	0. 0865	0. 0417
2001	0. 0427	0. 3197	0. 0470	0. 2132	0. 2162	0. 6106	0. 1046	0. 0352	0. 0876	0. 0755	0. 0865	0. 0745
2002	0. 1103	0. 4814	0. 0719	0. 1235	0. 3264	0. 5880	0. 1496	0. 0592	0. 1390	0. 1143	0. 0160	0. 1114
2003	0. 1114	0. 4982	0. 1125	0. 0085	0. 4406	0. 7915	0. 2203	0. 0919	0. 1860	0. 1658	0	0. 1616
2004	0. 1437	0. 6054	0. 1642	0. 6230	0. 5225	0. 4071	0. 2664	0. 2178	0. 2439	0. 2262	0. 0064	0. 2071
2005	0. 1810	0. 6569	0. 2115	0. 6327	0. 5461	0. 0905	0. 4429	0. 3349	0. 3093	0. 2624	0. 0865	0. 2689
2006	0. 3199	0. 7929	0. 2720	0. 4694	0. 6862	0. 4071	0. 5081	0. 3948	0. 3866	0. 3252	0. 1154	0. 3337
2007	0. 4291	0. 9181	0. 3729	0. 5861	0. 7963	0. 4749	0. 6666	0. 5441	0. 5103	0. 4318	0. 3750	0. 4138
2008	0. 4656	0. 7837	0. 4746	0. 5316	0. 7954	0. 0000	0. 5502	0. 5249	0. 6320	0. 4288	0. 6410	0. 5130
2009	0. 6330	0. 9113	0. 5613	0. 4785	0. 9575	0. 2714	0. 8446	0. 7897	0. 7171	0. 6887	0. 0865	0. 6944
2010	0. 8024	1	0. 7681	0. 7568	0. 9758	0. 4975	0. 9470	0. 8951	0. 8352	0. 9118	0. 2468	0. 8599
2011	1	0. 9241	1	1	1	1	1	1	1	1	0. 4199	1

表 8-4　累加后的数据

年份	$x_1^{(1)}$	$x_2^{(1)}$	$x_3^{(1)}$	$x_4^{(1)}$	$x_5^{(1)}$	$x_6^{(1)}$	$x_7^{(1)}$	$x_8^{(1)}$	$x_9^{(1)}$	$x_{10}^{(1)}$	$x_{11}^{(1)}$	$x_{12}^{(1)}$
1998	0	0	0	0	0.0472	0.8594	0	0.0030	0	0	1	0
1999	0.0082	0.0640	0.0084	0.0773	0.0472	1.7188	0.0243	0.0030	0.0262	0.0136	1.3333	0.0213
2000	0.0250	0.2576	0.0320	0.1641	0.2151	2.4651	0.0903	0.0207	0.0784	0.0567	1.4199	0.0630
2001	0.0677	0.5773	0.0789	0.3773	0.4313	3.0757	0.1949	0.0559	0.1659	0.1322	1.5064	0.1375
2002	0.1780	1.0587	0.1508	0.5008	0.7578	3.6637	0.3444	0.1151	0.3049	0.2465	1.5224	0.2489
2003	0.2894	1.5569	0.2633	0.5093	1.1983	4.4553	0.5647	0.2070	0.4909	0.4122	1.5224	0.4104
2004	0.4331	2.1623	0.4275	1.1322	1.7208	4.8623	0.8311	0.4249	0.7348	0.6385	1.5288	0.6175
2005	0.6141	2.8192	0.6390	1.7650	2.2669	4.9528	1.2741	0.7598	1.0441	0.9009	1.6154	0.8864
2006	0.9340	3.6121	0.9110	2.2344	2.9531	5.3599	1.7821	1.1546	1.4307	1.2261	1.7308	1.2201
2007	1.3631	4.5301	1.2839	2.8205	3.7495	5.8348	2.4488	1.6987	1.9410	1.6578	2.1058	1.6339
2008	1.8287	5.3139	1.7585	3.3521	4.5449	5.8348	2.9989	2.2237	2.5730	2.0867	2.7468	2.1469
2009	2.4617	6.2252	2.3199	3.8306	5.5024	6.1062	3.8435	3.0133	3.2901	2.7754	2.8333	2.8413
2010	3.2641	7.2252	3.0879	4.5873	6.4781	6.6037	4.7905	3.9085	4.1253	3.6872	3.0801	3.7012
2011	4.2641	8.1493	4.0879	5.5873	7.4781	7.6037	5.7905	4.9085	5.1253	4.6872	3.5000	4.7012

将表 8-3 和表 8-4 的数据代入模型，得到的房地产金融系统协同演化模型如下：

$$\begin{cases}\frac{dx_1^{(1)}}{dt}=1.36x_1^{(1)}-0.024\left(x_1^{(1)}\right)^2+0.195x_2^{(1)}-0.402x_3^{(1)}+0.0833x_4^{(1)}-\\ 0.062x_5^{(1)}+0.035x_6^{(1)}-0.121x_7^{(1)}+0.354x_8^{(1)}-1.505x_9^{(1)}-1.15x_{10}^{(1)}-\\ 0.04x_{11}^{(1)}+1.624x_{12}^{(1)}\\ \frac{dx_2^{(1)}}{dt}=2.453x_2^{(1)}+0.075\left(x_1^{(1)}\right)^2-2.066x_1^{(1)}+0.598x_3^{(1)}-0.385x_4^{(1)}-\\ 2.209x_5^{(1)}+0.395x_6^{(1)}-3.037x_7^{(1)}+4.868x_8^{(1)}-0.786x_9^{(1)}-2.33x_{10}^{(1)}+\\ 0.414x_{11}^{(1)}+1.71x_{12}^{(1)}\\ \frac{dx_3^{(1)}}{dt}=2.05x_3^{(1)}-0.071\left(x_1^{(1)}\right)^2-0.49x_1^{(1)}+0.352x_2^{(1)}-0.09877x_4^{(1)}-\\ 0.41x_5^{(1)}+0.053x_6^{(1)}-0.354x_7^{(1)}+0.446x_8^{(1)}-0.382x_9^{(1)}+0.144x_{10}^{(1)}-\\ 0.0485x_{11}^{(1)}+0.517x_{12}^{(1)}\\ \frac{d_4^{(1)}}{dt}=3.948x_4^{(1)}-0.139x\left(x_1^{(1)}\right)^2+10.063x_1^{(1)}-8.60x_2^{(1)}-16.16x_3^{(1)}+\\ 3.989x_5^{(1)}-0.320x_6^{(1)}+7.429x_7^{(1)}-16.828x_8^{(1)}+15.048x_9^{(1)}+14.83x_{10}^{(1)}+\\ 0.21x_{11}^{(1)}-12.486x_{12}^{(1)}\\ \frac{dx_5^{(1)}}{dt}=-2.34x_5^{(1)}+0.108\left(x_1^{(1)}\right)^2-8.062x_1^{(1)}+5.737x_2^{(1)}+11.96x_3^{(1)}-\\ 2.064x_4^{(1)}+0.513x_6^{(1)}-7.59x_7^{(1)}+13.307x_8^{(1)}-7.337x_9^{(1)}-5.98x_{10}^{(1)}-\\ 0.463x_{11}^{(1)}-1.013x_{12}^{(1)}\\ \frac{dx_6^{(1)}}{dt}=0.836x_6^{(1)}+0.161\left(x_1^{(1)}\right)^2+0.061x_1^{(1)}+2.74x_2^{(1)}+3.98x_3^{(1)}-\\ 1.75x_4^{(1)}+1.7x_5^{(1)}-3.388x_7^{(1)}+9.145x_8^{(1)}-21.921x_9^{(1)}-10.064x_{10}^{(1)}-\\ 1.533x_{11}^{(1)}+18.103x_{12}^{(1)}\end{cases}$$

$$
\begin{cases}
\dfrac{dx_7^{(1)}}{dt}=-92.45x_7^{(1)}+54.066\left(x_1^{(1)}\right)^2-205.048x_1^{(1)}+96.75x_2^{(1)}+249.39x_3^{(1)}-\\
16.723x_4^{(1)}+371.93x_5^{(1)}-45.951x_6^{(1)}-17.166x_8^{(1)}-715.841x_9^{(1)}-436.073x_{10}^{(1)}+\\
58.748x_{11}^{(1)}+221.83x_{12}^{(1)}\\
\dfrac{dx_8^{(1)}}{dt}=-2.731x_8^{(1)}+0.572\left(x_1^{(1)}\right)^2+0.444x_1^{(1)}-1.1068x_2^{(1)}-4.214x_3^{(1)}+\\
0.414x_4^{(1)}+4.24x_5^{(1)}-0.506x_6^{(1)}+1.83x_7^{(1)}-1.776x_9^{(1)}+0.04x_{10}^{(1)}+0.593x_{11}^{(1)}-\\
1.902x_{12}^{(1)}\\
\dfrac{dx_9^{(1)}}{dt}=0.431x_9^{(1)}-0.00025\left(x_1^{(1)}\right)^2-0.427x_1^{(1)}+0.369x_2^{(1)}+0.711x_3^{(1)}-\\
0.088x_4^{(1)}-0.32x_5^{(1)}+0.036x_6^{(1)}-0.3004x_7^{(1)}+0.524x_8^{(1)}-0.043x_{10}^{(1)}-\\
0.023x_{11}^{(1)}-0.687x_{12}^{(1)}\\
\dfrac{dx_{10}^{(1)}}{dt}=2.17x_{10}^{(1)}-0.03\left(x_1^{(1)}\right)^2+1.28x_1^{(1)}-0.954x_2^{(1)}-3.813x_3^{(1)}+0.312x_4^{(1)}-\\
0.022x_5^{(1)}+0.046x_6^{(1)}+0.862x_7^{(1)}-1.534x_8^{(1)}+2.59x_9^{(1)}-0.08x_{11}^{(1)}-0.644x_{12}^{(1)}\\
\dfrac{dx_{11}^{(1)}}{dt}=1.354x_{11}^{(1)}+0.125\left(x_1^{(1)}\right)^2+12.059x_1^{(1)}-7.711x_2^{(1)}-10.16x_3^{(1)}+\\
2.975x_4^{(1)}+6.08x_5^{(1)}-1.19x_6^{(1)}+13.108x_7^{(1)}-22.605x_8^{(1)}+1.136x_9^{(1)}+\\
9.217x_{10}^{(1)}-4.234x_{12}^{(1)}\\
\dfrac{dx_{12}^{(1)}}{dt}=0.286x_{12}^{(1)}+0.005\left(x_1^{(1)}\right)^2+0.48x_1^{(1)}-0.45x_2^{(1)}-1.958x_3^{(1)}+\\
0.164x_4^{(1)}+0.0084x_5^{(1)}-0.0023x_6^{(1)}+0.5717x_7^{(1)}-1.002x_8^{(1)}+1.397x_9^{(1)}+\\
0.566x_{10}^{(1)}-0.012x_{11}^{(1)}
\end{cases}
$$

8.4.4　系统序参量

序参量是协同论的核心概念，是指在系统演化过程中从无到有的变化，影响着系统各要素由一种相变状态转化为另一种相变状态的集体协同行为，并能指示出新结构形成的参量。由于序参量不仅主宰着系统演化的整个进程，而且决定着系统演化的结果，因此，只要能够区分复杂系统中关键因素和次要因素，找出从中起决定作用的序参量，强化和凸显我们所期望的序参量的值，就能使管理系统有序、稳定地运行。

为了找出系统序参量，我们需比较各状态变量的弛豫系数。各状态变量的弛豫系数 r 分别为各变量一次方项系数 a_{ii}，由协同模型可以得出 r_i 依次为：$r_1=1.36$，$r_2=2.453$，$r_3=2.05$，$r_4=3.948$，$r_5=-2.34$，$r_6=0.836$，$r_7=-92.45$，$r_8=-2.731$，$r_9=0.431$，$r_{10}=2.17$，$r_{11}=1.354$，$r_{12}=0.286$，状态变量 $x_{12}^{(1)}$，$x_9^{(1)}$，$x_6^{(1)}$ 的弛豫系数 r_{12}，r_9，r_6 相对较小，与其他弛豫系数相差一个数量级，通过绝热近似消去其他 9 个变量，则剩余的状态变量 x_{12}，x_9，x_6 为系统演化的慢变量，根据 Haken 协同学伺服理论，快变量服从慢变量，慢变量即序参量决定系统的演化，即 x_{12}广义货币量 M2、x_9 居民可支配收入、x_6 房地产企业资产负债率为系统演化的序参量，主导和支配房地产金融系统的演化与发展。

8.4.5 结论及房地产金融体系重构的理论启示

由实证结果可知，广义货币量 M2、居民可支配收入和房地产企业资产负债率为我国房地产金融系统的主导变量。广义货币量 M2 是衡量整个国家金融体系的核心指标，由此看来，我国的房地产金融系统发展由我国的金融环境主导，这说明我国的房地产金融系统自身发展很不成熟。稍弱一点的指标为居民可支配收入，居民是房地产二级市场的买方，居民可支配收入的变化刺激需求的变化，从而影响房地产企业的金融行为。剩下的较为重要的指标为房地产企业的资产负债率，房地产企业往往资产庞大，若该指标高，说明开发商积极借债，进行投资开发活动的意愿高，从而促进房地产金融繁荣，反之，若该指标较低，则说明房地产企业的开发意愿较低，企业不愿意增加借债来进行投资，而我国房地产企业主要的筹资途径为银行贷款，从而使房地产金融萧条。

在房地产金融体系中，房地产开发商、建筑商、运营商等房地产供给者以及银行、信托、投资基金等金融机构拥有专业知识和技能，具有信息优势，本应该作为整个体系中的主导力量，推动房地产金融系统的发展和创新。但实证结果表明：目前，广义货币量 M2、居民可支配收入、房地产企业的资产负债率是序参量，决定着房地产金融系统的运行。这表明目前房地产金融体系的发展主要受到政策环境和购房需求的影响，房地产供给者及金融机构并未发挥其专业和信息优势，房地产企业单纯依靠负债融资所形成的高杠杆资本结构对房地产金融体系的生态环境产生了较大的影响，加大了整个体系的风险：在经济上行、房地产市场繁荣时，高杠杆会带给体系较大的收益，但在经济下行、房地产市场波动时，高杠杆给体系带来的损失也会成倍增加，使得整个体系遭受剧烈波动。

参考文献

[1] 周雷，张建坤．房地产业系统的耗散结构研究［J］．东南大学学报（哲学社会科学版），2008（S1）：76-79.

[2] 郭云峰，郑垂勇．金融资源系统自组织特征研究［J］．济南大学学报（社会科学版），2008（4）：71-73，92.

[3] 金雪军，马国旗．自组织：认识证券市场的新视角［J］．浙江社会科学，2003（1）：65-70.

[4] 陈宁波，方华．自组织视角下的我国金融业［J］．商业研究，2008（6）：129-132.

[5] 王佳秋，杜广环，付吉丽，等．基于自组织理论的房地产泡沫动态演化过程研究［J］．大学数学，2011（2）：133-137.

[6] 赵洪江，夏晖．基于自组织理论的创业金融体系构成、演化及发展对策研究［J］．中国软科学，2009（S2）：107-112.

[7] 张中锦，杨永杰，纪明．基于自组织视角的区域金融发展研究——以江苏为例［J］．区域金融研究，2011（11）：21-25.

[8] 初可佳．金融机构网络关系自组织演化机制——以银保混业经营为例

[J]. 金融理论与实践，2008（4）：14-19.

[9] 刘刚. 经济增长不确定性的自组织机制分析［J］. 商业经济与管理，2007（1）：26-30.

[10] 程肖芬. 基于自组织理论的现代服务业集聚区演化与动力研究——兼论上海现代服务业集聚发展［J］. 商业经济与管理，2011（3）：75-80.

[11] 陈晓薇. 房地产企业融资方式比较分析［D］. 武汉：华中科技大学，2011.

[12] 王红霞. 基于自组织理论的住宅房地产市场系统演化研究［D］. 南京：东南大学，2006.

[13] 卢悦兰. 中国商业银行房地产金融风险及防范研究［D］. 天津：天津大学，2006.

[14] 徐景辉. 房地产金融风险的评价及防范对策研究［D］. 哈尔滨：东北农业大学，2006.

[15] 朱永东. 美国高等教育认证认可与许可系统的演化机制研究［D］. 广州：华南理工大学，2012.

[16] 俞海海. 房地产市场成熟度评价模型研究［D］. 上海：上海交通大学，2008.

[17] 白冬梅，张建坤. 房地产业系统的协同发展研究［J］. 东南大学学报（哲学社会科学版），2008（S2）：68-71.

[18] 郑冬梅. 九龙江流域——厦门湾社会经济与生态环境耦合分析与管理策略研究［J］. 中共福建省委党校学报，2012（1）：70-76.

第9章　基于利益集团理论的房地产金融体系重构的现实依据及逻辑

9.1　房地产金融体系重构的逻辑依据：利益集团理论

9.1.1　利益集团理论

“利益集团”一般意义上是指那些具有某种共同利益诉求且试图通过对政府管理机构或公共政策施加影响，从而达到维护或扩大自身利益的社会团体，有时也被称为“压力集团”或“特殊利益集团”。利益集团通常具有三个特征：①对社会中的某类资源或信息具有垄断优势，利益集团从而可以通过这种垄断地位获取较大的经济或政治利益。②排他性较强。利益集团的决策、行为代表并遵循利益集团内部成员的一致利益，其目标并非为最大化社会公共利益。③不一定是具有特定组织结构和规模。利益集团可能无组织形态、无特定成员数量，但集团内部的特殊目标趋于一致或具有某种利益关系，使各利益相关者的决策行为趋于一致，并具有合谋激励。对于利益集团的研究最早起源于政治学领域，之后研究成果逐渐成熟并发展到经济学、法学等多个学科，在不同学科领域又分别形成了研究角度、研究方法、应用范围各不相同的利益集团理论。

9.1.1.1　利益集团理论的起源与发展

利益集团的概念最早起源于政治学领域。James Madison 首次提出“利益集团”的概念及性质：“部分公民，无论在整体中属于多数还是少数，在共同的欲望或利益的推动下联合行动，却与其他公民的权利或这个社会的长远和整体利益背道而驰。”在 Madison 对利益集团的概念界定中，“部分公民”即为“利益集团”。1908 年，政治学家 Bentley 首次系统地提出了利益集团理论，他认为社会中各个利益相关集团之间的压力均衡引致并维持了政治常态。1951 年，美国政治学家 David B. Truman 进一步具体界定了“政治性利益集团”的概念：“利益集团是拥有共同态度的团体，并对社会其他团体有一定的要求。如果其通过政府或者向政府机构提出要求，它们就成为政治性的利益集团。”随后，Truman（1952）、Wilson（1973）和 Moe（1981）等论证了利益集团存在的现实作用：利益集团是连接政治（政府）与社会（公众）的媒介。

在当今的政治学界，多元主义集团政治理论占据主流学派地位。该理论认为，社会结构变化和社会分工催生了新的社会利益关系，从而出现了区别于以往以家庭为核心的新兴社会组织或团体——以共同利益为核心的集团，集团拥有相同的价值观念和利益取向。现代社会中，如果政府、利益集团与独立公民三者的关系良性发展，利益集团对社会的重要性在于其可以作为独立个体和国家政体间的中介组织以及信息与利益的传递媒介。公民通过集团向政府传递其意愿与利益需求，政府通过集团实现其政治制度及国家规划。这样，通过利益集团在政府与民众之间不断地游说、传达意图意愿以及政府与民众通过利益集团这一中间媒介不断地博弈、妥协与让步，最终达成政府、利益集团与公民三者的利益一致，政府的政策决策能够及时、正确反映公民意愿及集团利益，从而形成合理的社会资源及利益分配格局并维持社会稳定。如果进一步考虑现实社会中多元化的利益集团，那么利益集团之间、集团与政府和民众之间会出现交错的相互作用与作用的交互抵消。首先，集团间的利益取向及利益获取路径的不一致将导致不同集团通过政府部门形成相互制约的格局；其次，政府的政策制定涉及多方利益主体，因此政府决策只能基于总体利益的考虑，而非某个单独的利益团体；最后，政府政策倾向有助于扶植某些利益集团的成立，这些集团也将获得政府补贴和资助，以及由此引发的其他利益团体，比如基金会、私人投资者或企业家的赞助。

9.1.1.2　利益集团在经济学领域的研究与应用

利益集团的经济学理论承接了政治利益集团理论和公共选择理论的研究。经济学家主要运用经济学模型研究利益集团对政府政治决策或公共政策的影响。1999 年，Joe B. Stevenson 提出利益集团是“一个由拥有某些共同目标并试图影响公共政策的个体构成的组织实体”。1960 年，经济学家 Olson 提出，利益集团的形成需要两个必要条件：①集团的成员人数需要足够少；②经济系统中存在某种能使集团个体付出努力为集体利益做出贡献的激励机制，被称为“选择性刺激”。此外，Olson 还提出了利益集团理论中的分利联盟理论。“分利联盟”是指为在经济系统的利益中为本集团争取更多利益份额而采取集体行动的“特殊利益集团”。而分利联盟（特殊利益集团）形成的两个必要前提条件是同时实现“人数控制”和“选择性刺激”，从而分别避免人们通常的“搭便车”心理和“理性无知”问题。从具体的经济学模型来看，Olson 从利益集团成员的角度出发，利用成本—收益边际分析法研究利益集团生产集团产品时的决策、行为及相应的原因。Olson 指出利益集团成员所采取的决策产生的收益、成本对比大小决定集团成员的行为，而集团成员的相对一致行为又形成了一个利益集团的总体行为。Olson 进一步研究指出，利益集团的成员人数越多，“搭便车”的现象就会越严重。由此可以推断，成员人数相对较少的利益集团在集体决策过程中会更有优势。这就可以解释代表少数人利益的“特殊利益集团”或称“压力集团”通常有能力获取绝大多数人利益的现象。与此同时，Olson 的模型还证明了在不同规模利益集团的激励机制下所对应的不同利益集团的行为模式。1971 年，Stigler 利用经济学原理研究利益集团对政府政策的影响，并提出了国家俘获理论。“国家俘获”是指：国家立法者和管制机构也属于经济人，它们也有倾向追求自身利益最大化，某些特殊利益集团从而就能够利用人们的这种偏好，通过“俘获”国家立法者和管制机构使政府提供有利于它们的管制。1976 年，Peltzman 承接了 Stigler 的理论主张，并将 Stigler 的理论进一步模型化，创立了管制经济学理论，提出管制政策的决策者会在相互竞争的利益集团中进行协调，但同时管制政策容易被狭隘私利的利益集团所俘获。1983 年，Becker 利用一般均衡的分析方法，研究了利益集团之间的竞争对政策资源的掠夺过程以及对政治均衡的影响，从中发现利益集团间的这种竞争有利于纠正市场失灵和降低社会福利损失，从而实现政策的有效性。

总体来看，利益集团理论在经济范畴的研究重点剖析了利益集团的特征、集体决策、行为和影响因素以及利益集团对政策有效性的作用等方面，研究框架所纳入的研究主体不仅包括单纯的利益集团，还包含政府、官僚和政治家，研究更加贴近利益关系繁杂的现实经济社会。此外，利益集团理论在经济学中的发展，已从局部均衡研究逐渐拓展到了一般均衡研究，使利益集团在政治、经济领域的互动影响研究及效果反映得以实现。

9.1.1.3 利益集团理论的最新研究进展

利益集团理论的最新研究进展主要集中于现代社会意识形态、经济技术进步以及立法与政策对利益集团形成、联盟、集体行为的影响等方面。

利益集团理论的最新研究表明，利益集团不仅会影响政治制度，并相应地受到政治制度的制约，同时，利益集团也会受到社会意识形态的影响，其中“社会公平”是现代社会意识形态中非常重要的观念之一。2006 年，Baldursson 在研究冰岛商业银行 Reykjavik 接管交易出价被拒绝的案例中发现了“社会公平”意识对相关利益集团的影响。Reykjavik 银行的现有董事会、担保资本所有者、外部董事会和改革主张者分别构成相互制衡的利益集团。Baldursson 首先试图从管制威胁理论、私有化理论以及传统的压力集团理论三个角度分析利益集团在接管交易过程中的利益分配。但研究最终发现，接管出价明显违背公平是本案例中交易被拒绝的首要原因。因此，意识形态也构成了现代社会影响利益集团决策、行为的重要因素之一。

技术进步可以有效解释利益集团的合谋收益，而合谋收益的提高有助于利益集团之间的联盟形成，从而会对政府政策起到不同程度的影响。2006 年，Irwin 研究了 19 世纪 20 年代美国关税政策的转变历程与原因。当时美国国会的关税政策按地域划分为：南部支持低关税，北部赞成高关税，而西部关税状态不定。在这一时段，由于技术进步，西部的出口利益不断增长，从而使西部倾向于维持低关税政策并与南部的低关税利益趋于一致，进而促成了西部与南部两个利益集团之间的联盟，最终扭转了美国国会贸易政策的局面，降低了整体关税水平。

对于社会中弱势群体（或弱势集团）的保护，需要依靠立法和政策的支持，而不能依靠强势集团（或特殊利益集团）的让步与妥协。2008 年，Sean 在研究美国 20 世纪从主张贸易保护主义向支持自由贸易主义的转变过程中发现，其中贸易政策是转变过程中的重要决定因素。新出台的贸易政策使主张贸易保护主义利益集团的游说成本显著增加，使之难以形成集体行动优势，从而减少贸易保护主义游说者的数量，进而降低关税水平，实现自由贸易主义的形成。

9.1.2　我国房地产金融体系的利益集团剖析

9.1.2.1　我国房地产金融体系的利益集团构成及各利益主体的功能分担

在房地产金融领域的研究中，本书沿用 Joe B. Stevenson（1999）及 Olson（1965）的经典理论，认为利益集团可被定义为“一个由拥有某些共同目标并试图影响公共政策的个体构成的组织实体”。又根据 Olson 提出的“分利联盟”理论，本书界定在房地产金融领域中，满足研究系统利益集团成员需要具备的三个条件：①有共同的利益取向；②集团的行动或游说会影响政府决策及行为；③集团行动的目的是最大化集团内部成员的利益。在我国房地产金融市场中，这种特殊利益集团的构成者包括中央政府、地方政府、房地产开发商、银行金融机构、购房者（房地产市场中的真正需求者）以及房地产市场的投机者。这些利益相关者在中国房地产金融体系中分担了不同的功能角色，同时在相互的合作或交易中从自身利益最大化的角度划分体系中的利益，从而导致中国的土地脱离了原有的生产要素属性、楼市政策措施失效、房地产供求不平衡、资金供给模式错配、房地产价格不受控制的上涨、房地产金融市场系统性风险聚集、民生得不到应有的保障等一系列严重问题。

（1）中央政府在我国房地产金融体系中的角色及职能。

在我国房地产金融体系中，中央政府力图抑制房价过快上涨，防范房地产金融风险，加快房地产市场投融资制度转型，保障人民生活水平提高，促进社会和谐。因此，中央政府自2003年起出台了一系列调控房地产金融市场的政策措施，其主导调控方向为严控房地产开发贷款、限制房地产信托产品、限制购房等从紧措施，政策旨在尽快解决上述问题。

通过中央政府的调控方向，我们可以看出，中央政府已经意识到中国房地产金融市场最根本的问题在于中国目前仍以商业银行间接信贷为绝对主体地位的投融资制度。这种主导制度将引致三类资源错配问题：①商业银行信贷资金的短期性质与房地产资金需求的长期性质错配；②社会民间资本的大量闲置与房地产企业（尤其是我国目前大量的民营房地产企业）的资金短缺无法对接；③商业银行来自房地产项目的信贷风险聚集与房地产企业在项目合作中获得的超额收益不对称。因此，近十年间多次大力度的调控均是针对中国房地产市场投融资制度转型而设立的。其中，对中国房地产企业影响最大的是中央银行出台的“121号文件”。“121号文件”旨在严格控制中国商业银行在房地产市场的信贷规模，从而诱导促进社会民间资本的投资强度，多元化中国房地产企业的融资模式，加快投融资制度转型。但中央政府在力图削弱原有制度的同时，并没有及时大力度地支持、匹配新型的投融资制度，由此遗留下了中国房地产市场的融资缺口，使得房地产企业为了生存而不得不与地方政府及其他利益集团群体寻找一些合作模式，在合作中造成了土地供给稀缺、房价居高不下等一系列问题。

（2）开发商在中国房地产金融体系中的角色与行为。

规模实力较强的房地产开发商在中国房地产金融利益集团中一直处于强势地位。其优势在于以下三个方面：①自有资金实力雄厚；②凭借充足的自有资本，容易获得商业银行贷款，且与银行长期保持很好的合作关系；③凭借以往的突出业绩和良好的商誉，与各地方政府保持很好的合作关系。由此，规模较大的房地产开发商能够以较低成本从地方政府手中获得土地开发权，同时从商业银行获得贷款的资金成本也较低，从而得以在房地产项目中取得优异的业绩，而这种不俗的业绩又促成了下一个项目的成功运营。因此，中国房地产市场实际上形成了一种寡头垄断的市场结构。在这种市场结构下，房地产的销售价格基本由规模实力强大的少数开发商决定，其他小型民营企业处于价格跟随者的地位。那么，大型房地产开发商一方面可以垄断土地、贷款等稀缺资源；另一方面可以与其他实力相当的竞争者组成价格联盟，不断推高房产售价，从中获取超额利润。

（3）地方政府在中国房地产金融体系中的角色及动机。

地方政府在中国房地产金融利益集团中的动机与中央政府有较大的差别。地方政府每年都要面对政绩考核的硬性压力，因此其行为动机不一定遵循公共利益最大化的原则，也未必与地方的长期可持续性发展战略相吻合，其需要保证每年的财政收入增长水平，而目前土地已经成为各地方政府最主要的财税来源及政绩支撑。近十年间，房地产的快速发展构成了各地区 GDP 上升的重要因素，且房地产业自身的扩张也同时带动了其上下游产业（如钢铁、水泥、建材、室内装饰装潢等）的迅速发展，通过乘数效应拉动各地区的经济增长。因此，各地方政府通过“招标、拍卖、挂牌”的土地出让制度获得尽可能高的土地出让金，从而推高了房地产开发商的土地成本，进而导致房价上涨。

（4）商业银行在中国房地产金融体系中的角色及功能。

商业银行为中国房地产业提供了主要的资金来源。在一个房地产项目中，开发商进行前期土地一级开发的资金除自有资本外，大部分需要依靠银行贷款的投入；后期二级开发所需要的资金除商业贷款外，还来自商品房的预售，而预售的资金又来自购房者向银行申请的住房按揭贷款。因此，实际上，中国房地产开发业将近 70%的资金都来自商业银行贷款。而房地产贷款也成为商业银行近十年越来越主要的资产及利润来源。同时也说明中国商业银行对房地产业的依赖程度不断增加。

（5）投机者在中国房地产金融体系中的角色及动机。

现阶段，由于中国资本市场还不完善，A 股市场长期低迷，债券市场发展不成熟，金融投资产品种类有限，大量社会资本缺乏金融市场投资渠道而不得不转向房地产领域投资。中国近几年的住宅投资、商用楼投资比例不断攀升。由此可见，中国房地产市场的投机者强化了房地产需求，从而助推了房价上涨。而房价的快速上涨又加强了市场投机者的良好预期，进一步刺激了投机性需求。

（6）购房者在中国房地产金融体系中的角色及地位。

中国房地产市场的真正需求者数量众多但较为分散，无法像房地产金融利益集团中的资源、权势优势方那样，虽然为数较少但由于共同利益的一致性而很容易以较低的成本形成利益联盟。因此，在中国房地产金融利益集团的博弈中，真正的需求者并没有对所购商品房的议价权，在交易中处于劣势地位，房地产金融体系对购房者的利益分配并不公平。

9.1.2.2 我国房地产金融体系中主要利益主体的获利路径

（1）房地产开发的运作环节。

土地从未开垦状态到房屋销售环节需要经过房地产开发的运作，房地产开发包括一级开发和二级开发。

一级开发是由地方政府委托资质合格的房地产开发企业按照城市规划功能、竖向标高、市政基础设施建设及配套设施建设等指标要求，对一定区域范围内的城市国有土地（即毛地）或乡村集体土地（即生地）进行统一征地、拆迁补偿及安置，并进行相应的市政基础设施及配套设施建设，使该地区范围内的土地达到熟地的开发建设条件（即为后续的二级开发铺垫良好的土地及周边环境条件），再进入有偿的土地出让或转让的过程。土地一级开发的目的是使“毛地”或“生地”成为“熟地”，达到土地出让的标准，是土地出让前的运作方式，开发的主体是地方政府，或地方政府委托的房地产开发企业，或国有企业/事业单位性质的土地储备机构。土地完成一级开发变成“熟地”后，土地使用者可以通过出让或划拨的方式获得土地的使用权，土地使用权获得后进入二级开发。二级开发指土地使用者经过开发建设，将新建成的房地产进行出售和出租。

根据上述房地产开发的主要操作流程，本书重点分析了房地产开发企业最容易出现资金缺口的环节，如图 9-1 所示。

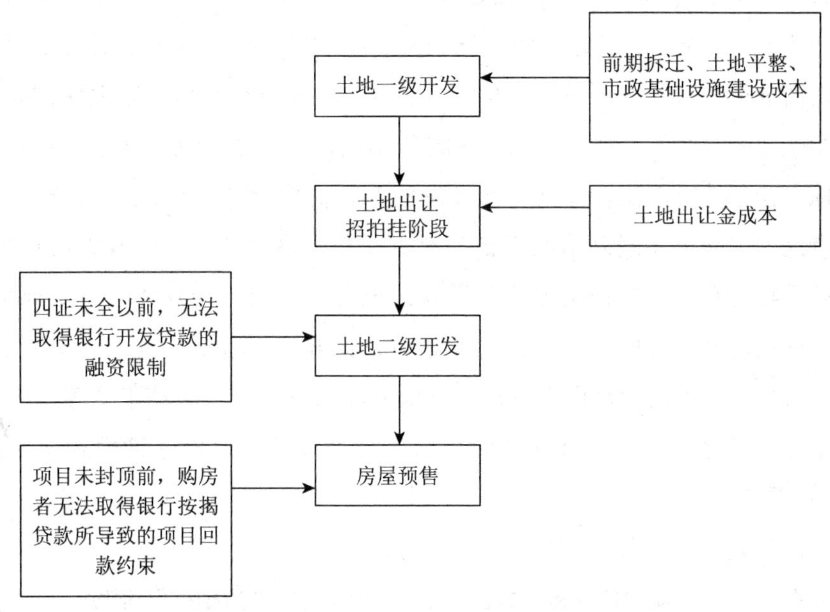

图 9-1　房地产项目开发的融资“瓶颈”环节

（2）现阶段房地产开发的盈利模式。

第一，传统的盈利模式。房地产开发商进行土地一级开发的盈利模式是开发商先将“生地”或“毛地”进行拆迁、土地平整等工作之后变为“熟地”，地方政府将该“熟地”通过“招拍挂”方式出让，受让人支付土地出让金、获得土地二级开发权。参与土地一级开发的房地产企业按照与政府约定的土地开发增值收益分成比例，获取土地出让收益。

土地二级开发的收益来源主要有两种：第一，二级开发商将已建成或未建成的地产楼盘溢价出售或预售给购房者；第二，二级开发商将已建成的楼盘房产长期租赁给需求者，二级开发商获得经营收益。

第二，一二级联动开发的盈利模式。在实际中，房地产开发商通常通过一二级联动的开发模式获取高额收益。对于房地产开发商而言，相比土地二级开发，一级开发的风险很高，包括政策风险、拆迁及其成本风险、地方政府的违约风险等。此外，土地一级开发的成本较高，土地增值回报不及二级开发收益丰厚。因此，开发商一级开发的积极性不高。但对政府而言，由于土地一级开发完成了市政基础设施建设，政府很需要开发商承担一级开发。显然，土地一级开发的需求超过供给，各地方政府为了吸引开发商进行一级开发，而与开发商达成合作协议，开发商无偿为地方政府承担土地一级开发，而在熟地出让的“招拍挂”阶段，地方政府设计各种土地出让条件或限制，保证一级开发的开发商顺利获得土地二级开发权。或者地方政府首先规划出几百亩甚至上千亩①的大地块并以该生地挂牌，然后寻找具有较强资金实力的开发商达成合作协议，开发商预交土地费，同时征用此地块上的土地。开发商进行片区开发，包括拆迁、土地整理、安置房建设和市政配套设施建设等。地方政府待拆迁、土地平整等一级开发工作完成之后，再将该熟地转让给一级开发商。通常这种模式也叫作“生地熟挂”。

（3）房地产开发两种盈利模式的分析。

在房地产开发的传统盈利模式中，土地出让的“招拍挂”制度一方面使地方政府有动机尽可能抬高土地出让金，获得较高的土地增值收益，从而取得好政绩；另一方面高额的土地出让金构成了二级开发商的部分成本，这是房价的主要构成部分，因此，该模式容易导致房价居高不下。

在一二级联动开发的盈利模式中，房地产开发商很容易通过与地方政府的合作协议获得土地二级开发权，避免了“招拍挂”制度下的高额土地出让金，土地成本的节省可带来高额利润。但开发商在未获得土地开发权之前，无法从银行取得贷款。那么，在一二级联动开发模式下，开发商进行土地一级开发只能依靠自有资金或寻求其他融资渠道。这对小规模的房地产企业形成了进入限制，对于大规模房企，一级开发外源资本也是严重的“瓶颈”。

① 1 亩 = 0.0666667 公顷。——编者注

9.1.2.3　我国房地产金融体系的利益格局

根据第 9.1.2.1 节和第 9.1.2.2 节对我国房地产金融体系利益集团构成、利益主体功能分担以及利益主体获利路径的剖析阐释，我国房地产金融体系内部结构关系（见图 9-2）及利益格局（见表 9-1）概括如下：在我国房地产—金融体系中，房地产开发商、地方政府和投机者构成了利益集团。地方政府、开发商和投机者的行为目标具有一致性——高房价，地方政府通过“招拍挂”制度、开发商通过成本转嫁在集团中掌握着主动权，投机者则乘机搭乘便车，三者为了共同的目标形成利益联盟，分获房地产金融体系中的收益。而中央政府、真正的住房需求者在房地产金融体系中则处于被动的劣势地位。房地产企业是银行房地产金融体系的核心，银行信贷是我国房地产企业的主要资金来源，两者的收益和风险密切相关。在房地产金融体系中，房地产企业与银行的关系如何，下一节将对此进行分析。

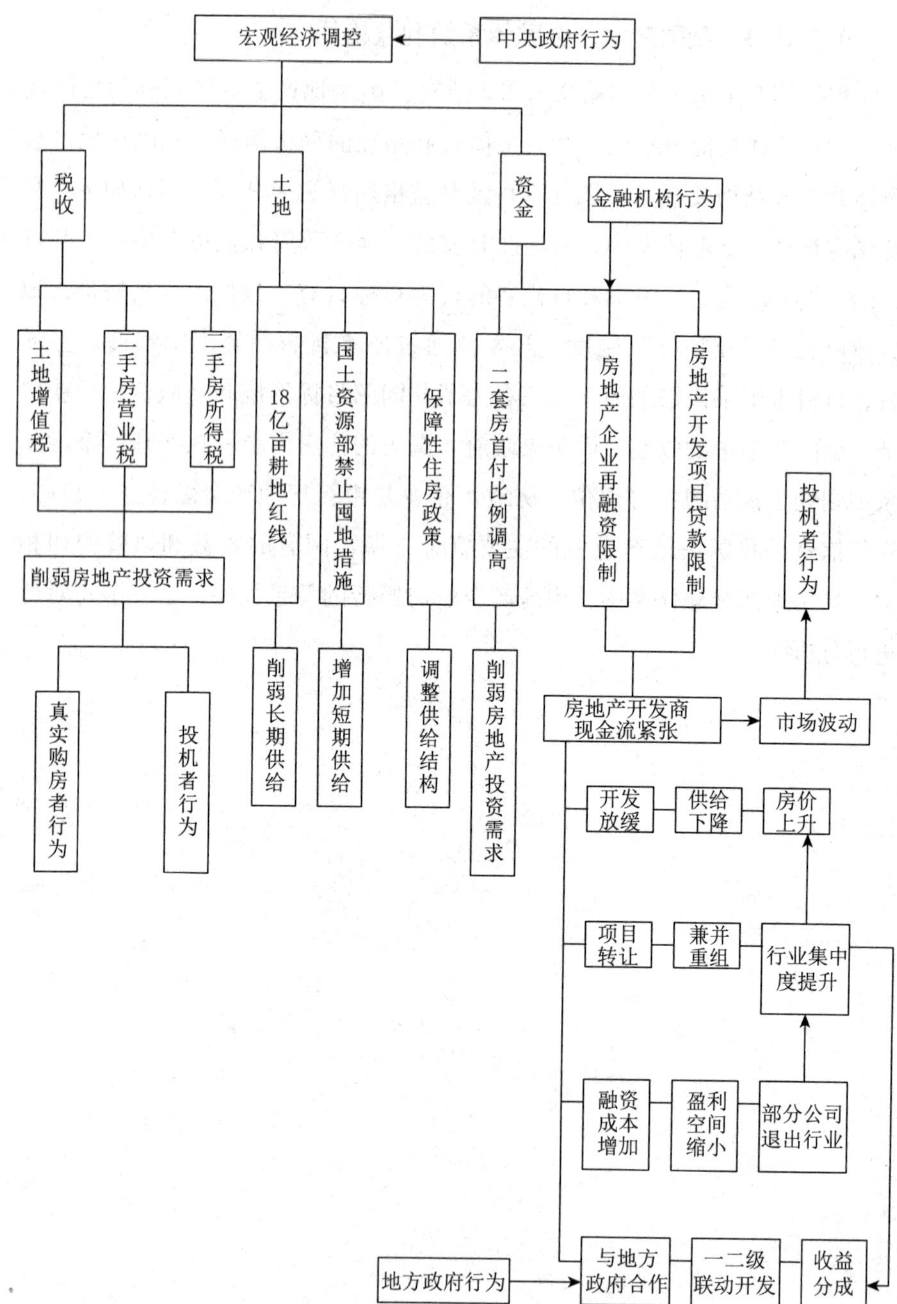

图 9-2　我国房地产金融体系内部结构关系

表 9-1　我国房地产金融体系利益格局

	目标	行为	地位
中央政府	房地产金融市场健康稳定	收紧银行贷款，鼓励发展以资本市场为代表的直接金融	被动
地方政府	好政绩	推高房价、助涨地价	主动
开发商	高额售房利润	推高房价、助涨地价	主动
银行	利息收益	在政策指导下发放贷款	被动
购房者	合理房价	储蓄、贷款买房：居住	被动
投机者	房屋增值	贷款炒房：出租或囤积	被动

9.2　我国房地产金融利益集团的博弈分析——房地产企业和银行

9.2.1　房地产信贷市场的信息不完全问题

银行向房地产企业发放贷款的决策在一定程度上依赖于银行所掌握的信息的完备性和准确性。但是在现实世界中，尤其是金融市场上，信息常常是不完全的，这就是所谓的“信息不对称”，即指信息在交易各方的分布具有不对称性，交易的一方拥有有关交易的信息，而另一方则没有，从而影响了其准确决策的制定。具体在房地产信贷市场上，表现为企业对其自身的经营状况、管理水平、发展前景、项目风险及企业内在价值拥有充分、完全的信息，而银行则缺乏这些内部信息，只能通过企业输出的信息间接地进行判断或评价，由此产生了信息不对称。不完全信息在房地产信贷市场上至少造成了三个低效：逆向选择、事前道德风险和事后道德风险。

9.2.1.1　逆向选择

逆向选择发生在贷款发放前的阶段。银行主要通过企业所递送的各种报表和其他渠道去获取企业项目的风险状况、资信、现金流量、经营管理水平、还贷款的可能性等信息，从而判断企业是“安全”类型还是“风险”类型，并根据判断结果决定发放贷款。由于资金市场上的资金供不应求，借款竞争日益激烈，又由于信用环境和法制环境上的软约束，在借贷安排发生之前，企业可能向银行隐瞒真实经营业绩和风险状况以谋求信贷支持。由于信息不对称，银行缺乏可靠的信息来甄别企业的类型，导致企业在选择申请时，银行并不知道是低风险企业申请还是高风险企业申请。银行只能根据企业平均风险状况决定贷款利率，借此来补偿客户群中含有危险客户的风险，结果就可能是安全客户被排斥出信贷市场，银行信贷资金向资质低、综合素质差的开发企业积聚，从而扩大了风险。因为较之安全型企业，风险型企业项目失败的可能性较大，从而还贷的可能性要低。这一类由信息不对称引致的市场低效就是逆向选择（Stiglitz and Weiss，1981）。

9.2.1.2 事前道德风险

事前道德风险是信贷市场上道德问题的第一个层面。事前道德风险发生在贷款发放之后、项目收益实现之前的阶段。它的产生是由于信息不对称，银行无法观察到企业在借款之后的私人行为，包括投资项目的风险、资金的用途或者企业在执行项目过程中的风险防范等。企业可能选择对自己有利的行为，如可能将资金投向高风险项目，或者将资金挪作他用，或者在执行项目的时候忽视资金使用效益、没有采取必要的风险防范措施、人为经营不善，造成资金使用效益低下。

9.2.1.3 事后道德风险

事后道德风险是信贷市场上道德风险的第二个层面。事后道德风险通常又被称为“强制执行问题”（enforcement problem，Armendáriz de Aghion & Morduch，2005），或者“策略拖欠”（strategic default）问题，即在项目成功、企业有能力还款的情况下，采取做假账转移利润等方式故意拖欠。当银行不能观察到企业投资的真实收益时，企业很容易隐瞒信息和转移投资收益，却向银行谎称投资失败。在发生事后道德风险的时候，银行将承担放贷的损失。

贷款担保在降低贷款风险、减少贷款损失方面能发挥重要作用。为了防范信贷风险、减少信息问题造成的损失，商业银行可以使用担保贷款，例如，以土地或在建工程作为抵押物。当企业无法用正常经营活动或主营业务所产生的收益归还贷款时，银行可通过处置抵押物、质押物或对保证人进行追索获得贷款本息。但是，抵押担保同样存在较大风险。越是具有风险的企业，在申请贷款时为了迎合银行的需要，越是会主动提出采取担保贷款方式。银行信贷人员在贷款审查中，往往看重担保贷款方式，忽视对企业项目风险、客户风险和偿还能力的评估。结果是风险越高的企业越有可能获得贷款。当企业不能偿还贷款时，银行只好求助于抵押或担保，但在我国缺乏有效处置抵押物的市场机制，缺乏权威性的社会评级机构为担保企业评级，而且银行不能对抵押物进行直接控制，企业极有可能有将抵押物重复抵押、变卖、转移、过度使用或使其贬值等违反抵押合同的行为。对抵押或保证的追偿往往是很困难的。

9.2.2　房地产信贷市场的逆向选择分析

9.2.2.1　房地产信贷市场的逆向选择效应

我们考虑一个房地产市场贷款模型，这个市场涉及两方市场参与者：一方是房地产开发企业；另一方是银行。假设企业和银行都是风险中性的。企业追求预期收益的最大化，而银行则追求利润最大化。

根据生产项目成功的概率，企业被分为“安全型”和“风险型”两类。B_s 代表项目成功概率高的企业，B_r 代表项目成功概率低的企业。在企业群中，安全型企业的比例是 q，风险型企业的比例是 $1-q$，$q\in[0, 1]$。p_i 代表一个 i（$i=s$，r）类型企业的项目成功概率，$p_i\in[0, 1]$，我们有 $p_s>p_r$。假设企业必须从银行那里借入 1 单位资本才能开始他们的项目。ρ 表示银行每单位资金的机会成本 T 加银行期望的利润 V；r 是银行向企业要求的毛利率（本金加上净利息）。在项目期末，一个 i 类型的企业的项目收益是随机的：概率 p_i 下的 Y_i 大于 1（这一结果我们称为项目成功）或者是概率 $1-p_i$ 下的零收益（这一结果我们称为项目失败）。

我们采用 Stiglitz 和 Weiss（1981）的假设，所有项目的预期收益都一样，即 $p_sY_s=p_rY_r\equiv\overline{Y}$。与安全型企业相比，风险型企业项目成功的概率要低；但是在项目成功的时候，风险型企业获得更高的收益。

假设两种类型的项目用预期收益来衡量都具有社会生产性，即

$$p_iY_i>T+\widehat{u}, \quad i=s, \ r$$

其中，$\widehat{u}$ 为企业成本。那么给所有的项目提供资金对社会来说是最优的。

我们假设经济环境是事前信息不对称的：银行只知道不同类型的企业在企业群中的分布，但是不知道单个企业的风险类型，而要甄别企业风险类型的成本极高。此外，在企业还贷之前，企业无法甄别企业的项目收益实现情况。

我们先来分析企业不能提供担保抵押的情况。当项目成功的时候，企业向银行偿还 r，当项目失败的时候，企业的偿付则为零。因此 p_i 也代表一个 i 类型企业的还款概率。

当市场信息完全时，在个人责任贷款的初始阶段，银行向声称自己为 i 类型的企业提供 1 单位资本，利率为 r_i，根据企业的利润约束条件，我们有

$$p_ir_i=\rho, \quad i=s, \ r \tag{9-1}$$

V 为银行利润目标。我们可以导出市场均衡利率：

$$r_i^*=\frac{\rho}{p_i}, \quad i=s, \ r \tag{9-2}$$

很明显，因为安全型企业成功的概率较高，所以银行向安全型企业要求的利率较低。

假如银行不具备关于单个企业风险类型的信息，B_r 将假装成 B_s，从而获得较低的利率。在这种情况下，银行将不能实现其利润目标。为了补偿这一风险，银行将向所有的企业要求同样的利率，均衡利率是：

$$\bar{r}^*=\frac{\rho}{\bar{p}} \tag{9-3}$$

其中，$\bar{p}=qp_s+(1-q)p_r$。

与完全信息条件下的情况相比，现在的均衡利率对安全型企业来说是上升了，对风险型企业来说下降了。

注意一个 i 类型企业决定借款的最高利率上限是：

$$r_i(\max)\leqslant\frac{\bar{Y}-\hat{u}}{p_i}\text{①} \tag{9-4}$$

我们马上可以注意到 $r_s(\max)<r_r(\max)$，即风险型企业决定借款的最高利率上限大于安全型企业决定借款的最高利率上限。当 $\frac{\bar{Y}-\hat{u}}{p_s}<r\leqslant\frac{\bar{Y}-\hat{u}}{p_r}$ 时，安全型企业被市场排斥，市场中只有风险型企业申请贷款，市场平均还贷率将降低到 p_r。这种情况就是 Akerlof（1970）提出的“柠檬市场”（lemon market）或 Stiglitz 和 Weiss（1981）提出的逆向选择下的信贷市场的投资不足问题。

9.2.2.2　逆向选择问题的解决

我们用一个 RITIS 与企业进行联合担保。我们用（R，A）来表示联保贷款契约，R 是毛利率，$A\in(0,R)$ 是连带责任，即项目成功的 RITIS 或其必须为企业同伴偿还的债务部分，A 的水平由银行决定。我们设 $Y_i\geqslant R+A$，$i=s$，r。

给定契约（R，A），在其同伴为 j 风险类型时，一个 i 风险类型的企业的预期收益是：

$$\begin{aligned}E_{ij}(R,A)&=p_ip_j(Y_i-R)+p_i(1-p_j)(Y_i-R-A)\\&=p_i[Y_i-R-(1-p_j)A],\ i,\ j=s,\ r\end{aligned} \tag{9-5}$$

由于 $\frac{\partial E_{ij}}{\partial p_j}=p_iA>0$，在本身项目成功的前提下，企业的预期收益与同伴的项目成功概率成正比。

由于 RITIS 都是安全的，因此它们会选择安全型企业进行联保贷款。

① 请注意，当 $r_i(\max)\leqslant\frac{\bar{Y}-\hat{u}}{p_i}$ 时，$E_i=\hat{u}$。

当银行提供一组连续的贷款契约时，有的要求较低的利率和较高的连带责任偿付，有的要求较高的利率和较低的连带责任偿付，安全型企业 B_s 总是选择前者，B_r 总是选择后者。因为安全型企业的安全型同伴成功的概率比较高，因此安全型企业不需要经常支付连带责任偿付。但是一个风险型企业的风险型同伴成功的概率比较低，因此风险型企业必须经常支付连带责任偿付。

银行可以提供两个贷款契约（R_s，A_s）和（R_r，A_r），其中 $R_s<R_r$，$A_s>A_r$。安全型企业 B_s 将选择贷款契约（R_s，A_s），风险型企业 B_r 将选择贷款契约（R_r，A_r）。通过选择贷款契约，企业就释放了关于其风险类型的信息。

注意分离团体贷款契约（R_s，A_s）和（R_r，A_r）必须满足银行的利润约束条件

$$p_i\left[R_i+(1-p_i)A_i\right]=\rho \tag{9-6}$$

从中我们可以得到针对特定类型企业的利率：

$$R_i=\frac{\rho}{p_i}-(1-p_i)A_i \tag{9-7}$$

此时，一个 i 类型企业的净剩余是：

$$\hat{E}_i=p_i\left[Y_i-R_i-(1-p_i)A\right] \tag{9-8}$$

因为 $p_i\left[R_i+(1-p_i)A\right]=\rho$，$p_iY_i=\overline{Y}$，所以 $p_i\left[Y_i-R-(1-p_i)A\right]=\overline{Y}-\rho$。

因为所有的企业都参与到信贷市场中来，所以市场的平均还贷率是 $\hat{p}=qp_s+(1-q)p_r$。

此时，联保连带责任贷款解决了逆向选择问题。

9.2.3 房地产信贷市场的事前道德风险分析

9.2.3.1 房地产信贷市场的事前道德风险模型

此时假设企业的风险偏好是一样的，但是当银行确定利率 r 以后，企业将选择投资水平的谨慎程度 $p\in[0,1]$ 来最大化其预期收益，企业的这个决策决定了项目的成功概率。在项目期末，企业的项目收益是概率 p 下的 $Y>1$（这一结果我们称为项目成功）或者是概率（$1-p$）下的零收益

（这一结果我们称为项目失败）。我们假设 Y 与投资资金额度成正比。谨慎投资会引致相关成本，我们用 $C=\alpha p^2/2$ 表示企业谨慎投资的负效用成本，α 是固定的成本因子，它衡量的是企业执行项目时工作努力的边际成本。

假设在给定资本和劳动力机会成本的条件下，当企业谨慎投资的时候，所有的项目用预期收益来衡量都具有社会生产性，即

$$pY-\frac{\alpha p^2}{2}>\rho+\hat{u} \tag{9-9}$$

因此对整个社会来说，为所有的项目提供资金是最优的，否则将导致社会损失。

如果企业不能提供担保抵押，当项目成功的时候，企业向银行偿还固定的债务 r；当项目失败的时候，企业的偿付为零。因此 p 也代表企业的还款概率。企业的预期收益是

$$E=p\ (Y-r)\ -\frac{\alpha p^2}{2} \tag{9-10}$$

由银行的利润约束条件 $pr=\rho+V$ 我们知道，当企业谨慎投资的时候，它的参与约束条件

$$p\ (Y-r)\ -\frac{\alpha p^2}{2}\geqslant\hat{u} \tag{9-11}$$

是成立的。

我们注意到，当 $p=\dfrac{Y}{\alpha}$ 时，社会剩余 $pY-\dfrac{\alpha p^2}{2}$ 最大，因此我们假设 $Y<\alpha$。

假设经济环境是事前信息不对称的：银行无法观察到企业的谨慎投资水平，而且在企业还贷之前，企业无法观察到企业项目成功或失败的情况，而银行直接监督企业私人行为的成本非常高。在这样的经济环境里，存在企业选择谨慎投资水平的事前道德风险。企业可能谨慎投资以得到收益 Y 并最大化它的预期收益；或者相反，降低谨慎投资水平来获得收益 Y 并将节省的成本转移到其他的私人活动中去，从而最大化它的预期收益。企业的选择取决于它的私人利益，但是它的选择对银行来说不一定是最优的。如果企业不谨慎投资，银行就面临着还贷率降低、拖欠率升高的

风险。

设企业谨慎投资水平为 p_1，负效用成本为 $C_1=\alpha p_1^2/2$；不谨慎时的投资水平为 p_2，负效用成本为 $C_2=\alpha p_2^2/2$，$p_1>p_2$ 且 $C_1>C_2$。偷懒让企业节省了成本 C_1-C_2，它可以把这部分努力转移到其他的私人活动中，而企业项目成功的概率乃至还贷率从 p_1 降低到 p_2。

企业谨慎投资的激励相容约束条件是

$$p_1(Y-r)-\frac{1}{2}\alpha p_1^2\geqslant p_2(Y-r)-\frac{1}{2}\alpha p_2^2 \tag{9-12}$$

即

$$r\leqslant Y-\alpha(p_1+p_2)/2 \tag{9-13}$$

因此，如果银行想降低企业不谨慎的风险，就必须设定利率上限，因为只有当 $r\leqslant Y-\alpha(p_1+p_2)/2$ 时，企业才会谨慎投资。我们必须注意，均衡利率 r^* 要满足银行的利润约束条件 $pr=\rho+V$。但问题在于银行也许找不到一个既“对所有的信用企业都具有吸引力”又“允许银行覆盖成本”的利率（Armendáriz de Aghion and Morduch，2005），因此事前道德风险问题就不可避免。当利率 r^* 满足银行利润约束条件且 $r^*>Y-\alpha(p_1+p_2)/2$ 时，企业就不会谨慎投资，银行承受的拖欠风险就会增大。在这种情况下，银行不得不停止发放贷款，而这是事前低效（ex-ante inefficient）的，因为企业的项目没有得到资金支持，从而导致了社会损失。

假设企业可以提供 w 作为贷款担保抵押，如果企业项目失败，那么银行将没收抵押 w。现在企业的努力激励相容约束条件是

$$p_1(Y-r)-\frac{1}{2}\alpha p_1^2-(1-p_1)w\geqslant p_2(Y-r)-\frac{1}{2}\alpha p_2^2-(1-p_2)w \tag{9-14}$$

即

$$r\leqslant Y-\alpha(p_1+p_2)/2+w \tag{9-15}$$

我们看到，如果企业可以提供贷款担保抵押，那么银行可以向企业要求比无担保抵押时更高的利率。如果 $w>\rho$，银行根本不需要担心企业偷懒的行为而可以要求足够高的利率。失去贷款抵押的威胁增加了企业偷懒的

成本，放松了企业事前道德风险的激励相容约束，避免了上述事前低效的情况。但是在很多发展中国家，“有限财富、有限产权和不完善的、运行低效的法律和司法体系降低了担保抵押贷款的可能性”（Bond and Rai，2002）。因此，银行无法迫使企业谨慎投资。结果就是银行面临的拖欠风险增大。

现在我们来分析企业的个体均衡谨慎投资水平。在利率 r 既定的情况下，企业选择 p 来最大化其预期收益：

$$E=p(Y-r)-\frac{\alpha p^2}{2}$$

根据 E 最大化的一阶条件，我们得出企业的均衡投资水平：

$$p=\frac{Y-r}{\alpha} \tag{9-16}$$

由 $p=(Y-r)/\alpha$，我们可以导出利率水平 $r=Y-\alpha p$。将其代入银行的利润约束条件 $pr=\rho$ 中，我们可以得到一个 p 的二阶方程 $\alpha p^2-pY+\rho=0$，求解 p 得到两个均衡值：

$$p_1^*=\frac{Y+\sqrt{Y^2-4\alpha\rho}}{2\alpha} \tag{9-17}$$

$$p_2^*=\frac{Y-\sqrt{Y^2-4\alpha\rho}}{2\alpha} \tag{9-18}$$

设企业将选择较高的投资水平。由于企业无论选择哪一个值都满足银行的利润约束条件，但是在企业较高的工作努力水平下，银行会要求较低的利率，从而增大其预期收益，即企业的均衡投资水平为

$$\bar{p}^*=\frac{Y+\sqrt{Y^2-4\alpha\rho}}{2\alpha} \tag{9-19}$$

9.2.3.2　房地产信贷市场事前道德风险的降低

假设有 RITIS 同样参与房地产市场的信贷市场并和企业结成联保，它们了解市场中的房地产企业。(R, A) 表示贷款契约，R 是毛利率，$A\in[0, R]$ 是连带责任。为简化分析，我们假设连带责任是充分的，即 $A=$

R。设 $Y>R+A$。

由于RITIS和企业彼此熟悉，合作决策谨慎投资水平——选择 $p_i=p_j=p$，二者像一个整体那样决策，目的是整体收益最大化。i（或 j）的预期收益是：

$$E_i=E_j=E=p\left[Y-R-(1-p)A\right]-\alpha p^2/2 \tag{9-20}$$

根据求 E 最大化的一阶条件，企业选择的工作努力水平是：

$$p=\frac{Y-R-A}{\alpha-2A} \tag{9-21}$$

和前面的分析一致，我们可以得到合作博弈联保贷款中RITIS和企业的均衡投资水平是：

$$\hat{p}^*=\frac{Y+\sqrt{Y^2-4\alpha\rho}}{2(\alpha-A)} \tag{9-22}$$

很明显，$\hat{p}^*>\bar{p}^*$。

我们可以得出结论：合作博弈团体贷款具有降低事前道德风险的信息优势。

9.2.4 房地产信贷市场的事后道德风险分析

9.2.4.1 房地产信贷市场的事后道德风险模型

我们考虑一个银行和企业之间的两期贷款契约。企业项目的随机收益是 p 概率下的 $Y>0$，或是 $1-p$ 概率下的0，$p\in[0, 1]$。我们假设 p 是外生的，即我们不考虑企业在执行项目时关于工作努力水平的事前道德风险，唯一的道德风险问题发生在偿还贷款时期。为了防止企业的策略违约行为，如果企业偿还第一期债务，银行将再次向它提供资金。假设如果银行选择监督强度 $m\in[0, 1]$，那么它观察到企业逃债行为的概率为 m，而没有察觉的概率是 $1-m$。如果企业策略拖欠的行为被银行察觉，银行将拒绝再次提供资金。V 表示企业可以从再次融资中得到收益的贴现值。V 是企业在第二期净收益（在第一期）的折现值，$V=\delta Y$，δ 是折现因子。

首先考虑企业没有担保抵押的情况。当项目成功的时候，企业会决定是否进行策略拖欠。

对一个决定偿还贷款的企业来说，它的预期事后收益是：

$$E_1=Y-r+V \tag{9-23}$$

对一个决定策略拖欠贷款的企业来说，它的预期事后收益是：

$$E_2=mY+(1-m)(Y+V) \tag{9-24}$$

企业不进行策略拖欠的激励相容约束条件是：

$$Y-r+V\geqslant mY+(1-m)(Y+V) \tag{9-25}$$

即

$$r\leqslant mV \tag{9-26}$$

当且只有当利率 r 小于 mV 的时候，一个项目成功的企业才会决定偿还贷款。因此，这就要求银行设定利率上限。

假如企业可以提供 w 作为抵押品来保证还款，那么银行会在企业拖欠贷款的时候没收 w，这可以在一定程度上防止企业策略拖欠的行为。抵押 w 被没收的概率为 m。

这个时候，一个项目成功（$p=1$）的企业进行策略拖欠的预期事后收益可以表示为：

$$E_2=m(Y-w)+(1-m)(Y+V) \tag{9-27}$$

企业的激励相容约束条件变为：

$$Y-r+V\geqslant(1-m)(Y+V)+m(Y-w) \tag{9-28}$$

即

$$r\leqslant m(V+w) \tag{9-29}$$

如果企业可以提供贷款抵押，那么银行可以要求比无抵押时更高的利率，因为抵押的存在提高了企业策略违约的成本。正如我们在前一部分指出的，抵押的有效执行受到限制，降低了其作用，事后道德问题就不可避免。

9.2.4.2 房地产信贷市场事后道德风险的降低

考虑 RITIS 参与市场并与企业组成联保。我们假设项目收益实现情况是 RITIS 或企业的私人信息，除非一方被另外一方监督。假设银行直接监督企业的成本非常高，因此，我们的分析不涉及银行的直接监督。与银行相比较，企业之间有着互相监督的优势。

在第一期项目结束以后，如果整体债务 $2R$（两个成员都成功）被偿还或者 $R+A$（只有一个成员成功）被偿还，银行将会再次贷款给小组，企业得到第二期贷款的预期收益的折现值为 $V=\delta Y$；如果小组债务没有被完全偿还而出现集体拖欠的情况，那么两个企业再次得到资金的概率是0。

在第一期贷款发放之后，当一方决定进行监督，并选择监督强度为 m 的时候，企业可以观察到对方的策略违约行为。在第一期期末，当项目成功、项目收益实现的时候，企业会决定是否进行策略拖欠。如果一个企业的策略拖欠情况被同伴察觉，那么它将有声誉损失 W。

如果 B_1 决定偿还贷款，它的预期事后收益是：

$$E_1=Y-pR-(1-p)A+V \tag{9-30}$$

当 B_1 决定进行策略违约的时候，它的预期事后收益是：

$$E_2=Y+PV+(1-P)R-mW \tag{9-31}$$

B_1 决定偿还贷款的激励相容约束条件是 $E_1\geqslant E_2$，即

$$Y-pR-(1-p)A+V\geqslant Y+(1-P)R-mW \tag{9-32}$$

由式（9-32）得到：

$$m\geqslant\frac{[-(1-p)V+(1-p)R+A+pR]}{W} \tag{9-33}$$

在均衡情况下，只有当 B_2 的监督 $m\geqslant m^*(R)$ 时，B_1 才不会策略违约

$$m^*(R)=\frac{[-(1-p)V+(1-p)R+A+pR]}{W} \tag{9-34}$$

我们假设监督是有成本的，所以必须给予企业以采取必需的监督强度的激励。设监督的单位成本为 c，监督的总成本是横向监督强度 m^* 的正向线性函数 m^*c。那么 B_2 采取必需的横向监督强度保证 B_1 不策略拖欠的激励相容约束条件是：

$$p^2A+[1-(1-p)^2]V-m^*c\geqslant pV \tag{9-35}$$

银行的目标函数可以表示为：

$$\begin{aligned} E_l &= p^2 2R+2p(1-p)(R+A)-2\rho \\ &= p^2 2R+2p(1-p)(R+\theta R)-2\rho \\ &= 2R[p^2+p(1-p)(1+\theta)]-2\rho \end{aligned} \tag{9-36}$$

我们把 $m^*(R)=\frac{[-(1-p)V+(1-p)R+A+pR]}{W}$ 代入式（9-35）得到

$$p^2A+[1-(1-p)^2]V-\frac{c[-(1-p)V+(1-p)(R+A)+pR]}{W}-pV\geqslant 0 \tag{9-37}$$

假设连带责任条件是充分的，即 A=R

即

$$p^2R+[1-(1-p)^2]V-\frac{c[-(1-p)V+2R-pR]}{W}-pV\geqslant 0 \tag{9-38}$$

我们求得银行要求的最优利率：

$$R^*=(1-p)V\left(\frac{pW+1}{c}\right)\frac{1}{2-p-\frac{p^2W}{c}} \tag{9-39}$$

注意在企业个体贷款中，一个项目成功的企业决定偿还贷款的激励约束条件是

$$Y-r\geqslant Y-V \quad 即\ r\leqslant V$$

为了防止策略拖欠，同时保证自己的收益最大化，银行将利率 r 设定为 $r=V$ 是最优的。因此，银行可以从两个企业处得到的最大收益是：

$$F_{2i}=2pV-2\rho \tag{9-40}$$

在联保贷款中，银行将利率 R 设定为

$$R^*=(1-p)V\left(\frac{pW+1}{c}\right)\frac{1}{2-p-\frac{p^2W}{c}}$$

是最优的。因此，银行可以从联保的两个企业处得到的最大收益是：

$$F_g = 2pV\left[\left(\frac{pW+1}{c}\right)\frac{1-p}{1-\dfrac{p^2W}{c\ (2-p)}}\right]-2\rho \tag{9-41}$$

当 W/c 足够大时，银行在联保贷款下的收益很明显高于在企业个体贷款中所能得到的最大收益。

将 R^* 代入 $m^*=\frac{[-(1-p)\ V+(1-p)\ R+A+pR]}{W}$，我们得到

$$m^*=\frac{(1-p)\ v\left[(2-p)\ (\dfrac{pw+1}{C})\ \dfrac{1}{2-p-\dfrac{p^zW}{c}}\right]}{W} \tag{9-42}$$

在联保贷款中，企业的预期收益是：

$$\begin{aligned} E_g &= p[p(Y-R)+(1-p)(Y-2R)]+[1-(1-p)^2]V-m^*c \\ &= p(Y+pR-2R)+(2p-p)^2V-m^*c \end{aligned} \tag{9-43}$$

在个人责任贷款中，企业的预期收益是：

$$E_i = p(Y-r)+pV = p(Y-V)+pV = pY \tag{9-44}$$

从企业的角度看，当 $E_g - E_i > 0$ 时，即

$$p(2-p)(V-R)-m^*c > 0 \tag{9-45}$$

团体贷款优于个人责任贷款。当 V 足够大时，可以很容易证明 $E_g > E_i$。

9.2.5 结论

基于以上以房地产企业和商业银行为例的双方博弈分析，我们可以看到目前在房地产金融市场中存在的逆向选择风险、事前事后道德风险问题，并推导了三者风险的生成机制。本节通过理论推导得出以下三个结论：①引入联保连带责任贷款能够解决逆向选择问题；②合作博弈团体贷款能够利用信息优势降低事前道德风险；③合作博弈联保贷款比企业个体

贷款能够有效降低事后道德风险的发生。

参考文献

[1] Bentley A F. The Process of Government [M] . Chicago: The University of Chicago Press, 1908.

[2] Truman D B. The Governmental Process [M] . New York: Alfred A. Knopf, Inc, 1951: 544.

[3] Wilson J Q. Political of Organizations [M] . New York: Basic Books, 1973.

[4] Moe T. The Organization of Interests [M] . Chicago: The University of Chicago Press, 1981.

[5] Olson M. The Logic of Collective Action [M] . Cambridge: Harvard University Press, 1965.

[6] Stigler G J. The Theory of Economic Regulation [J]. The Bell Joumal of Economics and Management Science, 1971, 2 (1): 3-21.

[7] Peltaman S. Toward a More General Theory of Regulation [J]. Joumal of Law and Economics, 1976, 19 (2): 211-240.

[8] Becker G S. A Theory of Competition Among Pressure Groups for Political Influence [J]. The Quantenly Joumal of Economics, 1983, 98 (3): 371-400.

[9] Baldursson F M. Rent-Seeking and Fairness: The case of the Reykjavik Savings Bank [J]. International Review of Law & Economics, 2006 (26): 123-142.

[10] Irwin D A. Peddling Protectionism: Smoot-Hawley and the Great Depression [M] . Princeton: Princeton University Press, 2006: 4.

[11] Cassis L A, Police S B, Yiannikouris F, et al. Local Adipose Tissue Renin - angiotensin System [J]. Current Hypertension Reports, 2008

(102).

[12] Stiglitz J E, Weiss A. Credit Rationing and Markets with Imperfect Information [J]. American Economic Review, 1981 (71): 399-411.

[13] Beatriz A, Jonathan M. The Economics of Microfinance [M]. Cambridge: The MIT Press, 2005.

[14] Akerl G A. The Market for Lemons: Quality Uncertainty and the Market Mechanism [J]. The Quarterly Journal of Economics, 1970, 84 (3): 488-500.

[15] 杨帆, 张弛. 利益集团理论研究: 一个跨学科的综述 [J]. 管理世界, 2008 (3): 159-164.

[16] 王保忠, 王保庆, 徐兴兵. 我国会计制度环境变迁分析——基于利益集团视角 [J]. 财会通讯, 2010 (27): 110-113, 161.

[17] 王冠. 美国利益集团初探 [J]. 黑龙江史志, 2014 (7): 327-328.

[18] 郭军. 新型农村金融机构可持续发展研究 [D]. 泰安: 山东农业大学, 2013.

[19] 张婕. 房地产开发贷款的风险及对策研究 [D]. 南京: 中共江苏省委党校, 2006.

[20] 罗建. A银行小微信贷业务风险管理研究 [D]. 南宁: 广西大学, 2014.

[21] 赵文国. 河北省小额贷款公司经营风险研究 [D]. 石家庄: 河北经贸大学, 2013.

第 10 章　房地产金融体系重构的方案设计

10.1　房地产金融体系重构的政策原则和思路

10.1.1　房地产金融体系重构的政策原则

10.1.1.1　以利益集团激励机制为出发点的政策导向

通过现阶段我国政府对房地产及金融业的调控政策，我们可以看出，中央政府正在试图削弱以银行间接信贷为主导模式的房地产投融资制度，从而一方面刺激房地产企业对资本市场、社会资本的融资需求，另一方面诱发民间资本主动参与房地产业的投资。

但新型投融资制度的推出必须依靠政府政策的主动引导与大力度支持，才能在取代原有制度的同时及时弥补房地产业的融资需求，单单依靠房地产金融体系内生性诱导是不够的。因此，宏观调控政策的方向应以目前我国房地产金融体系未能被满足的需求或根源问题（包括地方政府依靠土地拉动地方经济、维持政绩，土地一级开发的融资需求，土地出让环节中“招拍挂”制度导致的高额土地出让成本，土地一二级联动开发模式下开发商获得的超额利润等一系列缘由制度导致的问题）为切入点，主动制定创新型的土地出让制度和政策、房地产业投融资制度的相关法律法规，同时配套房地产金融市场、房地产金融工具、房地产金融中介等的建立和完善。

10.1.1.2　抑制利益集团合谋的制度安排

根据前文对房地产开发运作环节的分析可知，在一个地产项目开发的全过程中，存在四处资金缺口，分别处于：①土地一级开发的融资阶段；②土地二级开发权获得阶段；③未拿到四证的房地产开发阶段；④项目未封顶时的预售阶段。在这四个环节中，房地产开发商无法取得银行开发贷款，购房者无法获得按揭贷款。那么，房地产开发商不得不与地方政府以合作协议的方式或避开土地开发的正常程序进行开发建设。这种方式所引致的问题在于合作模式的制定、设计者，即地方政府与房地产开发商等利益关联者会从该地产项目中获取超额收益，从而导致房地产金融体系的收益分配不公。

由此，中央政府所出台的政策导向与制度安排应着重针对房地产开发环节的各个资金缺口，以满足房地产企业的融资需求为目的，从而避免房地产企业与利益集团中其他成员的利益勾结。从融资结构的角度分析，除房地产企业的自有资本和以商业银行贷款为主导的债权融资外，还可以选择股权融资方式（包括利用资本市场融资和私募基金融资）和表外融资方式（主要方式指信托或资产证券化融资）。对于房地产企业，股权融资的优势主要在于：①资金供给具有长期性，满足房地产业资金需求的期限属性；②资金供给具有战略性，大股东有权参与公司的经营管理及重大事项的投票表决；③本金不需要返还，股利政策由公司根据经营发展自主决定，缓解房地产项目由于资金回收期长而导致的现金流压力；④股东利益与公司利益相一致，大股东有动力对公司管理层进行监督，从而对公司的发展运营形成约束机制。对于房地产企业，表外融资的优势在于：①不改变公司的资产负债结构，不增加公司未来举债的压力；②将公司可预测到的未来稳定的收益部分贴现，缓解现阶段的流动性问题；③根据合同设计，资金期限可以达到房地产业所要求的长期性（合同期限一般可以达到三年以上）；④资金期限稳定，委托人与受托人签订信托合同之后，双方在约定期限之内不得解约。因此，中央政府应重点针对房地产金融体系中股权投融资制度及信托融资制度进行相应的设计安排和相关法律法规的完善。

10.1.2　房地产金融体系重构的基本思路

首先，我国房地产金融体系重构需要有经过论证及检验过的充分的理论依据。根据本书第 6 章、第 7 章及第 8 章的研究结果，我国房地产金融体系重构的理论支持分别为共生理论、产业融合理论、自组织理论以及利益集团理论。共生理论分析揭示了房地产业和银行的本质关系，是一对风险共担、收益共享的共生体，任何割裂的政策、制度安排都不利于二者的协调发展。产业融合理论说明由于房地产业同时具有不动产和金融的双重属性，又由于我国房地产和金融业的合作关系与协同效应日益明显，二者的产业边界越来越模糊，房地产可以作为一种金融资产，应该被纳入金融业的框架体系中进行整体的研究分析。在国家调整金融业的政策制度时，也应将房地产业纳入目标范围。自组织理论通过协调演化模型找到了支配我国房地产金融体系演化的主导变量，包括广义货币供应量、居民可支配收入和房地产企业的资产负债率，从而为宏观政策调控与微观企业选择提供了理论思路。利益集团理论剖析了我国房地产金融体系中各主体成员间的利益关联及合作与盈利模式，找出导致现阶段房地产金融体系收益分配不公的根源问题，由此提出中国政府针对房地产金融体系的改革思路。

其次，根据上述理论分析与实证检验结果，本书认为我国房地产金融体系重构应将房地产与金融作为一个统一体，基于房地产金融业的整体框架进行设计。依据主导房地产金融体系协同演化的工具变量，以体系内部各个运行环节未被满足的需求为基础向导，推行创新制度法规，设立相应职能机构和中介机构，研发推广房地产金融产品，扶持房地产金融市场的形成，配套相关设施以及完善房地产金融市场环境。在此思路下进行的我国房地产金融体系重构才具有充分的可行性。

我国房地产金融体系重构的思路如图 10-1 所示，本书将在后文沿此思路和框架分别阐述房地产金融体系重构的具体内容。

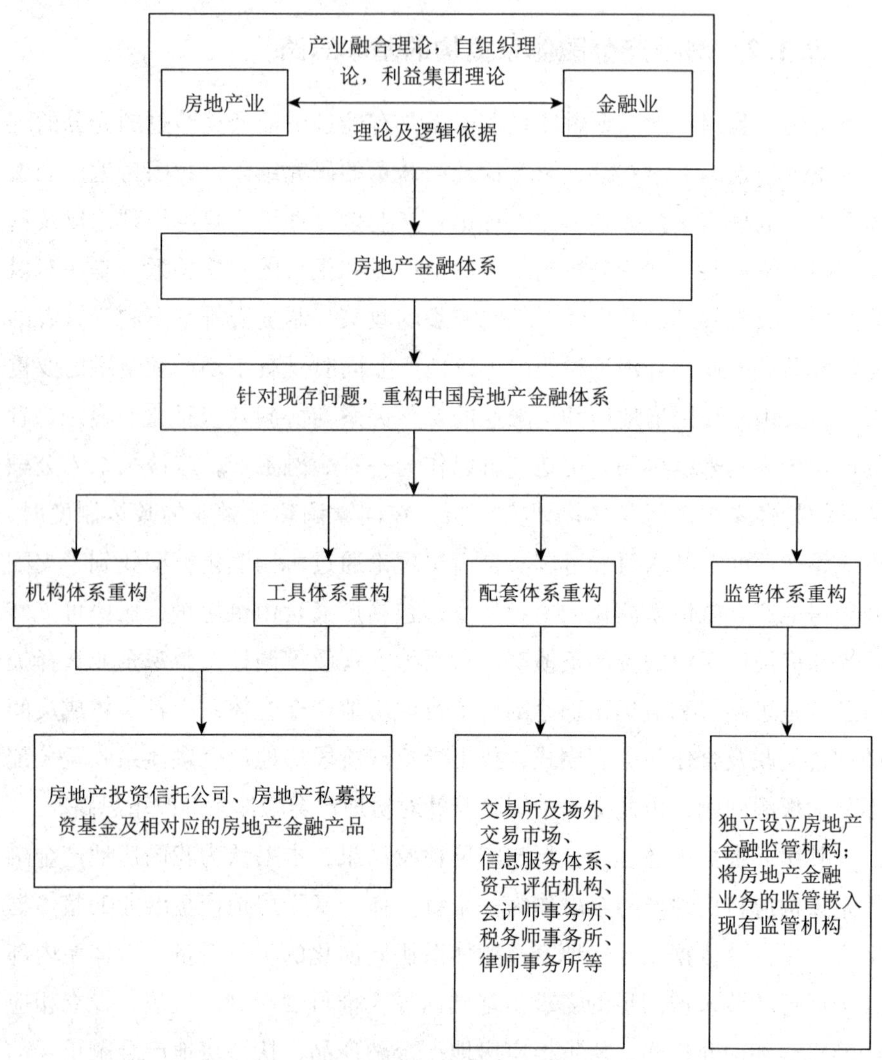

图 10-1　我国房地产金融体系重构的思路

10.1.3　房地产金融体系重构的目标

本书研究认为，我国房地产金融体系重构应以房地产市场和金融市场协同可持续发展为最终目标，只有房地产市场和金融市场达到协同发展，房地产市场才能实现稳定健康发展。

具体来说，对于金融市场，重构目标在于寻找或以政策手段支持银行以外的金融机构或金融组织分摊房地产信贷风险，并保证其得到授信房地产业后的合理回报。

对于房地产市场，本书认为未来将逐步划分为三个子市场：保障房市场（包括公租房、廉租房等）、城市商品房市场、城镇化建设进程推进的农村新城房地产市场。由于三个子市场中各自存在其目标需求者和供给者，并且其建设机制、资金来源性质存在很大差别，因此三个子市场相对独立，三个子市场的产品价格的相互影响不会很大。那么，房地产市场的目标定位则应分别为每个子市场制定适合其自身发展的投融资制度以及合理的产品定价，且能够满足各个子市场中目标消费者的需求并保证其利益不受侵害。

对于整体房地产金融体系，重构旨在保证各金融组织为房地产业提供适度的流动性支持。相对应，房地产业为金融业提供优质资产资源，促进二者在合作中协同发展。合作模式中的资金成本、投资领域、投资期限、风险承担和投资回报这五个要素要相互对应，从而实现整体房地产金融体系的稳定可持续发展。

10.2　房地产金融体系重构的主导模式

10.2.1　机构体系构建

根据前几章节的分析，房地产和金融两个子行业的产业属性及其在运行过程中所面临的投融资困境，以及合作过程中产生的协同效应，我国政府应该针对房地产金融体系建立专业性的房地产金融机构作为房地产金融体系中的主导部门，同时配合政府部门、银行及非银行金融机构等职能部门协助参与房地产金融相关的项目运行，包括政策调控、提供担保、信息、财务及法律服务等，即形成以房地产金融机构为主导，其他政府、金融机构配合参与的权责明晰、分工专业的房地产金融机构体系。

具体来讲，在重构的房地产金融体系中起主导作用的房地产金融机构包括：

第一，房地产投资信托公司。

为房地产项目从前期土地开发到后期预售等无法获得银行贷款的环节提供以未来收益为支持的贴现融资，弥补房地产企业自有资本及债权融资的有限性，为其项目的正常运营注入流动性。

第二，房地产私募基金公司。

仍以弥补房地产企业融资缺口为目的，为其提供长期的战略性股权资本，同时能够为小型或民营房地产公司带来专业的管理团队并推动其业绩增长，也为房地产公司提供资本运营服务（包括房地产公司上市咨询策划、房地产公司并购重组、买壳或借壳上市等），地产私募基金也从中获得投资资本的增值收益。

而重构的房地产金融体系中的协助性参与机构包括地方政府融资平台（提供地产项目的产业投资基金），各级商业银行，证券公司，担保公司，资产评估机构，会计、税务及律师事务所，等等。

10.2.2　工具体系构建

10.2.2.1　将 REITs 引入中国房地产金融体系

REITs 是指物业所有者将缺乏流动性但具有显著可预见性的、未来能够产生稳定现金流的资产，分类打包组合成资产组合，并将其真实过户给特殊目的机构（包括特殊目的信托，Special Purpose Trust，SPT；特殊目的公司，Special Purpose Corporation，SPC），然后由特殊目的机构用其所购买的资产组合作为担保向市场投资者发行信托单元（或基金单位），信托单元可以上市转让交易，最终实现利用资本市场资金为房地产企业提供资金支持的功能。运作模式属于资产证券化的一种。最初设立 REITs 的另一个目的，是为金融市场众多小型投资者投资房地产领域提供资金较少的进入门槛和一种低风险的投资工具。由于房地产投资需要较大的资金量，且房地产的流动性较差，不易变现，因此一般的中小型投资者不容易介入。而 REITs 的出现将资金规模较大的房地产项目以基金单位的形式分割成较小的单位，且配有流通转让市场，投资者可根据自身的资金实力选择投资规模，在持有期可以享受房地产项目经营收益的分红，并可以根据需要随时在交易市场套现。对于社会众多分散的投资者而言，REITs 是一种股票、债券之外的专注于房地产业的创新型投资工具。

REITs 资产包中所包含的物业类型主要为商用物业，多为发展成熟的购物广场、酒店会所、写字楼等长期持有性经营物业的资产组合。由于 REITs 产品通常包含的是不同物业类型、不同区位物业的资产组合，具有比投资其他金融产品更好的风险分散效果，此外，REITs 产品具有稳定的未来租金收入以及随经济发展，高概率物业估值增值、租金上涨收入作为长期定期分红的现金流支撑，因此，对于金融市场投资者而言，REITs 的投资风险较低。

REITs 在美国、澳大利亚、加拿大等发达国家起步较早，目前已经发展得非常成熟，在我国的推行却不顺利。早在 2005 年，我国第一只 REIT——越秀 REITs 就在香港联交所成功上市，自此我国房地产市场多次掀起发行 REITs 的浪潮，比如睿富中国商业房地产投资信托基金（2007 年 6 月 21 日于香港联交所上市）、嘉德 REITs（于新加坡上市）、万达地产等。但由于我国相关房地产信托基金的法律法规不健全、配套制度不完善以及 2006 年以来国家针对房价飙升、房地产市场的投机行为、开发商囤地等现象所制定的一系列紧缩性宏观调控政策，REITs 在我国境内的发展速度非常缓慢，境外上市也遇到重重阻碍［例如《关于规范房地产市场外资准入和管理的意见》（建住房〔2006〕171 号）］。直至 2008 年，由美国次贷危机引发的全球性金融海啸爆发，作为应对全球金融危机的重要举措之一，国务院于 2008 年 12 月共三次提及鼓励开展 REITs 的试点工作，REITs 才再次在我国进入准备实施阶段。目前，面对房地产企业境内外上市困难、公司债券发展不完善、银行在房地产项目贷款中受到制约等一系列房地产业的融资困境，中央政府应尽快出台 REITs 立法，有关机构设计推行

REITs 产品，建立 REITs 发行、交易市场，为房地产业提供创新型的金融支持工具。①。

10.2.2.2　完善房地产私募基金的发展

现阶段，我国房地产业已经开始萌生规模不一的房地产私募基金，以股权投资为主要模式，配合以债权及夹层投资模式对冲风险，专注于房地产开发环节中不易取得银行贷款的融资缺口投资。目前，很多房地产开发公司都会下设属于自己的房地产私募投资基金，作为其自有资金融资和银行贷款之外的外源融资渠道之一，同时房地产私募基金作为房地产企业的股东，会有监督介入房地产企业经营管理的激励，也会为房地产企业提供专业化的管理理念和管理方法。房地产私募基金在丰富房地产企业融资渠道、缓解其现金流压力、带入专业化的管理团队等方面具有不可忽视的作用。

但我国房地产私募投资基金至今并未得到中央政府制度的鼓励与扶持，其法律地位及相关政策法规缺失，缺乏对应的监管主体，从而使得目前地产私募基金的募资渠道主要集中于私人企业和私人投资者，资金来源有限。特别是在 2013 年 1 月 14 日，银监会出台监管措施，禁止商业银行代售私募理财产品，更是削弱了房地产私募基金的募资能力。此外，由于我国目前房地产企业境内、境外上市都受到严格的限制，从而使地产私募基金难以选择上市退出，退出渠道主要是以溢价销售为支持的原始股东或管理层回购以及并购。退出渠道的限制增加了私募基金的投资风险，在一定程度上抑制了投资者的投资兴趣。

因此，我国政府首先应正视房地产基金对于我国房地产金融体系的作用和意义，让政策性资金适当进入或引入商业银行、政策性银行等具有资金实力的金融机构，与其形成长期战略性合作模式，为基金份额的退出设立二级市场流动转让机制，为规范其行业发展进行相应立法，并设立监管主体。

---

① 2014 年 5 月 21 日，我国国内首只 REIT“中信起航”在深圳证券交易所综合协议交易平台挂牌转让，标志着我国 REITs 正式进入市场进行交易。该只 REIT 实际上是中信证券发行的专项资产管理计划，所以还属于非公开发行。

10.2.2.3　将政府引导基金引入我国房地产金融体系

自 1998 年开始，创业投资在我国成为热点。以“自主创新”为核心的“十一五”规划的出台，从国家发展的战略高度为我国创业投资的发展奠定了基础，对我国创业投资的发展起到了极大的促进作用。2005 年 11 月 15 日，国家发展改革委、科技部等十部委联合发布了《创业投资企业管理暂行办法》（中华人民共和国国家发展和改革委员会令第 39 号），从宏观上优化了创业投资的外部环境。2009 年，中国证监会正式开设创业板，为创业投资提供最佳的退出渠道，进一步促进了我国创业投资的大发展。在我国经济进入新常态发展背景下，政府又提出了“大众创新、万众创业”的国家发展战略，推出一系列政策措施鼓励创新、创业。由此可见，政府对推动创业投资的发展起着至关重要的作用。

而目前我国房地产业正处于行业转型阶段，其发展与转型的资金需求与金融业有着越来越密切的融合。房地产业的转型包括五个方面：①融资渠道转型：由过去的过度依靠银行等间接融资，转型为以直接投资、夹层融资等方式介入的多渠道融资；②开发商角色转型：传统的开发商逐渐转型为房地产基金管理人；③上市渠道转型：由以股票上市为代表的整体公司上市，转型为以 REITs 上市为代表的部分资产上市；④运营模式转型：由“开发—销售”模式转变为开发并长期持有优质资产与部分销售模式；⑤产业功能转型：在传统的住宅、商用租赁功能基础上逐渐增加了承担国家新兴产业发展、高新科技企业培育等产业转型功能，从以往的住宅地产、商业地产为市场主导的模式转变为园区地产、产业园逐渐渗入房地产市场。以上这些转变，无不需要金融业的大力支持。以园区地产为例，其开发建设需要比传统地产更庞大的金融资本投入，但由于建设、培育周期较长，前期的投资回报率较低，投资回报周期明显长于一般的产业投资项目，一般的私募基金、风险投资基金会谨慎介入。因此，将政府引导基金引入我国房地产投资市场有利于吸引其他投资机构，以“杠杆效应”撬动更多金融资本，不失为一种促进房地产业可持续性发展的金融支持模式。

10.2.3 配套体系构建

10.2.3.1 建立房地产金融的交易所或场外交易市场

目前，REITs或者房地产私募股权投资基金在我国均没有强大的交易转让平台，致使基金份额的流动性较差，交易不活跃，从而抑制了投资者进入的积极性。

而发达国家针对社会公众投资者投资房地产领域，一般都设有强大的REITs市场，市值较高，参与者众多，流通活跃。对于一级市场投资者而言，REITs交易市场为其提供了良好的退出渠道；对于二级市场投资者来说，REITs是一种专注于房地产领域的类似于股票、债券的投资工具，由于REITs与股票等其他金融投资产品的相关性较低，因此其在投资组合中能够起到有效的风险分散作用，且REITs的特性是将价值量较高的房地产资产等份分割为价值量较小的基金份额，从而降低了社会公众投资者的进入门槛。

因此，我国在设计房地产投融资工具并将其推向市场化的同时，应配套建立公开交易所或场外交易市场，突破现阶段我国房地产基金仅仅局限于非公开募集、非公开转让从而导致的参与资本有限、产品交易不活跃的局限性。

10.2.3.2 建立房地产金融的支持服务机构

我国房地产私募基金或REITs的合理定价、顺利募集与发行、活跃的流通转让等环节离不开相关的支持服务机构。

针对我国房地产金融系统，中央政府应首先配套建设完善的房地产金融信息服务体系。精准理解REITs或房地产PE基金的风险因素，是投资者了解REITs产品或私募基金的真实价值、进行正确投资决策的前提和基础。而为使社会公众投资者能够从某一特定的交易策略中获利，REITs产品或房地产私募基金的价格变化，在一定程度上必须是可以通过价值分析进行预测的。那么房地产投资信托公司或PE公司必须按照房地产信息服务部门的相关规定，及时、充分地披露公司的投资策略、所持物业信息、财务状况和风险因素等重要信息。中央及地方政府相关部门必须及时通过房地产金融信息系统为投资者提供有关房地产金融市场的宏观信息与政策披露。

此外，我国还应配套设立专门的房地产资产评估机构，包括针对房地产金融市场的专业化的会计师、税务师及律师事务所，以及专业的咨询机构，为社会投资者提供符合专业水平的房地产金融市场和房地产价值分析报告。

10.2.4　监管体系构建

根据以上章节的分析，房地产业与金融业由于产业属性、竞合关系、相关主体的利益关系等因素，能够融合成一个统一的系统，从而形成房地产金融市场，平行于中国的保险市场、证券市场等。因此，政府应针对我国房地产金融市场设立独立的监管主体，规范房地产金融行业的行为准则，并制定相关的法律法规。

根据现阶段我国房地产金融市场的发展情况，如果无法实现单独设立房地产金融业的监管主体，则应将与房地产金融行业有关的业务纳入现有的金融机构和监管主体实行混业经营。具体来说，前文分析涉及的投资信托及私募基金类的房地产金融业务的监管主体应归属银保监会和中国人民银行，同时修改或完善现有的金融监管法规。

10.3　房地产金融体系重构的路径选择

本章前面部分已经详细论证了现阶段重构中国房地产金融体系所需要的理论基础、指导思想、原则与目标、重构模式的选择及重构内容等方面，下面本文将深入实际操作层面，进一步阐述我国房地产金融体系重构的具体实施方案。

10.3.1 重新理解房地产业与金融业

在我国房地产金融体系重构的实操层面，首要的环节是需要重新看待并理解房地产业和金融业的关系，突破传统的“两个相对独立行业”的思维模式。本书建议中央政府、立法机关和其他相关管理机构尝试运用共生理论思想、产业融合理论、自组织理论、利益集团理论以及相对应的实证检验结果，将房地产业和金融业视为一个整体行业，即房地产金融业。在宏观政策制定、法律法规完善、行业准则及行为规范等方面充分、审慎考虑房地产业和金融业分别受到政策冲击后在短期及长期内的反应和相互联动效应。换句话说，中央政府及相关管理部门应将房地产金融业作为宏观调控的目标行业，将“房地产—金融”这一个整体系统作为调控对象，而非分别、单独调整房地产及金融这两个子行业。

10.3.2 我国房地产金融市场细分

调整房地产金融体系重构的思维模式之后，在开始重整我国房地产金融体系之前，本书根据目前我国房地产业、金融业以及其他有关机构的发展现状，将房地产金融市场细分为私募市场和公募市场两类，两类市场的特征不同决定了其资金来源、交易架构、投资收益率、投资风险等因素的差异。因此，本书针对这两类市场分别设计房地产金融体系的重构方案。

10.3.3 私募房地产金融市场的重构

10.3.3.1 我国房地产私募基金的现状研究

从2003年开始，我国政府对房地产市场进行了较为明显的宏观调控，包括房地产开发贷款审批手续严格，房地产企业IPO、借壳上市或发债融资难度加大、成本较高，银监会对信托公司开始进行窗口指导，境外基金准入门槛提高、投资额度受限，等等，使房地产企业的几条传统融资渠道受到较大阻碍，从而催生了房地产PE基金。2006年8月27日，《中华人民共和国合伙企业法》正式修改，其中增加了有限合伙条款，同时允许法人合伙，使更多主体能够承担有限责任，丰富了基金的募集渠道，从而使PE 基金的成立和存续具有了法律依据，也为房地产企业融资开创了新的融资模式，该法于 2007 年 6 月 1 日开始正式实施，有力地推动了房地产基金的发展。

我国人民币房地产基金市场目前已经发展了近 631 家专业基金管理机构，1723 只房地产私募基金，总管理资金规模超过 12000 亿元人民币。图 10-2 反映了 2012—2014 年我国人民币房地产基金投资资产分布的变化情况。

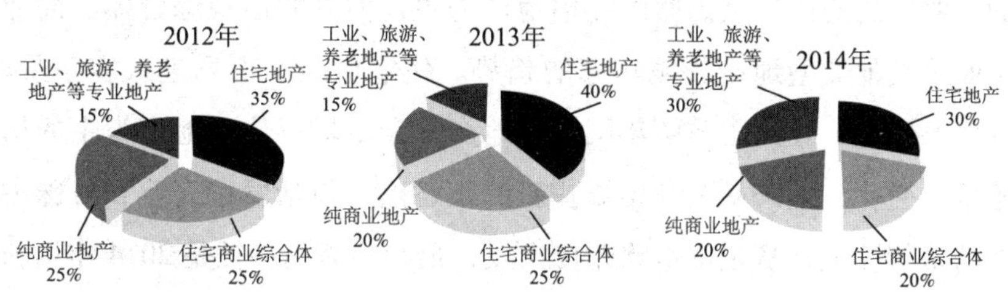

图 10-2　2012—2014 年我国人民币房地产基金的投资标的分布

资料来源：2012—2014 年人民币房地产基金研究报告。

2012 年和 2014 年，我国人民币房地产基金投资标的与投资策略组合有很大变化，其分布如图 10-3 所示。

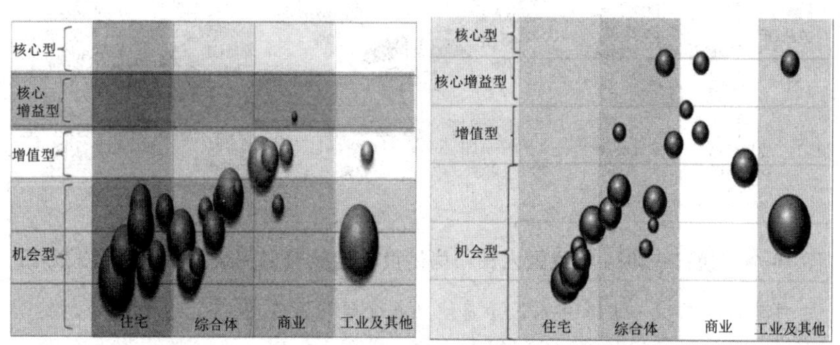

图 10-3　2012 年和 2014 年人民币房地产基金投资标的与投资策略组合分布比较

资料来源：2012 年、2014 年人民币房地产基金研究报告。

从图 10-2 的左图和图 10-3 的左图我们可以看到，2012 年人民币房地产基金的主要标的资产仍然是住宅地产，但好的迹象是，开始有部分地产基金尝试进入城市综合体领域发展，即将住宅地产项目和商业地产项目相结合，同时工业园区地产基金也开始萌生并不断兴起。在投资策略方面，大部分人民币房地产基金仍属于机会型投资策略，而比较好的现象是，受外资背景普通合伙人（General Partner，GP）募集人民币基金的影响，增值型地产基金策略已经开始出现，但核心型地产基金策略在中国仍未存在。

从图 10-2 的右图和图 10-3 的右图可以发现，2014 年人民币房地产基金的主要标的资产虽然仍然以住宅地产为主，但开始出现综合体、商业以及工业等其他类型地产领域转移的趋势。住宅房地产市场进入震荡阶段，投资风险增加，导致之前两年国内房地产基金市场以住宅地产为主的格局开始发生变化，地产基金开始寻找新的策略点，包括发掘商业和特殊主题地产的价值洼地。从投资策略角度出发，最为显著的特征是 2014 年增值型和核心型地产基金占比明显提高，另外，机会型地产基金的募集和管理规模大幅度下降。

图 10-4 反映了 2012—2014 年我国人民币房地产基金投资机构类型和投资方式的变化状态。

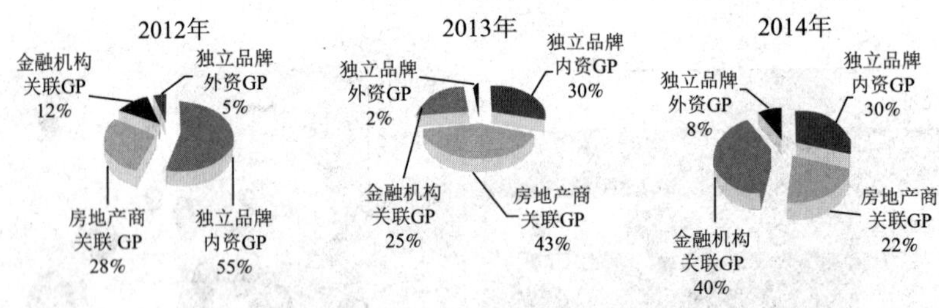

图 10-4　2012—2014 年我国人民币房地产基金投资机构类型和投资方式分布

资料来源：2012—2014 年人民币房地产基金研究报告。

通过 2012 年人民币房地产基金投资机构类型和投资方式的组合分布图（图 10-4 的左图）我们可以看出，中资独立品牌 GP 主要以债权投资方式为基础，债权和股权相结合的投资方式以及已经开始逐渐过渡到股权投资方式占主导地位。同时较好的信息是，专业的夹层基金已经开始出现。而房地产开发商下设地产基金主要以债权投资方式、债权与股权结合投资形式存在。根据 2012 年人民币房地产基金研究报告的预测，金融机构附属 GP 在未来投资人的选择上，将很难获得机构投资人的资金。可以明显观察到，外资 GP 以股权投资为主，与中资 GP 的主流投资方式有明显区别。

通过 2014 年人民币房地产基金投资机构类型和投资方式的组合分布图（图 10-4 的右图）我们可以看出，地产基金股权投资的比例明显上升，管理人已很难通过债权方式进入和控制项目的底层风险，而更多采取与开发商同股同权、共担风险和收益的方式提供融资。由于国内各类夹层基金广泛地参与到房地产项目当中，由此开辟了人民币夹层基金的投资阶段。在管理机构格局中，2014 年房地产开发商关联 GP 大量减少，独立品牌 GP 和金融机构关联 GP 的实力在逐渐增强。在管理资金量层面，金融机构 GP 具有较强的资金通道和融资能力，是 2014 年增长最为迅速的类型。

2016 年人民币房地产基金投资方式越来越具备主动管理属性，地产基金当中采取纯股权或股权加债权形式进行投资成为最主要的投资方式；以股权投资方式进行投资的机构数量大幅增长，在管理基金规模方面，最主要的资金类型为股债结合类，占总资金规模的 50%左右；纯债权地产基金由于融资成本远远高于市场利率而几乎绝迹。由此说明，在利率市场化的趋势下，债权类投资策略已不可取。夹层资本仍然占有一定的市场地位，占整体市场资金规模的 10%左右。在管理机构格局中，除了传统的独立品牌、金融机构相关、地产商相关、外资机构之外，政府相关的地产基金管理机构开始大量出现，并引入了城市更新、城镇化建设、基础设施开发、政府和社会资本合作（Public Private Partnership，PPP）等吸纳资金量更大的地产基金投资主体。管理机构也在近两年大量募集成立地产基金投入行业中，独立品牌、外资机构、地产商相关等市场化的基金管理人在市场中的相对比重有所倒置。

房地产私募基金在市场中存活并持续发展的必要条件之一是项目基金到期时能够顺利退出并保证投资者的本金及收益。2012 年和 2014 年中国地产基金退出情况对比如图 10-5 所示。

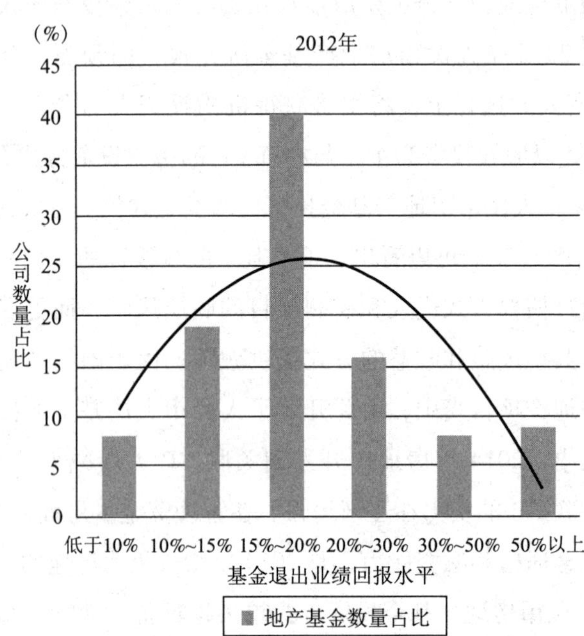

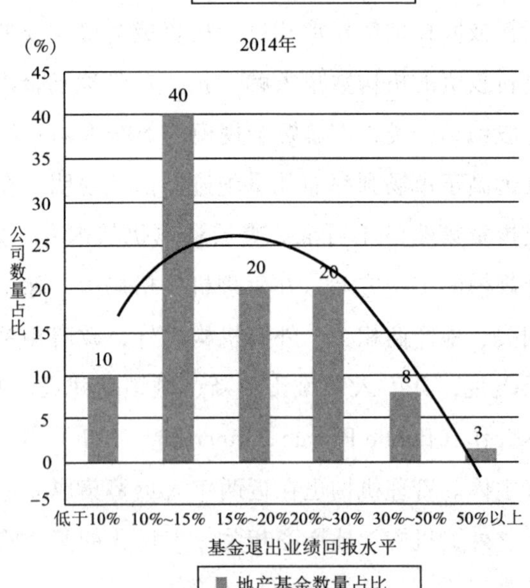

图 10-5　2012 年和 2014 年中国地产基金退出情况对比

资料来源：2012 年、2014 年人民币房地产基金研究报告。

由 2012 年人民币房地产基金退出业绩统计（图 10-5 的上图）我们可以看出，市场上已实现退出的房地产基金的最好业绩回报水平高于 50%，而当前最低业绩水平为 7%~9%。大多数的股权类投资项目的回报率高于 20%，多集中在 20%~50%。而债权类投资项目的回报率在 15%上下浮动。房地产基金退出时的主要收益模式仍以债权性的优先收益为主，劣后性的股权投资收益为辅。

由 2014 年人民币房地产基金退出业绩统计（图 10-5 的下图）我们可以看出，在退出回报方面房地产基金业绩分布曲线整体向左平移，近 40%的基金退出收益率为 10%~15%，另有约 20%的基金退出收益率为 15%~20%，退出收益率小于 10%和超过 30%的基金均不超过总数的 10%。随着利率下行，整体收益水平有较为明显的左偏，由于市场利率水平的带动，2016 年较多的地产基金收益水平进入 10%以下区间，市场的预期收益也随之降低。

10.3.3.2　中国房地产募集基金的现存问题

根据以上对中国 2012 年和 2014 年房地产基金运行情况的分析，我们可以总结现阶段我国房地产基金的主要特点和存在的问题如下：

（1）我国房地产基金行业格局以短期限、利益驱动型为主要运作模式。这种运作模式可以体现在两个方面：第一，我国房地产基金的有限合伙人（Limited Partner，LP）主要以散户为主；第二，我国房地产基金由债权型投资方式和机会型投资策略占主导地位。

（2）我国房地产基金管理公司与房地产开发商之间存在着各种直接或间接附属关系，即由房地产开发商直接下设的私募地产基金或者由开发商衍生而成立的私募地产基金占据主要市场份额。相对较为独立的地产基金管理公司在项目过程中的角色更多局限于担任房地产开发商的融资渠道，而并没有注重为其提供投后管理等服务。

（3）我国房地产基金市场仍未明显出现多元化趋势，非系统性风险较为集中。我国房地产基金目前的投资方式主要为债权投资，项目资产主要集中于住宅类地产。

（4）地产基金退出渠道单一，投资收益率波动性较大。现阶段我国地产基金的退出方式主要以项目方回购或者散售为主，灵活的二级市场转让机制还未成熟，基金能否顺利退出、项目能否被溢价回购或并购受经济周期和市场预期影响较大。

10.3.3.3 我国地产基金整体交易架构设计

基于以上对我国房地产私募基金的发展现状以及相应问题的分析，本书重构房地产私募基金市场的运行模式。主要设计思路为：将一只地产基金拆分成两只以嵌套形式存在的子基金，分别定义为开发型基金与持有型基金。开发型基金专注于土地一二级开发阶段的投资，至投资期限末期被持有型基金收购，从而保证开发型基金的安全退出和固定收益。此外，开发型基金也可以仅承担房地产二级开发项目的融资功能，为优质物业资产的建设及周边配套设施的完备提供资金支持。持有型基金主要专注于投资已成熟优质物业的收购项目以及已成熟地产项目后期的持续经营环节，持有型基金主要以第三方（包括有 REITs 渠道的 PE 基金，专注于投资经营型物业资产的房地产基金以及实际购买方）收购、项目方回购、REITs 境内及境外上市等方式退出，存在一定的退出风险及投资收益率波动风险。两只基金的交易架构如图 10-6 所示。

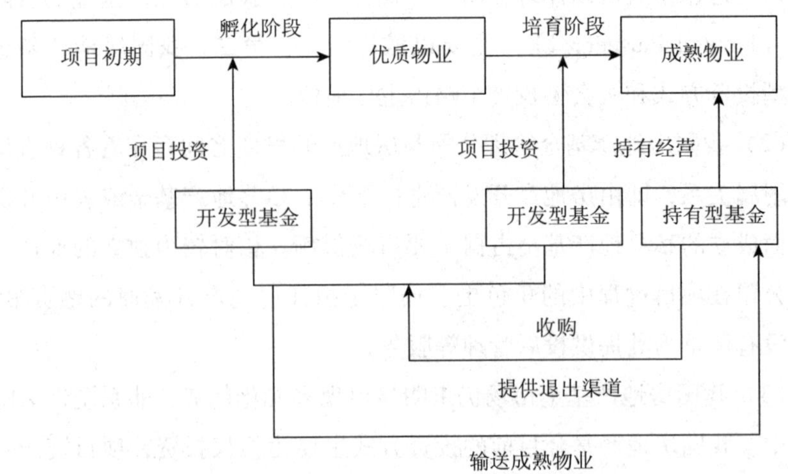

图 10-6 创新型中国房地产基金交易架构

不同于传统的房地产基金交易结构设计，嵌套型基金运作模式具有如下三个显著的功能特性：

（1）确保开发型基金的顺利退出。开发型基金的极低退出风险能够保证开发型基金相对较低的投资风险，从而使其能够顺利募集低成本资金，进而很好地解决项目前期开发阶段（特别是土地一级开发阶段）由于成本较高、收益率较低引致的融资“瓶颈”问题。

（2）能够匹配房地产企业转型时期的金融支持服务。房地产企业的经营模式需要由传统的“开发—销售”的一次性盈利模式逐渐转向“开发—销售/持有经营”的可持续性长期盈利模式。而持有型基金正是针对房地产企业后期的持有经营环节设计的融资产品，其期限结构、资金成本及投资回报率等要素分别匹配持有经营型房地产项目的资金需求，有利于中国房地产金融体系的长期持续发展。

（3）持有型基金的项目资源充足，降低了交易成本。由于两只嵌套型基金全部隶属于同一房地产私募基金内部，因此，开发型基金孵化、培育的成熟物业可以源源不断地输送给持有型基金，从而使持有型基金避免了项目搜寻成本并降低项目收购成本。

两只嵌套型基金的参数设计与比对如表 10-1 所示。

表 10-1　两只嵌套型基金的参数设计与比对

	开发型基金	持有型基金
LP 集群的选取	地方政府（LP0） 银行（私人银行部门）或证券公司（LP1）	企业或私人投资者等其他 LP 集群（LP2）
投资范围	以短期投资为目的，实施土地开发、城市综合体开发、产业升级等地产投资项目	以中长期投资为目的，进行持有资产的经营管理投资
基金期限	2 年（期限可延长）	3~5 年（期限可延长）
资金用途	补充项目开发的自有资金、过桥资金	项目经营与项目收购
产品形态	集合信托计划	集合信托计划

续表

	开发型基金	持有型基金
年化投资回报率	地方政府（LP0）：4%~4.25%（原则上使LP0的投资回报率位于银行定期存款和一般银行理财产品年化收益率之间）	15%
	银行（私人银行部门）或证券公司（LP1）：8%~10%	
收益返还顺序	返还投资人出资及分摊费用；支付投资人优先回报	返还投资人出资及分摊费用；支付投资人优先回报；在基金退出时，GP与LP按比例享受投资收益

10.3.3.4 两只基金的具体交易结构设计

由基金整体交易结构的设计我们可以看出，只要不受到较大的经济危机冲击，开发型基金基本上不需要承担投资风险，而整只基金的风险点主要集中于持有型基金，下面详细介绍在不同情况下两只基金的交易结构。

（1）持有型基金承担全部物业的培育功能（如图10-7所示）。

在这种模式下，持有型基金将资产分为两类。其中一类为优质物业，以境内或境外REITs上市或向已成熟的REITs输送优质物业资源为退出渠道，REITs的认购份额用以支付优质物业项目转让的对价，向LP投资者偿还本金，或以REITs上市后的重新估值收益支付投资者的固定回报；另一类为物业资产组合，以第三方收购、散售、具有REITs资源的PE机构收购等方式为退出渠道。

（2）持有型基金只承担预期良好物业的培育功能（如图10-8所示）。

在这种情况下，开发型基金只将优质物业输送给持有型基金，持有型基金以REITs上市方式实现退出，而开发型基金资产池中的非优质物业则需要寻找第三方收购，此时持有型基金也可以衍生为专注于投资成熟物业的第三方机构。为分摊这种运作模式下开发型基金的收益风险，非优质资产均以资产组合的方式提供给投资公司。

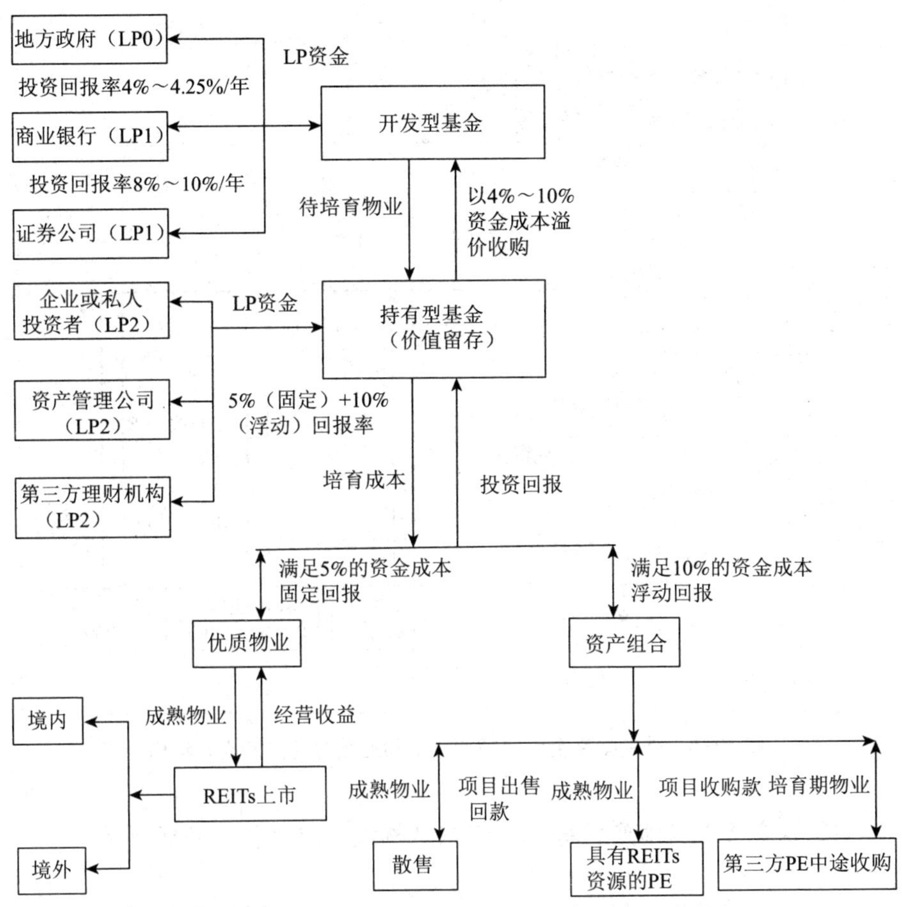

图 10-7　持有型基金承担全部物业培育功能的交易结构

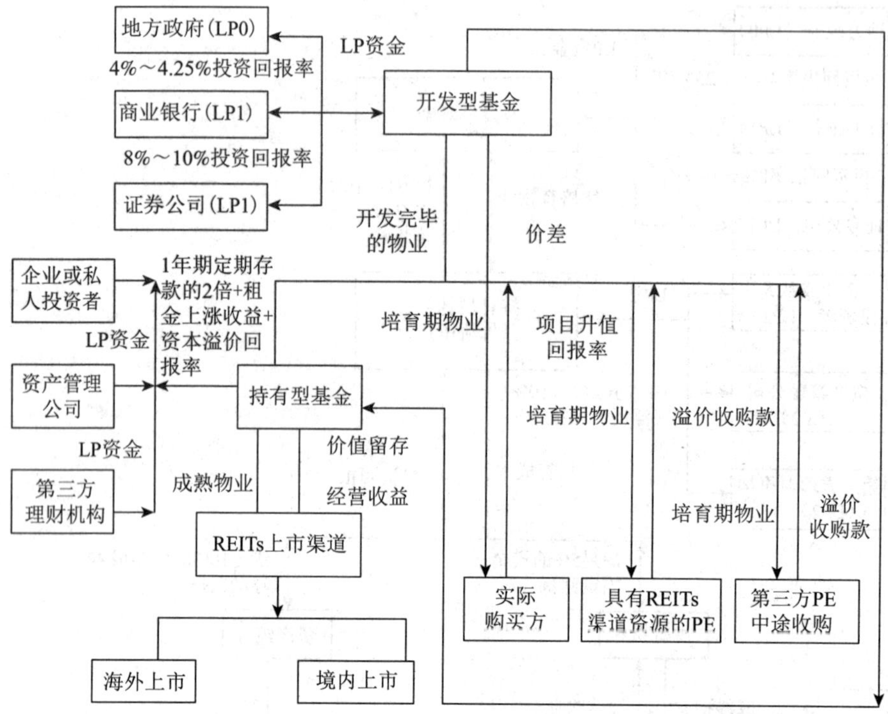

图 10-8　持有型基金承担预期良好物业培育功能的交易结构

10.3.3.5　房地产私募基金组织结构设计（如图 10-9 所示）

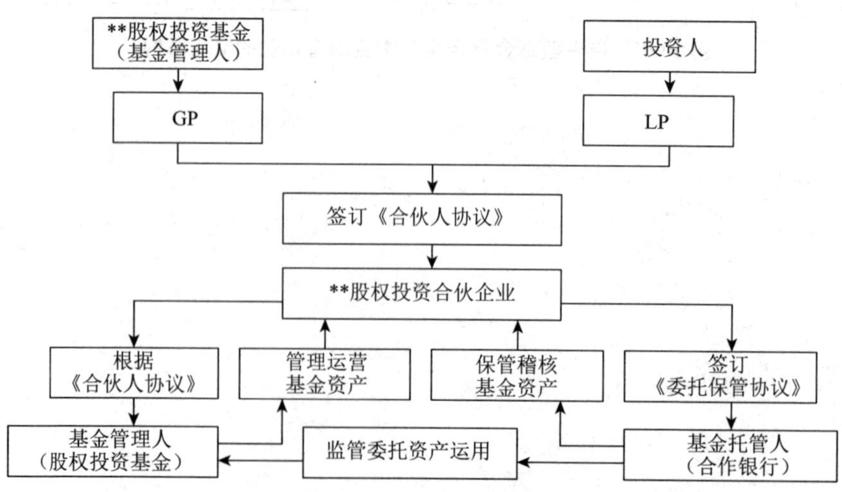

图 10-9　中国房地产基金组织结构

10.3.3.6　分散项目风险的投资组合设计

（1）不同项目时段下，开发型基金与持有型基金交替滚动的投资组合（如图 10-10 所示）。

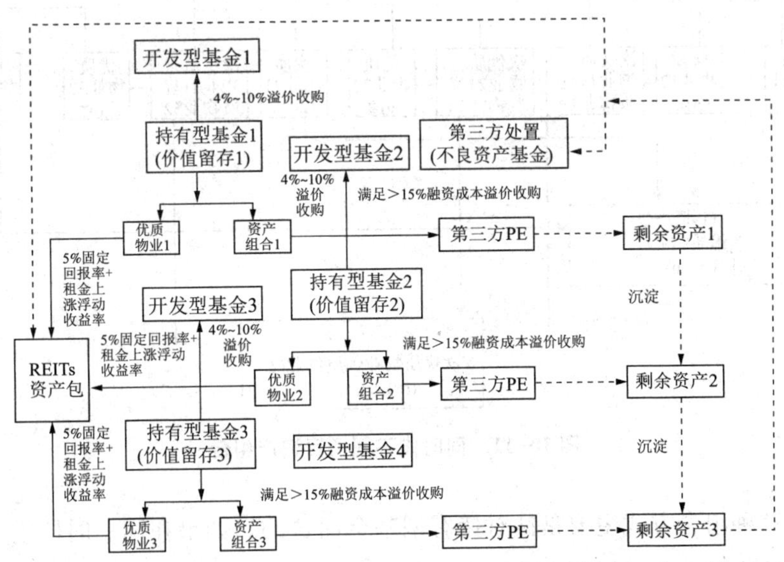

图 10-10　按不同项目进程阶段的资产组合设计

在这里，T_i 期的持有型基金与 T_{i+1} 期的开发型基金并行为一只基金，由于开发型基金的投资风险较低，所以可以承担收益率要求较低的投资者资金成本，而持有型基金具有较高的风险水平和风险溢价，故可以承担收益率要求较高的投资者资金成本，因此每一只并行基金都可以分三类 LP 集群募集资金。由 T_i 期的持有型基金以较低价格收购 T_i 期的开发型基金，并产生 T_i 期的价值留存。持有型基金培育的物业资产可以分为纯优质物业和资产组合。纯优质物业资产可以打包进入 REITs，在境内或海外上市，资产组合寻找第三方机构投资者收购实现退出。

（2）同一时段下，平行基金的投资组合（如图 10-11 所示）。

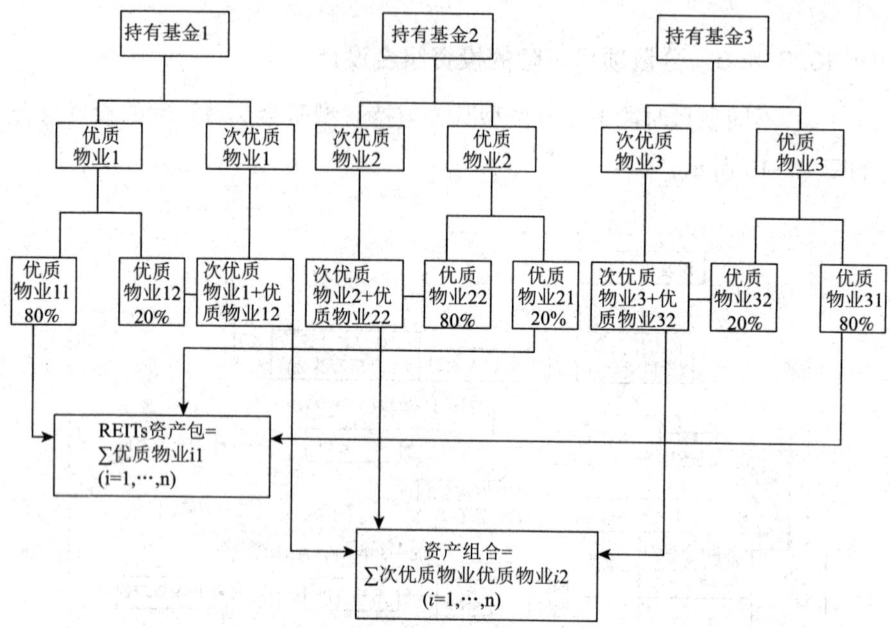

图 10-11　同时段不同项目资产组合

这种组合方式主要是针对持有型基金而言的。如果在同一时段下，一家房地产基金公司拥有多个子项目，那么可以将不同项目的优质资产提纯做成 REITs 资产包，实现收益较高的上市退出；而对于组合资产，可以交替混入 20%或 80%的优质资产进入资产包，可能会导致资产投资回报率较大的方差，但基金产品可以根据预期风险设计投资收益率，吸引具有不同风险偏好的投资者。

10.3.4　公募房地产金融市场的重构

对于公募市场，我国房地产金融体系未来的发展方向以 REITs 为主要的组织模式及交易产品。REITs 最早出现于 1960 年的美国，此后其作为一种投资风险较低并能够很好地抵充通货膨胀影响的金融工具在各国资本市场迅速发展。

10.3.4.1　REITs 在我国的发展现状

我国境内还没有真正意义上的完善的 REITs 市场，境内物业资产在境外上市的情况较多，比如，新加坡的凯德 REITs 和中国香港的越秀 REITs，但目前我国相关管理机构正在积极推进境内 REITs 市场的发展。已经有债权型 REITs 在银行间市场成功流通交易的实例，主要案例总结如表 10-2 所示。

表 10-2　债权型 REITs 在银行间市场成功流通交易案例

	天津 REITs	上海 REITs
发起人	天津市金融办等天津当地政府机构，中信证券	浦东新区金融办，四大国有地产集团——张江高科、金桥集团、外高桥、陆家嘴等联合发起
标的物业	保障性住房——廉租房 200 余万平方米	四大国有地产集团持有的具有 1 年以上经营历史、出租率超过 80%的优质物业资产
基金类型	债权型	债权型
交易市场	银行间市场	银行间市场
收益类型	固定收益 13.8%	
发行规模	38 亿元	35 亿元
发行期限	5 年	10 年
发行进度	已获得央行同意；已获得中国国务院批准	尚未通过

本书针对未来中国房地产金融市场的发展方向提出了推进 REITs 组织架构及产品的方案设计。

10.3.4.2　REITs 境内上市（C-REITs）的交易架构（如图 10-12 所示）

C-REITs 的组织结构主要由原始权益人（成熟物业资产的所有者）、受托人（房地产投资信托）、受益人（为向投资者提供担保，产品设计将受益人划分为优先级收益权投资者和次优先级收益权投资者）、基金管理人、基金托管人等主体组成。在项目运作过程中，还会涉及专门的项目管理人进行物业管理与风险控制，专门的财务及法律顾问提供谈判及合同拟定的相关支持，还有专门为 REITs 提供债权融资的债权人主体等。

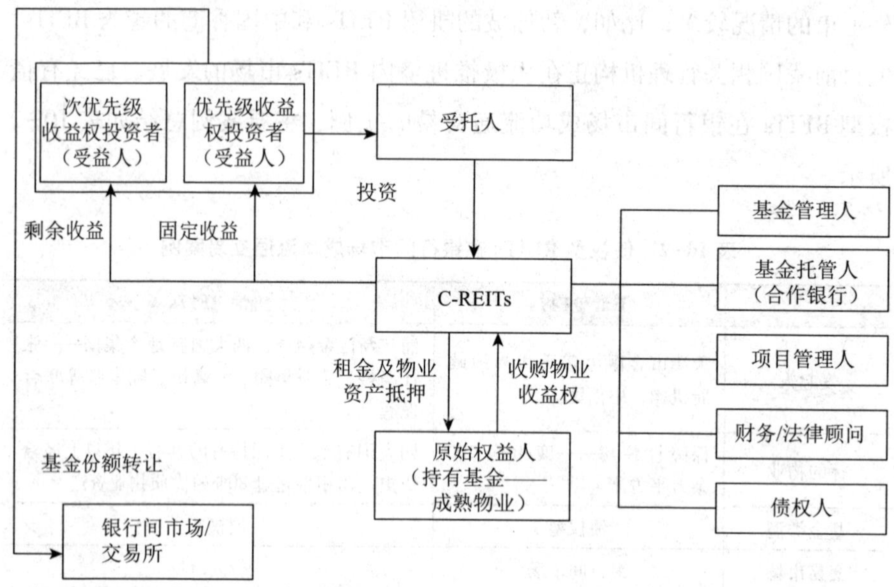

图 10-12 中国创新型 C-REITs 交易架构

10.3.4.3 C-REITs 产品设计

根据以上分析的 C-REITs 交易架构和 C-REITs 的前期形态（即私募房地产基金）特征，本书拟设计 C-REITs 产品的通用条款内容（如表 10-3 所示）。

表 10-3 C-REITs 产品的通用条款内容设计

合同条款	内容	备注
基金规模	首期发行规模匹配第一只持有型基金 LP2（3）产品退出时需要的偿还金额	首期之后的增发规模根据交易需求调整，优先级与次优先级认购权按照 4：1 的比例同比例增发
期限	无特定期限	根据项目进程滚动募集与投资
融资成本	5%/年	
信用增级	结构化设计：优先级受益权 80%；次优先级受益权 20%。次优先级受益权由基地建设公司认购 担保安排：由基地建设公司的本金及收益为优先级受益人提供担保；由基地建设公司提供其他物业租金现金流作为支付优先受益人的利息担保	次优先级受益权的投资可由基地建设公司以物业资产认购基金份额

续表

合同条款	内容	备注
收益分配	优先级受益人：每季度分红；年化收益率盯住每年通货膨胀率 次优先级受益人：根据支付给优先级受益人收益之后的剩余收益分配	
流动性安排	基金份额可在银行间或交易所进行转让交易	REITs 上市前不可赎回

10. 3. 4. 4　境内 REITs 上市的基本操作流程（如图 10-13 所示）

在 REITs 发行上市的全流程中，有两个环节需要特别注意——主承销商选择环节和材料送审环节。

在选择主承销商（主要为商业银行）的环节中，目标商业银行需要满足的条件包括资本充足率、财务状况、内部控制和风险管理制度、具有专门的基金代销业务部门等中国证监会规定的条件。

在材料送审环节中，拟上市的 REITs 需要充分披露的信息包括：

（1）公司介绍：历史、人员、资产、结构等。

（2）本次发行计划：发行总量、日期、价格、费用和期限等。

（3）产业介绍：宏观经济、房地产整体市场、进入 REITs 的物业类型介绍。

（4）关联交易：关联交易是指关联方之间转移资源或义务的行为，而不论是否收取价款。

（5）风险：风险控制机制包括 REITs 内部风险控制机制和房地产信托业务风险控制机制。内部风险控制机制包括业务流程、组织机构、财务管理的风险控制措施等；房地产信托业务风险控制机制包括市场风险、操作风险、信誉风险、信托财产管理等风险的防范和控制措施等。

（6）财务状况与讨论：现金流、损益、资产负债。

（7）前景预测：收益、现金流、股价变化。

（8）尽职调查报告等。

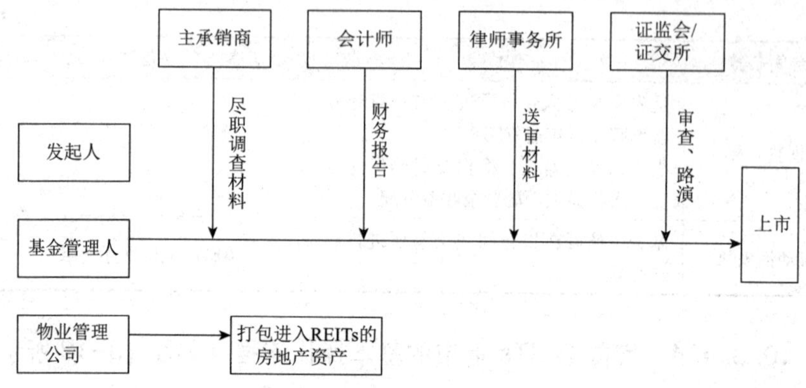

图 10-13 境内 REITs 上市操作流程

参考文献

[1] 黄婷．我国发展房地产投资信托基金（REITs）的路径选择与政策建议［D］．北京：中国社会科学院研究生院，2010.

[2] 曹珺．我国政府引导基金的风险管理研究［D］．上海：复旦大学，2011.

[3] 余红胜．发挥政府对创业投资的促进作用［N］．学习时报，2009-05-11（11）.

[4] 史春宁．我国房地产信托投资基金的发展模式与政策建议［J］．新金融，2012（12）：35-38.

[5] 四两拨千斤撬动创业投资　宁波市创投引导基金杠杆效应不断显现［J］．宁波经济（财经视点），2013（9）：8.

[6] 中国房地产业协会金融专业委员会．中国房地产金融 2012 年度报告［J］．中国房地产金融，2013（4）：9-18.

[7] 房地产基金茁壮成长［J］．资本市场，2013（9）：27-32.

[8] 黄莹颖．房地产私募高收益“豪赌”危机四伏［EB/OL］.［2014-03-26］．http：//www. cs. con. cm/tzjj/smjj/201403/t2014032 6_ 4 34496 6. html.

第 11 章　房地产金融体系重构的环境保障

11.1　房地产金融体系重构的产业政策保障

近年来，中央连续出台了一系列遏制房价过快上涨的调控政策，但相关政策的长期效果欠佳，甚至对房地产业的发展造成了一定的阻碍——税收、限贷等政策挫伤了基本住房需求及改善型需求。因此，调控思路亟待改变。以下从供给与需求两个方面阐述我国房地产金融体系重构的产业政策保障。

11.1.1　供给政策保障

11.1.1.1　加快财政税收体制改革，完善针对房地产业的财政税收政策

首先，改革房地产税收制度。目前我国房地产业相关的税收包括土地使用税、土地增值税、城建税、营业税、个人所得税、企业所得税、印花税、契税等，其中，前两种是为房地产业专门设置的。相关税收主要针对交易环节，保有环节的税负极低，这会助长投机需求。我国应加大保有环节税（如房产税）的征收，抑制房地产投机。其次，发挥财政的主导作用，加快保障性住房建设。我国保障性住房建设有很多问题亟须解决：一方面，在城镇化过程中，农村人口快速向城市转移，保障性住房需求极为旺盛，但供给因财政资金短缺而严重不足；另一方面，我国的保障性安居工程在区域、进程、覆盖面等方面的发展极不平衡。要解决这些问题，应

加大财政对保障性安居工程的支持力度，同时创新财政支持的方式，改变单纯的一次性财政投入，转而依靠改善和规范融资渠道，运用投资补贴、引导基金、贷款贴息等各种方式，吸引社会资金参与保障性住房的建设和运营，以起到“四两拨千斤”的作用。

11.1.1.2 加快土地市场化改革，加大保障性住房用地的支持力度

我国的土地为国家和集体所有，土地供给由行政调节，土地使用虽引入了市场机制（招拍挂制度），但市场化程度远远不够，导致我国土地资源使用低效。此外，商品房在我国住宅建设用地中占比较大，保障性住房用地紧张，房地产投资属性过重，市场发展失衡，潜藏风险。我国应从市场化着手加大土地市场改革。首先，完善我国的土地征用制度，加强立法，减少地方政府对土地资源的无理征用；其次，限制政府介入土地交易，减少行政干预，发挥市场在土地资源配置过程中的基础性作用，以使土地资源有效配置；再次，将城市和土地规划合并，建立土地使用的长效机制；最后，建立全国性的土地储备制度，在市场配置失灵时发挥政府的调控作用。此外，应加大保障性住宅用地的支持，平衡我国房地产市场结构，抑制房地产投机过度，去除风险隐患。

11.1.1.3 完善住房供给结构

开发商追求利益最大化，导致我国住房供给中商品房和高档住房占比很高（如图 11-1 所示），而保障性住房占比很低，其发展严重滞后于整个房地产行业。我国应平衡住房供给结构，运用市场及必要的行政手段促进保障性住房的建设，增加保障性住房供给；土地政策适当向保障性住房倾斜；税率差别化（提高商品房特别是高档住房的税率，降低保障性住房税率）；贷款利率差别化（以低利率资金投入保障性住房，以高利率遏制商品房、高档住房投机）。

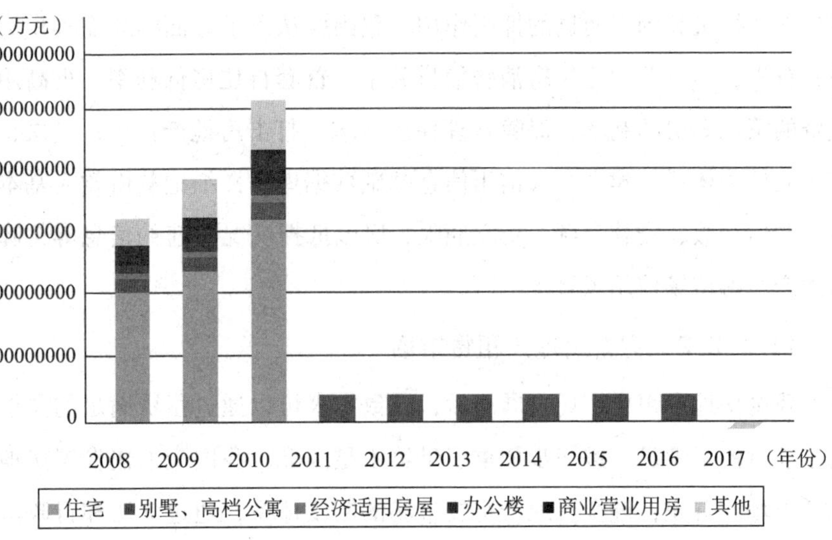

图 11-1　我国 2008—2017 年房地产投资完成总额

资料来源：中宏统计数据库。

11.1.1.4　提高微观主体资质，整顿市场秩序

高房价下，房地产相关贷款是银行的重要资产、收益来源，高利诱导下，银行不惜忽视风险为开发商提供贷款。银行贷款成为开发商的主要资金来源（在总资金中的占比达到 60%以上），银行和房地产市场相互过度依赖，风险隐患极大。我国应提高微观主体资质，整顿市场秩序。一方面，加强对银行和其他金融机构对房地产市场的资金投放监管，严格控制资金过度流入房地产市场，降低因银行过度放贷而产生的房地产泡沫；另一方面，提高市场准入制度，对开发商的资质进行严格审查，避免因开发商失信导致的市场信用风险。

11.1.2　需求政策保障

11.1.2.1　实行差别化住房消费信贷利率，推进以市场调节为核心的“房贷新政”

2007 年以来，提高二套房按揭首付比例及贷款利率等政策不断出台，对房地产投机起到了明显的抑制作用。我国应从以下方面继续完善相关政策：首先，实行差别化住房消费信贷利率，首套自住房低利率，提高用于投资的第二套房的利率，保障合理住房需求，打击房地产投机；其次，完善个人信用体系，建立个人信用信息基础数据库，详细记载借款人基本信息、购房套数、贷款金额、贷款期限、房屋抵押状况及违约信息等，降低房地产金融市场信用风险。

11.1.2.2 完善房地产租赁市场

我国房地产租赁市场发展滞后，导致本来可以通过租赁满足的需求不得不通过购买满足，进一步加重了供给不足问题。我国应加快发展房地产租赁市场。首先，健全房地产租赁市场的制度体系，通过立法和行政法规保障租赁市场秩序和各方权益，降低道德风险；其次，完善房地产租赁市场的税收制度。我国房地产租赁市场主体的纳税意识淡薄，税务机关不能对出租人、承租人及中介方进行有效监管，应从以下方面完善税收制度：第一，落实房地产租赁税收登记制度；第二，建立房地产租赁管理档案制度；第三，建立正常的纳税申报，停租申请和转租报告制度；第四，严格房地产租赁市场的发票管理制度；第五，强化房地产租赁市场的税收稽查和市场主体的纳税意识。

11.2 房地产金融体系重构的财税政策保障

11.2.1 借助税收手段引导二手房市场健康发展

二手房市场有助于提振改善型住房需求，而我国二手房交易中税费（有契税、土地出让金、手续费、房屋评估费、中介费、印花税等十多种）过多，税负过重（税额约占房价的10%），导致二手房发展滞后。政府应借助税收手段引导二手房市场健康发展。比如，实施二手房差别化税率，满足合理的改善性需求，同时，对炒房者实施高税率，抑制投机。

11.2.2　借鉴国外经验，完善房地产税收体系

许多发达国家都建立了比较完善的税收体系。比如美国，由不动产财产税、不动产投资所得税、遗产税等构建起房地产业税收体系，配套了相关的税务减免优惠，特别是美国不动产税的计税基础是税务部门根据公平的市场评估的价格，是由当地政府根据该地情况来制定税基、税率的，地产价值按当时市场价值估算，确保了政策的公平有效。我国房地产相关税种集中在房地产开发流通环节，房地产保有环节税少导致了炒房投机、土地囤积等问题。我国应将购买环节税费转移至保有环节，防止投机、囤地等造成房价过快上涨。同时，加快房地产估评制度建设，为不同种类的物业估值提供权威的参考依据，为不同环节的税收征收提供可靠的依据。

11.3　房地产金融体系重构的运营模式保障

11.3.1　建立运营规则，规范运作流程

房地产业涉及市场研究、产品定位、土地获得、规划及设计、金融融资、工程施工、市场推广、房屋销售、物业管理、法律咨询等众多环节，各环节涉及各级政府、金融机构、房地产开发商、规划设计部门、建筑施工企业、中介代理机构、物业管理公司等众多机构。房地产市场稳定发展需要各环节环环紧扣和各机构的紧密合作，而我国还存在以下问题：首先，垂直的产业链在一定程度上制约了公平游戏规则的制定；其次，行业标准缺乏，公共规则不规范；再次，系统各主要环节的收益分配不合理；最后，系统研究缺乏，宏观引导有待加强。我国应从以下两方面完善房地产运营规则和流程：第一，加快行业资源的共享和整合，同房地产金融紧密结合；第二，明确各环节分工，提高各环节专业程度，注重各环节专业人才的培养。

11.3.2 加速行业整合，提升行业质量

2003年，国务院发布了《国务院关于促进房地产市场持续健康发展的通知》（国发〔2003〕18号），提出了“支持具有资信和品牌优势的房地产企业通过兼并、收购和重组，形成一批实力雄厚、竞争力强的大型企业和企业集团”，为房地产行业并购重组等资本运营提供了政策依据。房地产企业应借助资本市场之力，或收购有发展潜力的小型房企，或强强联合扩大规模优势，抑或引入外资，学习国外房企的先进管理理念，从而在提高自身实力的同时，加速行业整合，提升行业质量。

11.3.3 完善房地产开发的配套措施

房地产配套设施又称房地产的软件设施，包括供水、供电、邮政、医疗卫生、社区服务中心、街道办事处等，主要体现在物业管理上。房地产配套设施建设会明显增加房地产开发的短期资金投入。但长期来看，用于配套设施的短期资金投入的增加能够辅助整个房地产开发过程的顺利进行，有利于房地产开发完成后的市场销售行为，能够有效地加速房地产最终产品的出售，保证投入在房地产开发中的资金能够顺利回笼，能有效降低开发商资金套牢的风险，从而降低了整个房地产金融体系的资金风险。

11.4 房地产金融体系重构的法律环境保障

11.4.1 加强对海外房地产金融市场相关法律法规的研究及借鉴

美国建立了包括代理法、联邦法、契约法、职业伦理规范等的完善的房地产法律体系，并通过从业人员的资格条件，比如学历、业务知识考试、工作年限等规定严格限定了从业人员的资质。我国的房地产法律体系极不完善，虽制定了有关从业人员资质的法律法规，如《城市房地产中介服务管理规定》《注册房地产估价师管理办法》等规定了房地产咨询师、

经纪人等必须持证执业，但实际操作中发证疏于管理等现象频现，导致从业人员素质普遍低下。我国应借鉴国外经验，完善我国房地产金融法律体系，从严实施从业人员资质相关法律法规。

第 10 章提出我国应将 REITs 引入房地产金融市场，REITs 在我国一直处于试点阶段，要广泛推行，首先要完善相关立法。综合分析海外成熟 REITs 市场相关法案，我国 REITs 的相关立法有以下借鉴：

（1）有关 REITs 分派比例。限定 REITs 每一会计年度的应纳税收入分派比例下限，既保护投资者利益，又保证 REITs 的稳定收益性与流动性。借鉴美国、澳大利亚、新加坡等国家的 REITs 产品向投资者分派比例的有关规定，一般在 REITs 当事人的信托基金合同中设置强制性条款，将 REITs 的分派比例下限设定为应纳税收入的 90%，每年至少分派一次。

（2）有关 REITs 收入来源。严格限定 REITs 的收入来源，保证 REITs 能够向投资人持续、稳定地分红派息。综合比较国际主要 REITs 市场的发展法规，REITs 75%以上的毛收入来自房地产项目物业的租金收入，其他收入来自与房地产资产相关的收入，包括出售某些项目资产的利得收入，投资其他房地产投资信托的收入等。一般认为，租金收入比销售溢价收入更稳定、更持续。

（3）REITs 的税收问题。美国、澳大利亚、新加坡等国家制定的 REITs 税收政策一般都规定对投资者分派红利的收入部分优惠减免公司所得税（如表 11-1 所示），这既有效激励了 REITs 受托人向投资者分派收益，也有助于提高 REITs 的整体绩效。

表 11-1　美国、澳大利亚及新加坡对 REITs 税收政策的具体规定

代表性国家	REITs 税收政策的具体规定
美国	1. REITs 收入中分派给投资者的部分免缴公司所得税 2. REITs 收入中未分派的部分须缴 4%的国产税；REITs 未分派的留存收益部分须缴公司所得税

续表

代表性国家	REITs 税收政策的具体规定
澳大利亚	1. 对于 REITs 的净收益部分不予征税 2. 在澳大利亚境内，REITs 受托人对国外投资者的投资收益分派部分须缴税 3. REITs 投资者所获得的分派股利收入须征税，REITs 投资者可以递延税款抵扣，按股份缴纳资本利得税税基
新加坡	1. REITs 分派给投资者的收入部分可免缴公司所得税 2. REITs 未分派给投资者的收入部分须缴纳 18%的公司所得税

资料来源：各国 REITs 相关法案。

（4）REITs 投资资产的范围要求。由于 REITs 需要保证对投资者定期的分红派息，一只 REIT 所投资的标的资产需要具备在未来每期能够产生稳定的现金流的基本特征。因此，各国对 REITs 可投资的资产范围会进行严格的规定限制（如表 11-2 所示）。

表 11-2　美国、澳大利亚、新加坡对于 REITs 投资资产范围的限制

代表性国家	REITs 投资资产范围的限制
美国	REITs 应有至少 75%以上的投资资产来源于与房地产有关的项目
澳大利亚	REITs 的投资资产项目选择只能以获取租金为目的
新加坡	1. REITs 应有至少 70%以上的投资资产来源于与房地产有关的项目 2. 对于同一开发商未完成的开发项目投资不得超过 REITs 资产总额的 10% 3. 对于境内或境外未开发完成的不动产投资不得超过 REITs 资产总额的 20%

资料来源：各国 REITs 相关法案。

所以，我国境内 REITs 产品的设计也应以保证投资者能够定期得到稳定收益分派为目的，投资于能够产生稳定现金流且市场预期需求相对明确的成熟区域物业开发项目，或直接收购持有型物业，降低风险。我国境内 REITs 投资应严格避免投资土地一级市场，原因在于土地一级市场的投资收益容易受到政府宏观调控及阶段性非正常市场价格的干扰，投资收益不确定性较大，而且当期土地一级市场的价格无法充分反映未来城市物业市场的价值，估值不准确的风险也较高。

11.4.2　逐步健全有关房地产金融的法律法规

目前，我国有关房地产金融的法律法规还很不健全，应该从以下几个方面不断完善：

第一，完善立法，健全房地产金融法律法规，提高我国房地产金融立法的地位；结合实际立法，着力解决实际热点、难点问题；对具备条件、发展活跃、要求迫切的房地产金融产品的相关法律规范应尽早出台；立法平衡商品房市场和保障性住房市场的发展。

第二，在完善立法的同时协调各法律法规、各立法部门间的关系，使房地产金融相关法律协同互补，相互促进。

第三，严格执法，加大惩处力度。避免选择性执法，落实行政过错责任追究制度；加大违法处罚力度，规范责任主体行为。

参考文献

[1] 李冬梅．我国房地产金融体系建设研究［D］．北京：首都经济贸易大学，2005.

[2] 房地产业：增长趋缓调控影响逐步显现［J］．中国城市金融，2005（11）：52-55.

[3] 丁健．重构我国的房地产金融体系［J］．中国地产市场，2008（8）：48-50.

[4] 毛平文，段朝程．房地产开发中的品牌价值与品牌战略［J］．科技广场，2011（2）：158-160.

[5] 刘夏依，程道平．浅析新形势下房地产企业融资方式［J］．科技经济市场，2010（12）：45-46.

索 引

Y

Z

后　记

本书获得北京市委组织部优秀人才资助项目的支持，是在国家社科基金项目（2010）报告的基础上修改、完善而成的。

房地产市场稳定健康发展事关国民经济的健康发展和社会的稳定和谐，是房地产市场调控的根本目标。长期以来，国家实施一系列调控政策和多种调控措施，既不是要打压房地产，也不是要刺激房地产过度膨胀，根本目标是要保持房地产市场稳定、健康发展。因为，房地产市场是否稳定、健康直接影响到金融体系的稳定、健康，直接关系到国家的金融稳定，是我国防范化解重大风险的重要组成部分。

房地产是典型的资本密集型产品，房地业与金融业形成紧密的关系。因此，房地产市场是否能够稳定、健康发展，与金融的支持和供给有直接关系，金融参与房地产的规模、方式影响房地产市场的稳定。长期以来，为维护房地产市场稳定、健康发展，我国一直对房地产金融实施调控，每一次房地产调控的重中之重都是对房地产各种信贷的严格管控。然而，多年房地产调控的效果并不理想，金融深度参与房地产累积了很大的风险。这就不得不让我们重新思考一个问题，在既有的金融和房地产的关系框架下，严厉的管控措施似乎并没有触及问题的本质，即使在房地产金融调控常态化后，实施更加审慎的房地产金融管理措施，依然难以控制金融机构和房地产借贷双方内在的房地产金融需求冲动。如此看来，怎样的金融才能使房地产市场稳定、健康发展是需要深度研究、系统思考、重新建构的重大理论问题和实践问题。本书正是基于我国房地产调控多年的现实，提出问题，并试图从理论上重新认识和解释房地产和金融的关系，从操作层面，提出有利于房地产市场稳定、健康发展的金融体系重构框架，为完善房地产调控政策、提高房地产调控精准度、建立房地产市场稳定健康的长效机制提供参考。

本书稿在“房地产市场稳定健康发展的金融体系重构”课题报告的基础上修改、完善。在课题撰写和书稿的修订过程中，多位老师、同学参与了初稿的撰写以及资料的收集和整理工作。北京工商大学经济学院金融系程悦、宛璐、李春兵和商学院王勇老师参与了课题讨论和相关章节的初稿撰写；北京工商大学金融学研究生聂晓曦、陈继、吴超、于浩、段与杨、钱柏睿、张雪、何地、宋佳佳、单卓等同学参与了课题资料搜集和部分初稿整理；研究生秦雪明、李颖、张炎、韩月寒、刘斌等同学帮助更新数据，编辑文献、书稿等。本书稿历时较长，跨度较大，这些研究生也都已经毕业。在本书终将出版之际，感谢这些老师和同学为本书付出的辛苦和努力！

在书稿编辑的这段时间里，国内外形势发生巨大变化，我国正面临着百年未有之大变局，房地产市场也经历了多个波段的变化和多次调控。2016 年中央经济工作会议提出“房住不炒”，确立了新时期我国房地产调控的总定位、总基调，开启了我国房地产发展、调控的新阶段。此后中央经济工作会连续五年强调“房住不炒”，习近平总书记在党的十九次代表大会上亲自强调“坚持房子是用来住的、不是用来炒的定位，加快建立多主体供给、多渠道保障、租购并举的住房制度，让全体人民住有所居”。总书记的讲话和中央密集的文件部署，明确了新时期我国房地产发展的目标和方向，也意味着我国房地产调控的思路和逻辑发生重大变化，意味着我国房地产调控进入新的发展阶段和新的政策规制框架。无疑，这为本书命题的进一步研究指出了方向，“房住不炒”内涵丰富，意义重大，但可以肯定的是，如何处理房地产和金融的关系，如何把握房地产金融“度”的问题，依然是房地产市场稳定、健康发展需要解决的关键问题。

房地产问题是经济社会发展的基础问题，其理论之宏大，实践之复杂，影响之深远，需要大家共同探索。呈献此书，谨以此抛砖引玉。囿于能力，谬误难免，还望读者不吝赐教，共同为房地产市场稳定、健康发展贡献力量。

葛红玲

2021 年 8 月